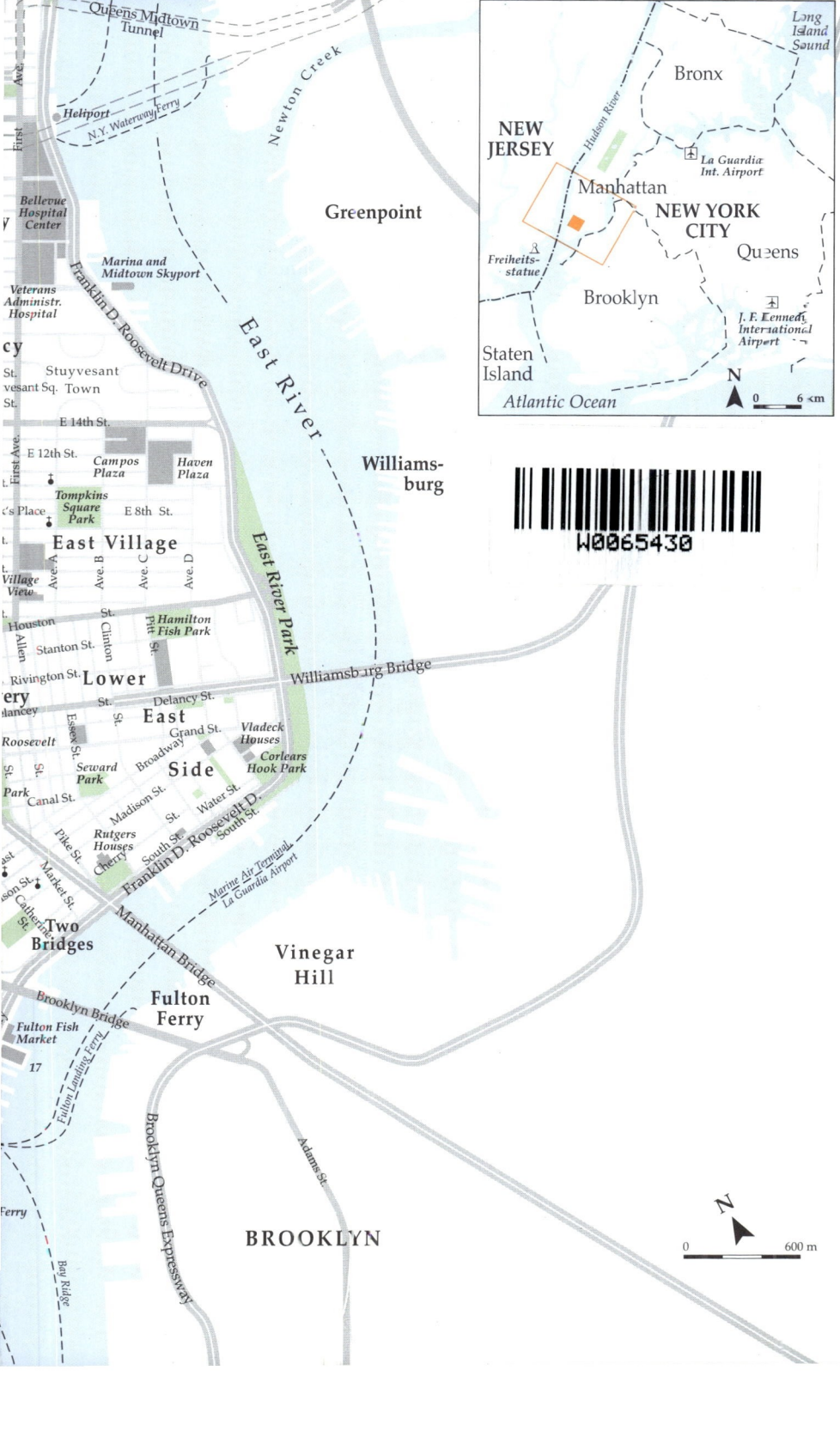

Queens Midtown Tunnel

Heliport

N.Y. Waterway Ferry

Bellevue Hospital Center

Veterans Administr. Hospital

Marina and Midtown Skyport

Newton Creek

Greenpoint

East River

Franklin D. Roosevelt Drive

cy

St.  Stuyvesant
vesant Sq.  Town
St.

E 14th St.

E 12th St.

First Ave.

Campos Plaza

Haven Plaza

Williams-
burg

Tompkins Square Park

E 8th  St.

's Place

East Village

Ave. A

Ave. B

Ave. C

Ave. D

Village View

East River Park

Houston  St.
Allen  Stanton St.
Clinton

Hamilton Fish Park

Pitt St.

Rivington St. **Lower**

ery

lancey

Delancy St.

**East**

Grand St.

Vladeck Houses

Roosevelt

Essex St.

Broadway

Seward Park

**Side**

Corlears Hook Park

Park

Canal St.

Madison  St.

Water St.

Williamsburg Bridge

Rutgers Houses

Pike St.

Cherry

South St.

Franklin D. Roosevelt D.

South St.

st

Market St.

son Catherine St.

**Two Bridges**

Manhattan Bridge

Marine Air Terminal
La Guardia Airport

Brooklyn Bridge

**Fulton Ferry**

Fulton Fish Market

17

Vinegar Hill

Fulton Landing Ferry

Brooklyn Queens Expressway

Adams St.

Ferry

Bay Ridge

**BROOKLYN**

0        600 m

N

Inset map:

Long Island Sound

Bronx

Hudson River

**NEW JERSEY**

La Guardia Int. Airport

Manhattan

**NEW YORK CITY**

Queens

Freiheits-statue

Brooklyn

J. F. Kennedy International Airport

Staten Island

Atlantic Ocean

N

0        6 km

Richard Picciotto
mit Daniel Paisner

# Unter Einsatz
# meines Lebens

## Ein New Yorker Feuerwehrmann
## im World Trade Center

Aus dem Amerikanischen
von Ulrike Wasel
und Klaus Timmermann

MALIK

Die amerikanische Originalausgabe erscheint 2002
unter dem Titel »Last Man Down« bei Berkley,
einem Imprint von Penguin Putnam Inc., New York.

ISBN 3-89029-232-1
2. Auflage 2002
© Richard Picciotto 2002
Deutsche Ausgabe:
© Piper Verlag GmbH, München 2002
Satz: Satz für Satz. Barbara Reischmann, Leutkirch
Druck und Bindung: Ebner & Spiegel, Ulm
Printed in Germany

*www.malik.de*

*»Sie nennen uns Helden,
aber wir tun nur unsere Arbeit.«*

# INHALT

# Die fünf Glocken

Als ich Anfang der siebziger Jahre bei der New Yorker Feuerwehr anfing, war es im Department üblich, über das interne Lautsprechersystem viermal hintereinander eine Folge von fünf Glockentönen spielen zu lassen, wenn ein Kollege im Dienst ums Leben gekommen war. Sobald dieses Zeichen kam, ließ jeder alles liegen und stehen und legte eine Schweigeminute ein. Fünf Glocken, viermal hintereinander.

Jedesmal, wenn ich es hörte, kam es mir noch bittersüßer vor als beim letzten Mal, denn in jedem Glockenläuten lag die Erinnerung an all die Feuerwehrmänner, die zuvor gestorben waren, vermischt mit der Erinnerung an denjenigen, der an diesem Tag sein Leben verloren hatte.

Später wurde das Glockenläuten aufgegeben, je mehr wir uns an andere Kommunikationssysteme gewöhnten, doch das Zeichen lebt noch in der Erinnerung. Der Ruf »Vier Fünfer«, von einem Feuerwehrmann zum anderen, bedeutet stets den Verlust eines Kollegen. Aber für die Glocken gibt es keinen Ersatz. Nie werde ich den traurigen Klang der fünf Glocken viermal hintereinander vergessen, der 1978 nach dem legendären Brand im Supermarkt Waldbaum's in Brooklyn ertönte, als wir zwölf Männer verloren, und in jeder Feuerwache der

Stadt wurde es still, während wir 240 Glockentöne ab-
zählten. Und niemals werde ich die Glocken vergessen, die wir nie hörten an jenem 11. September 2001, als
unser Land im Chaos versank, unsere Stadt in Trümmern, und 343 Feuerwehrmänner tot im Schutt der eingestürzten Türme des World Trade Centers lagen. Es
war keine Zeit, für diese mutigen Kollegen die Glocken
läuten zu lassen, und wir waren zu wenige, die sie noch
hätten hören können.

»Es gibt keine größere Liebe als die, sein Leben
für einen Mitmenschen zu opfern.« Dieser Satz wurde
schon auf zahllosen Beerdigungen von Feuerwehrleuten beschworen, und er schien stets mitzuklingen im
feierlichen Glockenläuten der Feuerwachen von New
York City.

Ich widme dieses Buch den Feuerwehrmännern, die
an jenem furchtbaren Tag im September ihr Leben verloren. Sie werden hier nach der offiziellen Liste des New
York City Fire Department aufgeführt. Mögen wir die
Erinnerung an sie bewahren, und mögen ihre hier abge-
druckten Namen als Ersatz für die Glocken dienen, die
nie für sie erklungen sind.

ANAYA, JR. CALIXTO
FARRELLY JOSEPH
RICHES JAMES
SCHOALES THOMAS
TEGTMEIER PAUL
BEYER PAUL
ATLAS GREGG
PANSINI PAUL
ALLEN RICHARD
BARRY ARTHUR
KELLY THOMAS
KOPYTKO SCOTT
LARSEN SCOTT
OELSCHLAGER DOUGLAS
OLSEN ERIC
LANE ROBERT
MOZZILLO CHRISTOPHER
GIAMMONA VINCENT
KEATING PAUL
SAUCEDO GREGORY
HALLORAN VINCENT
FISCHER JOHN
CAMMARATA MICHAEL
DAY EDWARD
KELLY, JR. RICHARD
ARCE DAVID
BILCHER BRIAN
BOYLE MICHAEL
EVANS ROBERT
KING, JR. ROBERT
MAYNARD KEITHROY
PFEIFER KEVIN
BROWN PATRICK
CARROLL MICHAEL
COYLE JAMES

DEWAN GERARD
DONNELLY KEVIN
GIORDANO JEFFREY
MCAVOY JOHN
OGREN JOSEPH
OLSON STEVEN
BAPTISTE GERARD
TIERNEY JOHN
WALZ JEFFREY
PALMER ORIO
FARINO THOMAS
HANNON DANA
SPEAR, JR. ROBERT
ATWOOD GERALD
DUFFY GERARD
FODOR MICHAEL
GLASCOE KEITH
HENRY JOSEPH
KRUKOWSKI WILLIAM
SUAREZ BENJAMIN
BELSON STEPHEN
DEANGELIS THOMAS
BURKE, JR. WILLIAM
MCCANN THOMAS
DIPASQUALE GEORGE
GERMAIN DENIS
HARLIN DANIEL
MULLIGAN DENNIS
CAIN GEORGE
FOTI ROBERT
MENDEZ CHARLES
MULDOWNEY, JR. RICHARD
PRINCIOTTA VINCENT
RICHARD VERNON
ASARO CARL

DEVLIN DENNIS
FEINBERG ALAN
GERAGHTY EDWARD
MARSHALL JOHN
MCPADDEN ROBERT
PAPPAGEORGE JAMES
TIRADO, JR. HECTOR
WHITFORD MARK
BRACKEN KEVIN
DAURIA MICHAEL
GINLEY JOHN
LYNCH MICHAEL
MERCADO STEVE
GILL PAUL
GUADELUPE JOSÉ
RAGAGLIA LEONARD
ANGELINI, JR. JOSEPH
BRENNAN MICHAEL
HAUB MICHAEL
LYNCH MICHAEL
OCALLAGHAN DANIEL
OITICE SAMUEL
TIPPING II JOHN
WOOLEY DAVID
CALLAHAN FRANK
GIBERSON JAMES
MORELLO VINCENT
OTTEN MICHAEL
ROBERTS MICHAEL
CASORIA THOMAS
SABELLA THOMAS
PERRY GLENN
CORREA RUBEN
BARNES MATTHEW
COLLINS JOHN

KUMPEL KENNETH
MINARA ROBERT
RIVELLI, JR. JOSEPH
RUBACK PAUL
MARCHBANKS, JR. JOSEPH
SCHEFFOLD FRED
NAGEL ROBERT
BIELFELD PETER
JOVIC ANTHONY
GARBARINI CHARLES
OHAGAN THOMAS
CORDICE ROBERT
MARGIOTTA CHARLES
BUCK GREG
MARTINI PAUL
PICKFORD CHRISTOPHER
SCHARDT JOHN
JOSEPH KARL
POWELL SHAWN
REILLY KEVIN
DERUBBIO DAVID
MCALEESE BRIAN
SMAGALA, JR. STANLEY
MITCHELL PAUL
WALLACE ROBERT
HENDERSON RONNIE
RAGUSA MICHAEL
RODRIGUEZ ANTHONY
BYRNE PATRICK
CALABRO SALVATORE
GULLICKSON JOSEPH
MAFFEO JOSEPH
AGNELLO JOSEPH
CHERRY VERNON
REGAN ROBERT

SMITH, JR. LEON
VEGA PETER
REGENHARD CHRISTIAN
BOCCHINO MICHAEL
GRZELAK JOSEPH
COAKLEY STEVEN
PHELAN KENNETH
CHIPURA JOHN
AHEARN BRIAN
BONOMO FRANK
CARLO MICHAEL
STARK JEFFREY
WHELAN EUGENE
WHITE EDWARD
BATES STEVEN
CHIOFALO NICHOLAS
ESPOSITO FRANCIS
FEHLING LEE
VELING LAWRENCE
BRUNTON VINCENT
KELLY THOMAS
MILLER, JR. HENRY
OBERG DENNIS
PALOMBO FRANK
SULLIVAN CHRISTOPHER
HASKELL, JR. THOMAS
JORDAN ANDREW
KIEFER MICHAEL
MINGIONE THOMAS
VIGIANO II JOHN
VILLANUEVA SERGIO
MOODY THOMAS
BARBARA GERARD
BURNS DONALD
DOWNEY RAYMOND

FANNING JOHN
STACK LAWRENCE
KASPER CHARLES
MORAN JOHN
GARDNER THOMAS
HOHMANN JONATHAN
RALL EDWARD
BLACKWELL CHRISTOPHER
GAMBINO, JR. THOMAS
MEISENHEIMER RAYMOND
REGAN DONALD
SPOR JOSEPH
DOWDELL KEVIN
HICKEY BRIAN
BERGIN JOHN
BINI CARL
FIORE MICHAEL
FLETCHER ANDRE
HARRELL HARVEY
MASCALI JOSEPH
MILLER DOUGLAS
MODAFFERI LOUIS
PALAZZO JEFFREY
ROSSOMANDO NICHOLAS
BOX GARY
BUTLER THOMAS
D'ATRI EDWARD
ESPOSITO MICHAEL
FONTANA DAVID
RUSSO MICHAEL
SILLER STEPHEN
CULLEN III THOMAS
HAMILTON ROBERT
HEALEY MICHAEL
LYONS MICHAEL

13

SIKORSKY GREGORY

VANHINE RICHARD

COLEMAN TAREL

KUVEIKIS THOMAS

LANGONE PETER

LYONS PATRICK

BRENNAN PETER

GIES RONNIE

HUNTER JOSEPH

IELPI JONATHAN

KERWIN RONALD

RAND ADAM

WELTY TIMOTHY

SCAUSO DENNIS

SMITH KEVIN

GEIDEL GARY

MARINO KENNETH

SWEENEY BRIAN

WEISS DAVID

MARTIN PETER

NAPOLITANO JOHN

HOLOHAN THOMAS

JOHNSTON WILLIAM

OLSEN JEFFREY

TALLON SEAN

LEAVEY JOSEPH

APOSTOL, JR. FAUSTINO

MCGOVERN WILLIAM

PRUNTY RICHARD

FREUND PETER

RUSSELL STEPHEN

ARENA LOUIS

BRUNN ANDREW

HANNAFIN THOMAS

SANTORE JOHN

WARCHOLA MICHAEL

BURNSIDE JOHN

GRAY JAMES

HANLEY SEAN

LAFORGE DAVID

LINNANE ROBERT

MCMAHON ROBERT

RYAN MATTHEW

HEFFERNAN JOHN

QUILTY MICHAEL

ROGAN MATTHEW

WILLIAMSON JOHN

DELVALLE MANUEL

MALONEY JOSEPH

MCSWEENEY TIMOTHY

DESPERITO ANDREW

WEINBERG MICHAEL

JUARBE, JR. ANGEL

MULLAN MICHAEL

BRETHEL DANIEL

PARRO ROBERT

CLARKE MICHAEL

ILL, JR. FREDERICK

MOLINARO CARL

GARY BRUCE

SANTORA CHRISTOPHER

ELFERIS MICHAEL

KANE VINCENT

MCWILLIAMS MARTIN

HETZEL THOMAS

HYNES WALTER

MCHUGH DENNIS

STAJK GREGORY

CURATOLO ROBERT

MURPHY RAYMOND

GIORDANO JOHN
GUJA GEOFFREY
OKEEFE WILLIAM
WILKINSON GLENN
CANNIZARO BRIAN
KENNEDY THOMAS
MCSHANE TERENCE
DAVIDSON SCOTT
EGAN, JR. MARTIN
SUHR DANIEL
PETTI PHILIP
CROSS DENNIS
LEAVY NEIL
YORK RAYMOND
CAWLEY MICHAEL
BEDIGIAN CARL
FLORIO JOHN
ROBERTS MICHAEL
WATSON KENNETH
STACKPOLE TIMOTHY
HARRELL STEPHEN
GANCI, JR. PETER
FEEHAN WILLIAM
JUDGE MYCHAL
CRISCI JOHN
WATERS PATRICK
CRAWFORD ROBERT
PAOLILLO JOHN
CAREY DENNIS
DEMEO MARTIN
ANGELINI JOSEPH
HATTON TERENCE

HENRY WILLIAMS
MOJICA DENNIS
MONTESI MICHAEL
NEVINS GERARD
OKEEFE PATRICK
LAKE WILLIAM
LIBRETTI DANIEL
OROURKE KEVIN
QUAPPE LINCOLN
FOLEY THOMAS
SCHRANG GERARD
FARRELL TERRENCE
MAHONEY WILLIAM
NELSON PETER
PEARSALL DURRELL
TARASIEWICZ ALLAN
AMATO JAMES
CARROLL PETER
GARVEY MATTHEW
ALLEN ERIC
FREDERICKS ANDREW
HALDERMAN DAVID
HASKELL TIMOTHY
MCGINN WILLIAM
MOJICA MANUEL
VIRGILIO LAWRENCE
HIGGINS TIMOTHY
PRIOR KEVIN
BUCCA RONALD
QUINN RICARDO
LILLO CARLOS

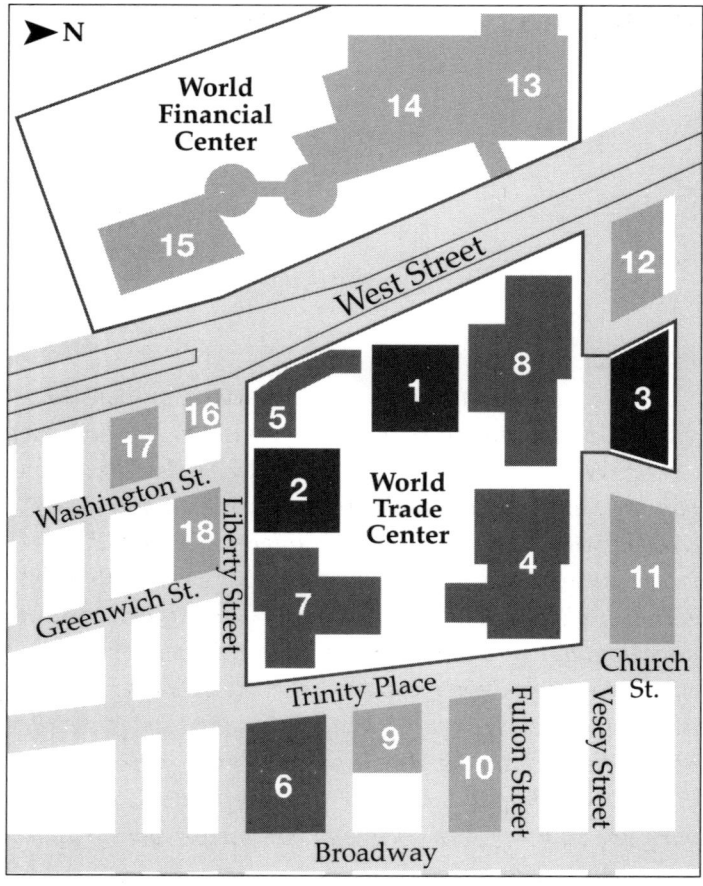

*Eingestürzt:*
**1** World Trade Center Eins (Nordturm)    **2** World Trade Center Zwei (Südturm)
**3** World Trade Center Sieben
*Teilweise eingestürzt:*
**4** World Trade Center Fünf    **5** Marriott Hotel    **6** One Liberty Plaza
**7** World Trade Center Vier    **8** World Trade Center Sechs
*Stark beschädigt:*
**9** East River Savings Bank    **10** N. J. Kalikow and Co. Building und Hilton
Millennium Hotel    **11** Federal Building    **12** N. Y. Telephone Building
**13** World Financial Center Drei    **14** World Financial Center Zwei
**15** World Financial Center Eins    **16** St. Nicholas Greek Church
**17** 90 West Street    **18** Bankers Trust

# 11. September 2001: 9.59 Uhr

*Es kam wie aus dem Nichts.*

*Wir waren ungefähr zwei Dutzend Mann an den Fahr-stühlen im 35. Stockwerk des Nordturmes im World Trade Center. Wir waren Feuerwehrmänner, jedenfalls die meisten von uns, und wir waren alle mehr oder weniger erschöpft. Manche schwitzten wie verrückt. Einige hatten ihre Einsatz-jacken ausgezogen und sie um die Hüften geschlungen. Ziemlich viele rangen keuchend nach Luft. Andere wollten unbedingt weiter. Wir alle machten einen Moment Pause, um Atem zu schöpfen, um uns zu orientieren, um rauszufinden, was zum Teufel eigentlich los war. Wir waren seit fast einer Stunde hektisch an der Arbeit, manche nicht ganz so lang, und es war absolut kein Ende in Sicht. Natürlich hatten wir keine Ahnung, was noch alles vor uns lag, aber erreicht hatten wir bislang so gut wie nichts.*

*Und dann setzte das Geräusch ein, und das Gebäude be-gann zu beben, und wir erstarrten. Wie in Totenstarre. Was auch immer vielleicht noch zu tun war, jetzt würde es warten müssen. Worauf, wußten wir nicht, aber es würde warten. Oder auch nicht, aber darum ging es nicht mehr. Es ging darum, daß keiner sich bewegte. Bis auf den letzten Mann, keiner rührte sich, außer, um die Augen zur Decke zu heben, um zu sehen, woher das Getöse kam. Als könnten wir da die Antwort finden. Keiner sagte ein Wort. Es war keine Zeit,*

19

Gedanken in Worte zu fassen, obwohl noch Zeit war zu denken. Für mich jedenfalls, für mich war noch Zeit zu denken, zuviel Zeit zu denken, und meine Gedanken überschlugen sich. Sie entwarfen alle möglichen Horrorszenarien und noch ein paar mehr dazu. Das Gebäude zitterte wie bei einem Erdbeben, wie eine außer Kontrolle geratene Achterbahn, aber was mir wirklich das Blut in den Adern gefrieren ließ, das war dieses Getöse. Seine Wucht, mit der es direkt durch mich hindurchging. Ich konnte mir absolut nicht vorstellen, was ein derartiges Geräusch machen könnte. Als ob tausend führerlose Züge auf mich zurasen würden. Eine durchgegangene Herde wilder Tiere. Ein donnernder Erdrutsch. Es ist schwer, die richtigen Worte zu finden, aber was auch immer es war, es wurde schneller und noch kraftvoller, und es kam näher, und ich saß mittendrin, konnte ihm nicht ausweichen.

Ich dachte an meine Frau und meine Kinder, aber nur kurz und nicht so, als würde das Leben wie im Zeitraffer vor meinem inneren Auge ablaufen. Ich dachte an meine Arbeit, daran, daß ich kurz vor der Beförderung zum Deputy stand. Ich dachte an die Bagels, die ich in der Küche der Feuerwache liegengelassen hatte. Ich dachte daran, daß wir Feuerwehrmänner immer zueinander sagten: »Bis zu dem ganz Großen.« Oder: »Wir treffen uns alle beim ganz Großen.« Ich weiß nicht, wer damit anfing oder wann ich es mir selbst angewöhnte, aber es gehörte zu unserer Insidersprache. Es bedeutete soviel wie: Ganz gleich, wie groß dieses Feuer ist, es gibt immer noch ein größeres, irgendwann in nicht allzu ferner Zukunft. Wir werden das hier überstehen, und das nächste werden wir auch überstehen. Ich hatte das immer gesagt, bei großen Bränden, und ich hatte es immer wieder als Antwort gehört, und jetzt dachte ich, daß ich es nie wieder sagen würde, weil es nie wieder einen Brand geben würde, der so groß war wie dieser. Das hier war »der Große«, von *dem wir immer gesprochen hatten, solange wir dabeiwaren, und wenn mir das zuvor noch nicht klar gewesen war – vor diesen beängstigenden Augenblicken –, dann wurde es mir jetzt klar, durch dieses schreckliche, bedrohliche Geräusch.*

*Ich versuchte, die Situation irgendwie in den Griff zu be-kommen, dachte, wenn ich verstehen könnte, was da gerade passierte, könnte ich mich vielleicht dagegen wappnen. All diese Gedanken schossen mir natürlich blitzartig durch den Kopf, nebeneinander und gleichzeitig, sie waren einfach da. Und jeder von ihnen war vollständig zu Ende gedacht, als ob noch Zeit wäre, jeden einzelnen von ihnen in eine Hand-lung umzusetzen, wo doch in Wahrheit überhaupt keine Zeit mehr war.*

*Bei all dieser Angst und Ungewißheit überkam mich plötz-lich die Vorstellung, daß sich eine Fahrstuhlkabine losgeris-sen hatte und jetzt durch den Schacht über uns nach unten stürzte. Ich hatte das Gefühl, als ob irgend etwas rasend schnell näher kam, und diese Erklärung schien mir irgend-wie einleuchtend. Genauso einleuchtend war es natürlich, daß ein abstürzender Fahrstuhl nie und nimmer dieses alles durchdringende Geräusch und Getöse erzeugen konnte, und das dachte ich auch, gleichzeitig, aber nichts anderes ergab irgendeinen Sinn. Wenn man mitten in einer derart unvor-stellbaren Situation steckt, klammert man sich an das nächst-liegende, und etwas anderes fiel mir einfach nicht ein. Fahr-stuhlkabinen, die ineinanderkrachten und die Schächte um uns herum mit unvorstellbarem Entsetzen füllten.*

*Oder etwas anderes.*

*Aber was? Was konnte ein derart lautes, grauenhaftes, donnerndes Geräusch erzeugen? Ein Geräusch, das ganz ge-wiß mich und meine zwei Dutzend Kollegen vom New York City Fire Department umbringen würde, die wir hier im 35. Stock eines brennenden Wahrzeichens festsaßen, in das*

*sich erst eine Stunde zuvor eine entführte Boeing 767 ge-*
*bohrt hatte. Was konnte sonst noch mit dieser grauenhaften*
*Wucht auf uns einstürzen?*

*Es ging alles sekundenschnell, und doch waren diese Se-*
*kunden wie eine Ewigkeit – erstarrt, so daß wir alle noch*
*genügend Zeit hatten, unsere schlimmsten Ängste abzu-*
*rufen, diejenigen auszusortieren, die sich auf nichts Reales*
*bezogen, und diejenigen anzunehmen, die uns plausibel er-*
*schienen. Uns das Unvorstellbare vorzustellen, das Undenk-*
*bare zu denken. Ich hatte wirklich absolut keine Ahnung, was*
*passierte. Und ich stand da, auf dem fensterlosen Korridor*
*vor den Fahrstuhltüren im 35. Stock, zusammen mit meinen*
*Kollegen, starrte nach oben und wartete darauf, daß es durch*
*die Decke kam.*

*Was immer es war.*

# EINS

# Der Morgen

Auch ich habe den Morgen so in Erinnerung wie wir alle: klarer Himmel, hohe Sonne, wunderbare Fernsicht. Überall an der ganzen Ostküste dasselbe herrliche Wetter: windstill, sonnig und keine Wolke in Sicht. Boston, New York, Washington D. C. ... überall ein Sonnenaufgang wie auf einer Ansichtskarte. Wie oft kommt so was schon vor?

Der 11. September 2001 begann für mich in aller Frühe in unserem Haus in Chester, New York, etwa dreißig Meilen nördlich der Tappan-Zee-Brücke. Eine schöne Wohngegend – einfache Leute, Angehörige der Feuerwehr, Polizei oder Stadtverwaltung, die es sich nicht leisten können, in der Stadt zu leben, in der sie arbeiten. Ich war für die normale Tagschicht eingeteilt, neun bis sechs, ein Glück, das ich nur wenige Male im Jahr genießen kann. Meistens arbeite ich von sechs Uhr abends bis sechs Uhr abends am nächsten Tag; ein-, zweimal im Monat bin ich von neun Uhr morgens bis zum nächsten Morgen neun Uhr dran; und hin und wieder kriege ich die Nachtschicht verpaßt, das heißt fünfzehn Stunden von sechs Uhr abends bis neun Uhr am nächsten Morgen. Die normalen Tagschichten sind jedoch ziemlich selten, besonders wenn man es zum Chief gebracht hat, was mir neun Jahre zuvor gelungen war. Aber man freut sich immer darüber, weil man dann mal im Rhythmus der übrigen Welt lebt. Neun bis fünf, oder fast. So kann man wenigstens für einen Tag vergessen, daß unsere Arbeit absolut nicht mit der anderer Menschen in Einklang ist.

Von Chester bis zur Feuerwache auf der West 100th Street sind es etwa siebzig Meilen. Die Fahrt war mir inzwischen in Fleisch und Blut übergegangen. Wenn ich um neun anfangen mußte, versuchte ich meistens, gegen halb acht auf der Wache zu sein, was bedeutete, daß ich um sechs Uhr aus dem Haus mußte. Das war so üblich. Die meisten Kollegen machen das ähnlich, weil sie es nicht erwarten können, ihre Schicht anzufangen, endlich loszulegen, und auf der anderen Seite sind die Kollegen, die nach 24 Stunden Arbeit gern ein bißchen früher gehen. So gleicht sich das alles aus. Man arbeitet die vorgeschriebenen neun Stunden – oder 15, oder 24 –, man fängt nur ein bißchen früher an. So wird das gehandhabt, solange ich mich erinnern kann, und ich war immerhin seit 28 Jahren dabei. Wir versuchen stets, früher zum Dienst zu erscheinen und dafür vorzeitig nach Hause zu kommen. Die Feuerwache übt nämlich eine seltsame Anziehungskraft aus, die wohl mit Kameradschaft zu tun hat, der verschworenen Gemeinschaft, den Frotzeleien, dem gemeinsamen Gefühl, etwas Sinnvolles zu tun, ... bei jedem von uns mag das anders sein. Für mich waren meine Kumpel und der Job immer das wichtigste. Oder besser gesagt, meine Kumpel und die Jobs – Betonung auf dem Plural, und damit meine ich die vielen Brände, mit denen wir es im Laufe der Jahre zu tun hatten. Ich unterhalte mich sehr gern über diese Einsätze, große oder kleine, außerordentliche oder ganz gewöhnliche. Immer wenn ich einen Einsatz in der vor-

24

ausgegangenen Schicht verpaßt habe, lasse ich mir alles
haarklein erzählen. Immer wenn ich einen Einsatz
hatte, muß ich ausführlich davon berichten. Als Chief,
und jetzt als Battalion Commander, muß ich natürlich
über jeden Einsatz informiert werden, um die notwen-
digen Berichte zu schreiben und auf dem laufenden zu
bleiben, aber mein Interesse reicht viel tiefer. Ich *muß*
alles darüber erfahren. Es macht mir einen Heidenspaß,
den Jungs zuzuhören, wenn sie von ihren Einsätzen
erzählen, bis ins kleinste Detail, immer und immer
wieder, oder alles, was während unserer Schicht passiert ist, auszuschmücken. Das reinste Lebenselixier. Ich
kann mir dieselbe Geschichte hundertmal anhören. Bei
vielen von uns ist es ähnlich. Das ist unsere Arbeit. Das
macht uns aus. Und deshalb sind wir beim New Yorker
Fire Department.

An jenem Dienstagmorgen wollte ich mich also früh-
zeitig auf den Weg zur Arbeit machen, genau wie meine
Frau Debbie, Krankenschwester auf der Entbindungs-
station des St. Luke's Hospital in Newburgh, New York,
und mein Sohn Stephen, der eine katholische Pri-
vatschule in New Jersey besucht. Meine Tochter Lisa
studiert an der Pace University in Manhattan, deshalb
schlief sie um diese frühe Uhrzeit vermutlich noch tief
und fest in ihrem Bett im Studentenwohnheim. Wir
übrigen Familienmitglieder waren um sechs, Viertel
nach sechs, alle schon aus dem Haus, was bedeutete,
daß es kein richtiges gemeinsames Frühstück gab. Vielleicht mal einen Donut im Stehen. Es wurde auch nicht
viel gesprochen. Vor allem ging es darum, Stephen
rechtzeitig aus dem Bett zu werfen und dafür zu sorgen,
daß er in die Gänge kam. Er ist meistens bei allem zehn,
fünfzehn Minuten zu spät dran, und das, obwohl seine

Mutter oder ich ihn mit dem Auto bringen. Ist schon seltsam, wie zwei Menschen aus ein und derselben Familie, mit derselben genetischen Ausstattung, so völlig unterschiedlich sein können – ich, der ich immer zu früh zur Arbeit fahre; Stephen, den man antreiben muß, damit er nicht zu spät kommt. Und Debbie ist irgendwo in der Mitte und paßt auf uns beide auf.

An diesem Morgen trank ich rasch eine Tasse Kaffee, scheuchte Stephen aus dem Bett unter die Dusche und machte mich auf den Weg. Stephen und ich sind nie besonders gefühlsbetont miteinander umgegangen, bloß ein Nicken zum Abschied oder ein knappes *Bye*. Morgens waren wir beide mit uns selbst beschäftigt. Debbie und ich dagegen gaben uns normalerweise einen Abschiedskuß oder umarmten uns kurz, und an den Tagen, wenn wir den Kuß vergaßen, riefen wir uns meistens auf dem Weg zur Tür noch etwas zu. Etwas Nettes.

Debbie hat mir immer gesagt, daß ein Teil von ihr, wenn ich zur Arbeit gehe, an die Gefahren denkt, die mir vielleicht drohen, daß sie aber versucht, diesen Gedanken zu verdrängen. Wie die Frauen der meisten Feuerwehrmänner stellt sie sich lieber vor, daß ich den ganzen Tag auf der Wache Tischtennis spiele oder zusammen mit den Kollegen irgendwas Leckeres in der Küche brutzele, und wir hatten es uns angewöhnt, daß ich ihr verschwieg, wenn ich bei einem Brand knapp davongekommen war, wie groß der Einsatz gewesen war und so weiter. Sie sagt, wenn ich nachts nach Hause komme und neben ihr ins Bett krieche, kann sie noch immer den Rauch riechen – sogar das Feuer –, obwohl ich geduscht habe, aber wir sprechen nicht darüber. Niemals. Von den meisten Kollegen weiß ich, daß auch sie mit ihren Frauen nicht darüber sprechen. Die unausgesprochene Angst, die uneingestandene Angst, daß ich eines Tages nicht mehr nach Hause komme, sitzt derart tief, daß sie kaum noch wahrnehmbar ist. Sie ist da, und sie ist nicht da, so sagt Debbie – irgendwo im Hinterkopf, aber so weit weg, daß sie sie fast nicht mehr registriert –, und da wir das beide wissen, versuchen wir, die allmorgendliche Hektik kurz zu unterbrechen, um uns liebevoll voneinander zu verabschieden. Auch das ist so tief in uns verwurzelt, daß wir es nicht mal mehr bemerken. Wir wollen diesen Augenblick liebevoller Innigkeit, aber manchmal vergessen wir ihn einfach oder die Uhr hindert uns daran. Das ist ein Element des Morgenrituals, das mich später verfolgen wird, das Nichterinnern, ob wir noch Gelegenheit hatten, uns zu umarmen oder zu küssen oder uns etwas Nettes zu sagen. Ob es einer von diesen Morgen war, an denen wir uns nicht richtig bewußt machten, was wir aneinander haben, und uns nur auf unseren Alltag konzentrierten, oder ob es einer von diesen Morgen war, an denen wir kurz innehielten und uns liebevoll verabschiedeten. Tausendmal hab ich die Szene im Kopf durchgespielt, und doch kann ich es nicht mehr genau sagen. Ich weiß nur noch, daß wir uns wie immer dabei abwechselten, Stephen auf Trab zu bringen, und daß ich gleich darauf schon unterwegs war.

Zunächst mal, um Bagels zu kaufen. Es ist ein ungeschriebenes Gesetz im Fire Department, daß die Jungs, die in der Tagschicht arbeiten, irgendwas zum Frühstück mitbringen. Ob Chief, Captain, Lieutenant, einfacher Feuerwehrmann ... Auf jeder Feuerwache in New York City kommen zu Beginn jeder Tagschicht ganze Einheiten rein, und es ist Aufgabe dieser Männer,

Kuchen, Bagels, Muffins, Brötchen und Obst mitzubringen. Egal was, aber irgendwas müssen sie mitbringen, und zwar soviel, daß es für alle reicht. Also hielt ich kurz an der Rockland Bakery, um eine Tüte Bagels zu kaufen, bevor ich auf die Schnellstraße fuhr. Alles andere haben wir in der Küche der Feuerwache: Butter, Frischkäse, Kaffee, Milch. An jedem Zahltag sammeln wir zwanzig Dollar pro Mann ein, und mit dem Geld werden die Vorräte aufgefüllt. Der mit Abstand größte Kostenfaktor ist Kaffee, den trinken wir wie Wasser, aber auch Gewürze, Grundnahrungsmittel und Toilettenpapier stehen auf dem Einkaufszettel. Die Stadt stellt dafür kein Geld zur Verfügung, wir müssen selbst dafür sorgen, und das Frühstück ist die erste Mahlzeit des Tages.

Ich fuhr in meinem verbeulten blauen 91er Honda Accord zügig nach Süden in die City. Normalerweise bewege ich mich gegen den Hauptverkehrsstrom, und für den Fall, daß ich in einen Stau geriet, kannte ich jede Menge Schleichwege. Ich war diese Strecke schon so oft gefahren, daß sie mir so vertraut war wie der kurze Weg zwischen Schlafzimmer und Bad – die hundertsechzigtausend gefahrenen Meilen auf dem Tacho waren der Beweis dafür! –, und ich hatte nie Probleme, pünktlich anzukommen. Ich kannte sämtliche Engpässe, Schlaglöcher, kritischen Stellen. Und auch an diesem Morgen kam ich trotz des Pendlerverkehrs gut voran, so daß ich um zwanzig vor acht an der Feuerwache war. Ich fand einen guten Parkplatz – den des Polizeichefs vom 24. Revier, das im selben Gebäude untergebracht ist (wir versuchten immer, ihnen die Parkplätze wegzuschnappen) –, vergewisserte mich, daß meine Wertgegenstände in dem schwarzen Müllbeutel für Gartenabfälle verstaut

28

waren, den ich extra zu diesem Zweck im Wagen liegen hatte, schnappte mir die Bageltüte und ging rein.

Es war noch nicht viel los. Die Nachtschicht hatte nur ein paar kleinere Einsätze gehabt, aber ich hatte noch einigen Papierkram zu erledigen, Berichte zu schreiben. Der Chief, den ich ablöste, Bob Holzmeier, freute sich ganz besonders, mich zu sehen. Er war seit neun Uhr morgens am Vortag im Einsatz, und als er mich erblickte, überlegte er gleich, welchen Zug nach Long Island er noch erwischen könnte. Bob gehört nun wirklich nicht zu der Sorte Männer, die immer mit einem Auge auf die Uhr schielen und bei der erstbesten Gelegenheit Feierabend machen, aber er wollte jetzt wirklich nach Hause, verständlicherweise, und er kannte die Abfahrtszeiten der Züge in- und auswendig.

Es war eine ruhige Nacht gewesen, ohne besondere Vorkommnisse. Es kommt vielleicht ein-, zweimal im Jahr vor, daß im Laufe einer Nacht überhaupt kein Alarm eingeht, aber normalerweise muß ein paarmal ausgerückt werden. Man könnte nicht sagen, was eine »typische« Nacht ist, aber irgend etwas passiert immer, und wenn man die Meldungen des gesamten Battalion durchsieht, ist meistens irgendein größerer Einsatz dabei. Als Battalion Commander des FDNY Battalion 11 war ich zusammen mit den Battalion Chiefs John Hughes, Dennis Collopy und Bob Holzmeier für sieben Trupps zuständig: Engine 37 und Ladder 40 auf der 125th Street in Harlem, Engine 47 auf der 113th Street in Morningside Heights, Engine 74 auf der 83rd Street auf der Upper West Side, Ladder 25 auf der 77th Street auf der Upper West Side sowie Engine 76 und Ladder 22 auf der 100th Street auf der Upper West Side, wo ich stationiert war. Wenn unsere beiden Trupps hier vor Ort keinen großen Einsatz hatten, dann hatten die anderen des Battalion ganz bestimmt welche.

Ich brachte die Bageltüte in die Küche, nahm mir einen mit Zimt und Rosinen heraus und ging nach oben in mein Büro, um mit Bob Holzmeier ein paar Dinge zu besprechen. So ähnlich läuft das in allen Departments überall in New York, wenn ein Kollege den anderen ablöst. Es erinnert an einen Staffellauf: Die Verantwortung wird an den nächsten übergeben, sobald der auf gleicher Höhe ist. Beim Schichtwechsel sind meistens ein paar Männer in der Küche, witzeln herum, reden über die Arbeit und lassen es locker angehen. Vor allem morgens, wenn die Kinder schon in der Schule sind und die berufstätige Ehefrau zur Arbeit gegangen ist, haben die Männer es nicht sonderlich eilig, nach Hause zu kommen. Deshalb sind um diese Zeit besonders viele Leute auf der Wache, Männer, die eigentlich nicht gehen wollen, weil sie Angst haben, sie könnten was verpassen, und häufig gibt es nichts zu tun außer Däumchen drehen und Kaffee trinken und frühstücken und die Einzelheiten des letzten großen Einsatzes durchzuhecheln wie die Höhepunkte eines wichtigen Baseballspiels. Manchmal wird auch wirklich über Baseball gefachsimpelt oder über das Footballmatch vom Vorabend. Für die meisten Feuerwehrleute ist die Wache ihr zweites Zuhause, und wenn das erste Zuhause leer ist, gibt es keine bessere Alternative. Irgendwas hat man immer zu erzählen. Und ich kenne wirklich nicht einen einzigen Feuerwehrmann, der allen Ernstes behaupten würde, er wäre lieber irgendwo anders als auf der Wache bei einem netten Plausch mit seinen Kollegen. Wenn sie sich an den letzten Einsatz erinnern, dem nächsten Einsatz entgegenfiebern.

So also war die Lage an diesem unwahrscheinlich schönen Morgen. Alles ganz normal – noch. Ich trug noch meine Zivilkleidung, als ich Bob sagte, er solle nach Hause fahren, aber ich dachte mir, wenn wir ausrücken müßten, könnte ich meinen Schutzanzug einfach drüberziehen. Eigentlich ist das gegen die Vorschrift, aber ich hatte es auch früher schon so gemacht. In zwei Minuten wäre ich angezogen und einsatzbereit. Es gibt Chiefs, die den diensthabenden Chief nicht eher offiziell ablösen, als bis sie mit akkurat gebundener Krawatte am Schreibtisch sitzen, als wollten sie für die Presse posieren. Die Vorschrift verlangt, daß wir unsere Dienstuniform tragen, sobald wir den Dienst antreten: blaue Hose, Hemd mit weißem Kragen und den Rangabzeichen eines Chief – goldenes Eichenlaub für den Chief, silbernes Eichenlaub für den Battalion Commander. Es ist wie beim Militär, Silber ist höher als Gold, aber wenn ich meine silbernen Epauletten nicht finden kann, nehme ich eben die goldenen – das heißt, vorausgesetzt ich finde sie. Aber das interessiert mich nicht die Bohne. Meine Kleidung sagt nichts über meine Leistungsfähigkeit im Einsatz aus, nichts darüber, wie ich einen Brand bekämpfe, wie ich mich um meine Männer kümmere. Wenn ein Alarm kommt, bin ich bereit; da spielt es keine Rolle, was ich gerade anhabe.

Gegen acht Uhr schlenderte ich runter in die Küche, um mit den Männern zu reden, noch einen Schluck Kaffee zu trinken. Eigentlich hatte der Arbeitstag offiziell damit begonnen, daß ich Bob ablöste, aber so richtig waren wir noch nicht in Gang gekommen. Wir hatten noch nicht begonnen, unsere Ausrüstung zu überprüfen oder die Akkus für unsere Funkgeräte und so weiter aufzuladen, denn das würde die Tagschicht erst um Punkt neun erledigen. Im Grunde warteten wir darauf, daß es neun Uhr wurde, und hofften, daß unser erster Einsatz noch so lange warten würde. Wenn nicht, auch gut.

Um Viertel nach acht war ich wieder in meinem Büro. Das Büro eines FDNY-Chief ist nicht gerade luxuriös: zwei Schreibtische, zwei Stühle, zwei Computer – einer für den Chief, einer für seinen Assistenten. (In dieser Schicht würde Gary Sheridan mein Assistent sein, er wechselte sich im Turnus mit Doug Robinson, Super Dave Shaughnessy und Bobby Pyne ab.) Unsere Familienfotos und sonstigen persönlichen Dinge bewahrten wir im Spind auf – in meinem hängen zwei Fotos von Stephen und Lisa, wie sie meinen Feuerwehrhelm tragen, etwa 1995 aufgenommen und keine sonderlich originelle Pose für die Kinder eines Feuerwehrmanns –, doch das Büro selbst ist recht spartanisch. Alles darin ist Standard. Ich habe schon in so ziemlich jedem Chief-Büro Dienst getan, und sie sehen alle gleich aus. Das hat den Vorteil, daß wir immer wissen, wo alles ist und wie alles läuft. Das einzige, was die Büros unterscheidet, ist die Aussicht, obwohl es sogar welche ohne Fenster gibt.

Ich hatte noch Verwaltungskram zu erledigen, mußte einige Anrufe machen und meine Dienstkleidung anziehen. Damit beschäftigte ich mich, während sich allmählich die letzten zum Dienst meldeten und ich auf den offiziellen Schichtbeginn wartete. Etwa um Viertel vor neun kam eine Durchsage durch die sogenannte »Bitchbox«, unsere interne Sprechanlage; wir sollten den Fernseher anmachen und auf Channel Seven schalten. Eigentlich kamen nur die zwei Worte »Channel Seven«, aber wir wußten alle, was das bedeutete. Überall auf der Wache waren Fernseher: Im Büro des Chief, in der Küche, im Aufenthaltsraum … Wenn ein Lokalsender irgend etwas Wichtiges brachte – eine Brandmeldung, ein Interview mit einem unserer hohen Tiere –, kam die knappe Durchsage: »Channel Seven« oder »Channel Four«, je nachdem.

Die Uhr an der Bürowand zeigte kurz nach acht Uhr fünfzig. Ich machte den Fernseher an und schaltete auf Channel Seven, und im selben Moment kamen ein paar Männer ins Büro geschlendert, um nachzusehen, was los war. Und dann sahen wir es. Das Ende der Welt, wie wir sie kannten, und unser aller Leben änderte sich mit einem Schlag.

Ich sah, was alle sahen. Es konnte höchstens eine Minute her sein. Der Nordturm des World Trade Centers qualmte wie wahnsinnig. Auf dem Boden heilloses Chaos. Und ich hörte die Unsicherheit und Verwirrtheit der Fernsehsprecher. Zu diesem frühen Zeitpunkt war im Fernsehen zwar schon davon die Rede, daß ein Flugzeug in den Turm geflogen sei, aber es gab keinerlei Hinweise auf die Größe der Maschine, kein Wort über die näheren Umstände, keine Videoaufnahme der Katastrophe. Bloß dieses unerklärliche Bild eines erschreckend blauen Himmels, der an einem Spätsommermorgen von Rauchwolken getrübt wird.

Wir waren zu dritt oder viert in meinem Büro, und keiner sagte ein Wort. Ich weiß nicht mehr, wie lange wir einfach nur dastanden und starrten, mit offenem Mund, völlig fassungslos und ungläubig. Uns war klar, was wir da sahen, was das für uns Feuerwehrmänner bedeutete, aber wir konnten es nicht wirklich verarbeiten.

Ich wußte sofort, daß das kein Unfall gewesen war. Das sagte mir mein Bauch, mein Herz, mein Kopf, alles

in mir schrie: Terroranschlag. Natürlich bestand die
Möglichkeit, daß irgendein Irrer ohne politischen Hintergrund die Tat begangen hatte, aber ich verstand immerhin genug vom Fliegen, um zu wissen, daß so etwas
nicht zufällig passiert. Ich wußte, daß in der Geschichte
der Stadt New York nur ein einziges Mal ein Flugzeug
in einen Wolkenkratzer gekracht war – die B-25, die 1945
in den 78. und 79. Stock des Empire State Buildings
raste –, und das war bei dichtem Nebel gewesen, ohne
die komplizierten Instrumente der heutigen Flugtech-
nik. Aber ein solcher Unfall war nicht mehr möglich.
Der Luftraum über New York war eine sogenannte »No
Fly Zone«. Die einzigen Zonen, in denen noch geflogen
werden durfte, waren die Wasserwege, und dort waren
die Flughöhen exakt vorgeschrieben. Ein Zusammenstoß war unmöglich, und zwar sowohl der Zusammenstoß zweier Flugzeuge als auch der Zusammenstoß
eines Flugzeugs mit einem festen Objekt auf dem Boden. Wenn ein Flugzeug ein solches Gebäude traf, dann
war das nie und nimmer ein Unfall.

Zu diesem Zeitpunkt gab es wohlgemerkt noch keinerlei Hinweise auf die Größe des Flugzeugs, das in den
Turm geflogen war. Keinerlei Informationen, die Aufschluß darüber geben konnten, ob vielleicht eine Bombe
an Bord gewesen war. Nichts, außer diesem erschüt-
ternden, surrealen Bild eines strahlenden, herrlichen
Himmels, der von Rauch verdunkelt wurde, und dem
Gedanken an die zahllosen Menschen, die mit Sicherheit grausam ums Leben gekommen waren. Und für
einen Feuerwehrmann war dieser Anblick noch be-
drohlicher als für einen Zivilisten. Ich traute meinen
Ohren nicht, als einer der Fernsehkommentatoren be-
richtete, daß die Börse wegen des Unglücks eine halbe

Stunde später öffnen würde, und ich dachte, was zum Teufel geht in den Leuten bloß vor? Wovon reden die denn? Sie sprachen übers Geschäft und hatten doch die größte Katastrophe in der Geschichte ihrer Stadt vor Augen. Ein Blick auf den Bildschirm genügte, und mir war klar, daß die Situation so gut wie aussichtslos war. Es gab kaum eine Möglichkeit, an die Menschen oberhalb der Einschlagstelle ranzukommen. Es war nicht ausgeschlossen, aber es würde sehr schwer werden, und es war einfach unpassend, über den Zeitpunkt nachzudenken, wann die Börse aufmachte, oder so zu tun, als könnten wir weitermachen wie bisher.

All diese Gedanken und noch etwa eine Million mehr schossen mir durch den Kopf, und dann rief ich auch schon die Einsatzleitung des Departments an. Ich wählte die 261 unseres internen Telefonsystems, ohne recht zu wissen, was ich da eigentlich tat, ich wußte nur, daß die Bilder im Fernsehen zweierlei bedeuteten: Menschen waren in Gefahr, und es gab einen Brand zu löschen. Ich handelte rein instinktiv, und als sich der Dispatcher am anderen Ende meldete, dachte ich nur noch an Rettungsaktionen. Wie kriegen wir diese Menschen da raus? Wie löscht man ein Feuer in einer solchen Höhe? Wie gehen wir vor?

»Hier spricht Chief Picciotto, Battalion 11«, bellte ich in den Hörer.»Ich war beim Bombenanschlag '93 im World Trade Center. Ich kenne das Gebäude. Wenn ihr mich braucht, ruft mich.«

Es war nicht viel, aber diesen Anruf mußte ich einfach machen. Jeder Chief rückt automatisch mit aus, wenn es in seinem Zuständigkeitsbereich einen Brand gibt. Dafür muß er nicht erst auf eine Anweisung warten. Es gibt immer auch einen zweiten Trupp, der in Bereitschaft steht, und dieser kann auch ohne direkte Anweisung ausrücken, aber alle anderen müssen sich an ihre Order halten. Wenn wir bei jedem Brand komplett ausrücken würden, gäbe es überall in der Stadt leere Feuerwachen, also mußten wir auf Befehle warten, und in diesem Fall bekamen wir den Befehl zu bleiben, wo wir waren. Vorläufig konnte ich das akzeptieren. Ich bat nicht darum, zum Einsatz gerufen zu werden, ich bot nur meine Hilfe an und teilte mit, daß ich die Örtlichkeiten kannte, was vielleicht nützlich sein konnte.

Es gab natürlich noch etliche andere Kollegen mit den gleichen Ortskenntnissen, aber ich wollte meinen Namen früh ins Spiel bringen. Damals, am 26. Februar 1993, war ich als Battalion Chief in Lower Manhattan der zweite Chief, der am Ort des Geschehens eintraf, nachdem ein gemieteter Ryder-Van auf Ebene B-2 in der Tiefgarage des World Trade Centers explodiert war. In dem Van war eine halbe Tonne TNT gewesen sowie etliche Kanister Wasserstoff, um die Wucht noch zu steigern, und die Detonation hatte sieben Stockwerke zerstört, sechs davon unter der Erde. Sechs Menschen wurden getötet, über tausend verletzt, und die Rettungsaktion wurde zum größten Einsatz in der Geschichte des FDNY: Etwa 45 Prozent des diensthabenden Personals rückten aus, darunter 84 Engine-Trupps, 60 Ladder-Trupps, 28 Battalion Chiefs, neun Deputy Chiefs, fünf Rettungstrupps und 26 andere Spezialeinheiten – ein gewaltiger Aufwand an Menschen und Material. Ich gehörte zu dem Team, das in der Nähe des Gebäudeeingangs einen Unterkommandoposten einrichtete, um die gewaltige Flut von anrückenden Einheiten zu dirigieren, und war der Überzeugung, daß diese Erfahrung jetzt bei den zweifellos fürchterlichen

Geschehnissen im Nordturm von Nutzen sein konnte. Außerdem kannte ich das gesamte Gebäude. Ich kannte die Treppenhäuser, und ich wußte, wie schwierig es war, Zehntausende von Menschen durch diese engen Gänge zu evakuieren, im ungewissen Wettlauf mit der Zeit.

In dieser Hinsicht unterschied ich mich nicht von den aberhundert Kollegen, die 1993 dabeigewesen waren, aber für mich war es schon fast eine persönliche Angelegenheit. Bis zu diesem dunklen Augenblick war es mir selbst nicht klar gewesen, aber ich empfand eine besondere Verbundenheit mit diesen Türmen. Es war schon seltsam. Seit der Eröffnung des World Trade Centers 1970 waren wir zahllose Male dorthin gerufen worden. Meistens ging es um kleine Brände, oder es war falscher Alarm, aber durch das Attentat von 1993 war diese spezielle Bindung entstanden. Ich war in einem kritischen Moment dort gewesen, und jetzt hatte ich das Gefühl, wieder dort sein zu müssen. Ich weiß, es klingt verrückt, aber es war, als wäre das Geschehen auf dem Bildschirm irgendwas zwischen mir und dem Gebäude. Wie gesagt, fast eine persönliche Angelegenheit.

Ich legte auf und hastete hinunter in die Küche, um mit den anderen Männern zusammen die Berichterstattung im Fernsehen zu verfolgen. Abgesehen von Bob Holzmeier war noch kein Mann der Nachtschicht nach Hause gefahren, daher herrschte ein ziemliches Gedränge. Und wir alle starrten geschockt auf den Apparat, konnten den Blick nicht abwenden, versuchten zu begreifen, was wir da sahen, wo es doch in Wahrheit unbegreiflich war. Wie soll man solche Bilder in irgendeinen logischen Zusammenhang bringen?

Schließlich fingen wir an, zu reden. Wir konnten sehen, wie groß der Brand war. Wir konnten den Qualm sehen. Wir konnten das Loch an der Einschlagstelle sehen. Wir wußten, es war schlimm, sehr schlimm, wir wußten, daß die Leute oberhalb des Einschlags mit Sicherheit sterben würden, wenn der Rauch sie nicht schon getötet hatte. Es gab keine Möglichkeit, sie da rauszuholen. Billy Reynolds von Engine 76 sagte, daß heute wahrscheinlich viele Feuerwehrleute sterben würden, und niemand widersprach ihm. Statt dessen ließen wir seine Bemerkung einfach so stehen, alle schwiegen, und jeder hing seinen eigenen Gedanken nach, fragte sich, welche Kollegen wir verlieren würden, ob es jemanden von uns treffen würde.

Zu diesem Zeitpunkt dachten wir alle, daß der Rauch die meisten Menschenleben fordern würde. Wir wußten noch immer nicht, daß es eine große Passagiermaschine gewesen war, vollgetankt mit Kerosin. Wir wußten alle, daß Flugbenzin mit über 1200 Grad Celsius verbrennt und Stahl bei etwa 800 Grad seine Festigkeit verliert, aber noch dachten wir gar nicht in diese Richtung – und selbst wenn wir das getan hätten, dann hätten wir uns daran erinnert, daß der Stahl, der beim Bau der Twin Towers verwendet wurde, mit einer Feuerschutzschicht isoliert war. Sicher konnten wir uns nur dessen sein, was wir sahen, und das war der Rauch. Sehr viel Rauch. Schwarz und wallend und außer Kontrolle. Und wir verbanden das, was wir sahen, mit dem, was wir schon wußten, daß nämlich 90 Prozent aller Todesfälle bei Hochhausbränden direkt auf das Einatmen von Rauch zurückzuführen sind. Es war also ein verzweifeltes Rennen gegen die Zeit. Den Bildern im Fernsehen nach zu urteilen, schien es nicht einmal auf dem Dach frische Luft zu geben, so dicht quoll der Rauch nach oben über die Spitze des Gebäudes.

Entsetzt verfolgten wir das Geschehen, und als wir schließlich das Schweigen brachen, war klar, daß wir alle dorthin wollten, so schnell wie möglich. Wir waren wie Rennpferde in der Startbox. Wir hatten das Gefühl, daß wir dort sein müßten, jeder aus eigenen, privaten Gründen, aber auch, weil es unsere Aufgabe war, unser Beruf, denn dazu waren wir da.

»Chief Pitch«, hörte ich von allen Seiten, »nichts wie hin.« (Seit meiner Kindheit ist »Pitch« mein Spitzname, und im Dienst sprachen die Männer mich immer mit »Chief Pitch« an, also zwanglos und respektvoll zugleich.)

»Wieso auf den Befehl warten«, hörte ich auch, »wir fahren hin.«

»Irgendwann schicken sie uns sowieso hin, dann können wir auch jetzt gleich los.«

Und dann schlug das zweite Flugzeug ein. Wir sahen es kommen und wollten unseren Augen nicht trauen. Es war ein derart unfaßbarer Anblick, daß jeder von uns ein paar Sekunden brauchte, um zu begreifen, was geschehen war. Aber wer ist schon in der Lage, so etwas auf Anhieb zu erfassen? Es waren bloß ein paar Sekunden, aber es kam mir endlos lang vor. Wieder waren alle verstummt, und während jeder einzelne allmählich begriff, was da passiert war, griff ich wieder zum Telefon. Wieder tat ich das, ohne einen klaren Gedanken gefaßt zu haben. Es waren etwa zehn Sekunden nach dem Einschlag des zweiten Flugzeugs vergangen. Ich wählte dieselbe Nummer – 261 –, um mit der Einsatzzentrale für Manhattan am Central Park zu sprechen. Ich wußte, daß sie mit Anrufen überflutet sein würden, aber ich wollte schneller sein als die anderen. Inzwischen bekamen sie sicher nicht nur interne Anrufe, sondern auch

Notrufe von Menschen vor Ort, von Leuten, die in einem der oberen Stockwerke gefangen waren und sich verzweifelt über Handy meldeten, und Anrufe von Menschen, die einfach nur wissen wollten, was eigentlich los war.

Das wußte ich, aber es war mir egal. Ich war kaum noch zu halten, genau wie die Männer, die meinem Befehl unterstanden. Sie wollten zum Einsatzort, und ich auch, und wenn ich weiter auf den Befehl wartete, würde gar nichts passieren.

»Hier spricht Chief Picciotto«, sagte ich erneut, als sich der Dispatcher meldete. »Battalion 11. Gerade ist ein zweites Flugzeug in den zweiten Turm geflogen. Verdoppeln Sie sämtliche getroffenen Einsatzmaßnahmen. Ich bin unterwegs. Ich kenne das Gebäude, und ich fahre jetzt hin.«

Ich hatte gedacht, daß ich bestimmt nicht der erste war, der den Kollegen über die neueste Entwicklung informierte, aber das kurze Zögern, bevor er antwortete, weckte in mir den Verdacht, daß er vielleicht doch noch nichts davon gewußt hatte.

»Fahren Sie los«, sagte der Dispatcher schließlich, und in seiner Stimme schwang Entsetzen, Fassungslosigkeit und Resignation. »Fahren Sie los.«

Ich hatte nicht darum gebeten, und ich hatte eigentlich auch keine Antwort erwartet. Wenn der Dispatcher mir gesagt hätte, ich sollte bleiben, wo ich war, hätte ich ihn vielleicht nicht gehört. Im Eifer des Gefechts, wie in diesem Augenblick, war ich manchmal ein bißchen schwerhörig. Aber jetzt hörte ich laut und deutlich: »Fahren Sie los!«

Was ich damals nicht wußte, war, daß meine Tochter Lisa aus ihrem Studentenwohnheim auf die Fulton

Street gelaufen war, um die entsetzlichen Ereignisse mit eigenen Augen zu verfolgen, aus der relativ sicheren Entfernung von zwei Häuserblocks, und während sie ungläubig zusah, wie sich das zweite Flugzeug in den Südturm bohrte, wurde ihr klar, daß ihr Vater wahrscheinlich direkt vor Ort war. Sie ahnte es, und ihre Ahnung erwies sich als fast richtig. Ich war zwar noch nicht da, aber ich war unterwegs.

## 11. September 2001: 9.59 Uhr, Standbild

*Es war wie in einem Roman von Stephen King. Wir standen alle da, wie versteinert, und warteten darauf, daß das Getöse uns erreichte. Tausend Güterzüge. Tausend rasende Bestien. Tausend unvorstellbare Schrecken – und dann noch mal tausend mehr. Nichts, gar nichts könnte beschreiben, wie grauenhaft laut es war.*

*Wir wußten noch immer nicht, was auf uns zukam, aber es war jetzt praktisch auf uns, und wir waren sicher, daß wir in Stücke gerissen oder zerquetscht oder zermalmt werden würden, und ich hörte lange genug auf zu denken, um mir dieses Bild im Geist einzuprägen: etwa zwei Dutzend Feuerwehrmänner, erschöpft und ängstlich, verschwitzt und verrußt, starr wie Statuen in den Gängen des 35. Stockwerks des Nordturms des World Trade Centers, die Augen nach oben gerichtet, darauf wartend, daß ein unbegreifliches Ende durch die Decke brach und sie begrub.*

*Das also würde mein Ende sein.*

*Ich betete darum, daß es schnell gehen würde. Ich dachte nicht wirklich daran, daß ich sterben würde, aber ich war mir sicher, daß ich leiden würde. Und deshalb betete ich. Schnell.*

*Und dann ging das Donnern einfach durch uns hindurch wie nichts. Es kam und kam, und dann war es über uns, auf uns, Teil von uns, und schließlich durch uns hindurch und entfernte sich, raste hinunter zur Plaza. Das Gebäude bebte* noch immer, unsere Beine zitterten noch immer, aber wir standen. Wir standen ganz ruhig, wie ein Standbild, und rührten uns nicht, aus Angst, die empfindliche Ruhe zu stören. Aus Angst vor dem, was als nächstes passieren mochte.

Eine ganze Weile sagte keiner ein Wort. Alles hatte vielleicht zehn Sekunden gedauert, vom schwachen Grollen, zum ohrenbetäubenden Brüllen, zum schwächer werdenden, fernen Donnern, aber es war in Zeitlupe passiert. Es war gruselig, anders als alles, was ich je erlebt hatte, und das seltsamste, beunruhigendste daran war die Tatsache, daß wir absolut nichts sehen konnten, was dieses schauderhaft laute Getöse irgendwie erklärt hätte. Es war bloß ein Geräusch. Ein endloses, unerbittliches, grauenhaftes Geräusch. In einem Vakuum. Wir waren völlig ratlos. Draußen oder vor den Fernsehschirmen überall auf der Welt war klar, was wir gehört hatten, aber wir waren in diesem fensterlosen Gang abgeschnitten von der Außenwelt, Hunderte von Metern über der Erde und noch einige hundert Meter unter einem tobenden Feuer und entsetzlicher Zerstörung. Und doch hatte dieses Unerklärliche uns kein Haar gekrümmt. Es war bloß durch uns hindurchgegangen und dann weitergerast zu einem unbekannten Ziel.

Langsam, zögernd, sahen wir einander an. Ein paar von uns kniffen sich selbst, um sich zu vergewissern, daß alles in Ordnung war, doch selbst das gab uns keine Sicherheit. Manche berührten die Wände oder lehnten sich etwas fester dagegen, vielleicht, um sich zu vergewissern, daß das Gebäude noch stand, noch fest war. Manche blickten sich um und schauten über die Schulter, wo ihre Kollegen standen, wie eingefroren in derselben starren Haltung. Aber keiner sagte auch nur ein Wort. Selbst unsere Funkgeräte schwiegen. Sie waren entweder auf den Kommandokanal des Departments eingestellt, über den die Einsatzleitung Anweisungen gibt, oder

*auf unseren taktischen Kanal, und die Wahrscheinlichkeit,
daß beide Kanäle längere Zeit schwiegen, war gleich Null.
Wir hatten oft Probleme mit unseren Funkgeräten, vor allem
in Hochhäusern, aber es war noch nie vorgekommen, daß längere Zeit überhaupt kein Gerät mehr irgendwas empfing. Wir
waren etwa 25, vielleicht 30 Mann, und wir hörten kein Piep-
sen, kein Knistern, nicht mal ein Rauschen. Es war, als wären
wir auf einem anderen Planeten gelandet oder auf eine andere
Zeitebene geraten. Als wären unsere Energieleitungen abgeschnitten und wir unfähig, uns zu bewegen, zu sprechen oder
klar zu denken.*

   *Schließlich fand ich die Sprache wieder. Eigentlich dachte
ich nur laut. Und zwar das, was uns alle bewegte: »Was, um
Himmels willen, war das?«*

# Fahrt zum Einsatz

Ein Feuerwehr-Chief ist immer nur so gut wie der ihm zugeteilte Assistent, und an diesem Morgen hatte ich wie gesagt Gary Sheridan an meiner Seite. Bei einem solchen Einsatz, wenn man 130 Blocks entfernt ist, braucht man einen waghalsigen Fahrer, um so rasch wie möglich ans Ziel zu gelangen, und Gary, der alte Hase, war genau der Richtige dafür.

Ein Chief und sein Assistent sollen stets zusammenbleiben, sowohl auf der Feuerwache als auch beim Einsatz, und Gary und ich waren ein eingespieltes Team. Wir hatten fast immer dieselbe Schicht, es sei denn, einer von uns hatte aus privaten Gründen oder, um einem Kollegen einen Gefallen zu tun, mit jemand anderem getauscht. Gleich nach dem Telefonat mit der Einsatzleitung suchte ich also Gary und machte mich fertig. Die anderen Jungs wollten unbedingt mitkommen, aber vorläufig würden nur Gary und ich nach South Manhattan fahren.

»Bitte, Chief«, hörte ich von den Männern in der Küche, »nehmen Sie uns mit.«

»Was meinen Sie, Chief Pitch? Hätten Sie nicht noch Platz für ein paar von uns?«

»He, und was ist mit mir?«

Aber ich ließ mich nicht erweichen. Es ging mir zwar

an die Nieren, weil ich genau wußte, daß ich mich an ihrer Stelle ebenso verhalten hätte, aber es war eben eine Frage des Protokolls. Und eine Frage der Praktikabilität. Ich mußte mich an die gegebenen Anweisungen halten, und ich hatte keine Zeit mehr, die Anweisung einzuholen, noch mehr Leute mitzunehmen. Ich konnte nicht einfach ein paar Männer abkommandieren und zu den Twin Towers brausen. So funktioniert das nicht im Department. Wir waren ein Trupp, und als Trupp waren wir füreinander da, und vorläufig war unser Trupp noch nicht zum Einsatz gerufen worden. Außerdem konnte kein Mensch wissen, was an diesem Morgen noch alles passieren würde. Wir durften nicht einfach unseren Posten verlassen, bloß weil wir das fürchterlichste Feuer bekämpfen wollten, das wir je gesehen hatten, oder weil wir wußten, daß unsere Kollegen inzwischen überall in den Türmen verteilt waren. Interessant ist aber, daß wir zum Zeitpunkt des Anschlags gerade Schichtwechsel hatten und deshalb noch jede Menge Männer da waren, die strenggenommen dienstfrei hatten. Diese Männer hätten eigentlich mit uns oder mit ihren eigenen Fahrzeugen zu den Twin Towers fahren können. Letztlich haben das auch viele gemacht, überall in der Stadt, aber ich hatte in diesem Moment so was wie einen Tunnelblick.

Offen gestanden, ich hab gar nicht daran gedacht. Ich konnte bloß denken: Wir haben unsere Anweisung, Gary und ich, also nichts wie hin! Auf der Stelle! Ich wollte so schnell wie möglich zu den Türmen, und die Koordinierung einer umfassenderen Aktion hätte mich nur aufgehalten.

Also fuhren wir los. Gary und ich in unserem rot-weißen Chevrolet Suburban, raus auf die 100th Street, dann auf die Columbus Avenue und dann schnurstracks runter nach South Manhattan. Donnerwetter, dachte ich, der Kerl kann fahren! Natürlich wußte ich das auch schon durch unsere zahllosen Einsätze in der näheren Umgebung, aber so hatte ich ihn noch nie fahren sehen! Streckenweise hatten wir mindestens 120, 130 Sachen drauf, und langsamer als 70 oder 80 Stundenkilometer wurden wir so gut wie nie. Ich glaube, auf dem ganzen Weg sind wir nicht einmal zum Stehen gekommen. Wir hatten Blaulicht und Sirene an, und eine grelle Zusatzhupe; im Führerhaus gab es auch ein Mikrofon mit Lautsprecher, für den Fall, daß ich irgendwelche Passanten verscheuchen mußte, die uns in die Quere kamen, aber die meiste Zeit sagte ich nichts. An fast jeder Kreuzung, vor allem ab Midtown und weiter südlich, sorgten Cops dafür, daß wir freie Fahrt hatten. In einer solchen Situation benutzen wir nur die Feuerwehrspur, das heißt die mittlere Spur, aber die richtig guten Fahrer fahren eine Art Slalom, schwenken an jeder Kreuzung leicht weg von der Seite, aus der der Querverkehr kommt, so daß sie ein paar Meter mehr Spielraum und ein paar Bruchteile von Sekunden mehr Reaktionszeit haben, falls ein Wagen einfach auf die Kreuzung schießt. Man muß auch stets darauf gefaßt sein, daß plötzlich ein Passant auf die Straße springt, was ein blitzschnelles Ausweichmanöver verlangt. Ich kann mir vorstellen, daß es ziemlich seltsam anmutet, wenn man einen von unseren Wagen sieht, wie er mit hohem Tempo auf der Mittelspur im Zickzackkurs fährt, aber es gibt einen guten Grund dafür, und Gary Sheridan war ein klasse Fahrer. Ich glaube kaum, daß er je zuvor durch ganz Manhattan gerast war, aber er muß es wohl zahllose Male im

Kopf durchgespielt haben – und das erwies sich als gute Vorbereitung.

Der so ziemlich einzige Nachteil bei dieser Fahrweise war der, daß es für mich ganz schön knifflig war, mir den Schutzanzug anzuziehen. Stiefel. Überhose. Die verdammten Hosenträger machen einem das Leben schwer, wenn man auf dem Beifahrersitz eines dahinrasenden, schlingernden Chevy Suburban hockt. Ich zog mir also mühsam meine Sachen über, und während ich mir immer wieder den Kopf am Seitenfenster stieß, mußte ich die ganze Zeit daran denken, was uns wohl erwartete, wenn wir die Türme erreicht hatten. Mit wem würde ich sprechen, wo würde man mich hinschicken, welche Aufgabe würde mir zugewiesen werden? Meine Gedanken überschlugen sich. Ich versuchte, mich zu konzentrieren, aber meine Phantasie schlug Kapriolen, und das Funkgerät machte die Sache nicht gerade besser. Ständig hörten wir Meldungen über eine dritte Passagiermaschine im Anflug, und ich dachte, wo bleibt denn die Luftabwehr der Air Force? Ich sah tatsächlich einen Jet, der in niedriger Höhe rechts von mir den Hudson entlangflog, und ich nahm an, daß die Meldungen stimmten. Der gesamte Flugverkehr war eingestellt worden, aber da war tatsächlich eine Maschine, wie auf einem dämlichen Touristenrundflug. Es war entweder eine von uns oder eine von denen. Ich fragte mich, was wohl das nächste Ziel sein würde. Jedes mögliche Horrorszenario schoß mir durch den Kopf. Ich dachte, wenn ich Terrorist wäre, käme als nächstes die George Washington Bridge dran, oder die Tunnel. Dann würde die Stadt vollends im Chaos versinken.

Ganz tief in mir drinnen hatte ich das Gefühl, daß ich diesen Einsatz nicht überleben würde. Das war ein

Gedanke, den ich sonst immer weit von mir gewiesen hatte, aber jetzt war er da und ließ sich nicht mehr verscheuchen. Und seltsamerweise dachte ich in diesem Moment nicht an Debbie oder die Kinder oder meine Eltern in Staten Island oder die Menschen in den oberen Stockwerken der beiden Türme. Ich empfand nicht mal Trauer, daß es so enden würde. Ich war allein auf die Aufgabe konzentriert, die vor mir lag, versuchte, in Details zu denken, in spezifischen Aufgabenstellungen. Die ganze Fahrt dauerte nicht länger als acht oder neun Minuten, aber das reichte aus, um mir die Schutzkleidung überzuziehen und alle denkbaren Situationen durchzuspielen, die uns möglicherweise erwarteten.

Als ich die Einsatzzentrale zum zweiten Mal anrief, hatten wir es mit einem Feuer der Alarmstufe vier zu tun, doch inzwischen wußte ich durch die Informationen, die wir über Funk mitbekamen, daß man längst aufgehört hatte zu zählen. Normalerweise läuft ein Alarm folgendermaßen ab: Ein »1075« bedeutet den einfachen Brandfall und löst das Kommando »alle Mann« aus, was bedeutet, daß jeder Feuerwehrmann ausrückt, der für Alarmstufe eins eingeteilt ist; ein Feuer mit Alarmstufe zwei bedeutet, daß Back-up-Teams nachrücken, weitere vier Löschzüge und drei Trucks, und so geht es weiter, je nach Schwere der Lage. In jedem Wagen sind ein Lieutenant oder ein Captain, und vier oder fünf Männer, je nach Trupp. Alarmstufe vier bedeutet also jede Menge Einsatz von Personal, und auch diese Stufe würden wir im Handumdrehen hinter uns lassen.

Ich war in meiner Funktion als Chief ziemlich vorsichtig, wenn es darum ging, soviel Personal einzusetzen, aber meine Vorstellung von dem, was vorsichtig bedeutete, unterschied sich von der Vorstellung des Departments. Vorsichtig war ich nämlich mit Menschenleben, nicht mit sonstigen Ressourcen. *Aufs Beste hoffen, mit dem Schlimmsten rechnen*, das war mein Motto, und während wir zum World Trade Center rasten, dachte ich an meine etwas anmaßende Aufforderung, die ich in der Aufregung überhastet an den Dispatcher gerichtet hatte, daß sämtliche Einsatzmaßnahmen verdoppelt werden sollten. Er könnte sie verdoppeln und noch mal verdoppeln, und es würde noch immer nicht ausreichen. Wir hatten es hier mit einer Katastrophe zu tun, die jede aber auch jede Erfahrung sprengte, die das Department je gemacht hatte. Ich weiß nicht, ob wir diese Brände hätten löschen können, selbst wenn jeder einzelne Feuerwehrmann des gesamten Departments mitgeholfen hätte. Wir konnten höchstens darauf hoffen, sie einzudämmen, so viele Menschen wie möglich aus den darunterliegenden Stockwerken zu retten, die umliegenden Häuser zu schützen und zu verhindern, daß die gesamte Nachbarschaft in Flammen aufging.

Als wir an den Chelsea Piers vorbeifuhren, etwa ab Höhe der 20th Street, waren sämtliche Straßen für den Zivilverkehr gesperrt. Wir brausten über den West Side Highway, um uns herum lauter Einsatzfahrzeuge, und rollten von hinten an einen Löschzug heran, der uns wie eine Straßensperre den Weg blockierte. Eine Straßenverkehrsregel des Departments besagt, daß man kein anderes Einsatzfahrzeug überholt, es sei denn, der Fahrer winkt einen vorbei, und jetzt näherten wir uns mit Vollgas diesem Truck und drohten, in einen regelrechten Konvoi zu geraten. Diese Dieselfahrzeuge sind riesig und wiegen gut 180 Tonnen. Es sind ungeheure Kraftprotze, aber alles andere als schnell. Wenn man hinter so

einem steckenbleibt, kann man genausogut ein Nicker-
chen machen, aber Gary gelang es, den Blick des Fah-
rers im Rückspiegel aufzufangen, und als der Mann
sah, daß da das Fahrzeug eines FDNY-Chief herange-
jagt kam, machte er uns ein wenig Platz, und wir brausten vorbei.

Wir hielten auf der West Street schräg gegenüber vom
Komplex des World Trade Centers. Näher kamen wir mit
dem Wagen nicht an die Türme heran. Ich sprang heraus, sah mich um und merkte, daß ich nach dem Bombenanschlag 1993 an genau derselben Stelle geparkt
hatte. Zahllose Menschen strömten Richtung Norden,
manche panisch, manche verzweifelt, aber doch in
einem relativ ruhigen und geordneten Zug. Es war fast
die gleiche Szene wie damals nach dem ersten Anschlag, und während ich den Blick schweifen ließ, hatte
ich das Gefühl, als würde die Zeit zurückgedreht, als
müßte ich mich noch um irgend etwas Unerledigtes
kümmern, die gleichen Schritte ein zweites Mal tun.

Ich griff in den Wagen, riß meine Taschenlampe aus
der Aufladehalterung und schnappte mir meine Atemmaske. Hinten lagen noch zwei Ersatzflaschen – Druck-
luft –, aber von einem Chief wird nicht erwartet, daß er
Ersatzgeräte trägt, also überließ ich sie Gary. Die Atemmaske und die damit verbundene Sauerstoffflasche
waren schon schwer genug, und eingedenk des langen
Aufstiegs die Treppen hinauf wollte ich mich nicht
unnötig belasten. Ich hatte nicht vor, irgendwelches
Werkzeug mitzuschleppen, um möglichst leichtfüßig
zu bleiben, aber ich nahm doch mein Megaphon mit,
und als ich danach griff, schoß mir durch den Kopf, daß
ich das Ding noch nie im Leben benutzt hatte. Allerdings
wußte ich aufgrund der Erfahrung, die ich 1993 in

den Treppenhäusern gemacht hatte, daß es sich als nützlich erweisen könnte. Falls es überhaupt irgendwelche Gebäude gab, in denen Rettungshelfer ein Megaphon gebrauchen konnten, dann waren es die beiden Türme des World Trade Centers.

Und erst jetzt sah ich auf und machte mir ein Bild von der Lage. Die beiden Türme brannten ziemlich heftig. Aus den oberen Stockwerken quoll schwerer, dichter Rauch, aber ein Blick verriet mir, daß der Aufstieg einigermaßen problemlos sein würde. Die nach oben führenden Treppenhäuser würden halbwegs rauchfrei sein, und vielleicht funktionierten ja sogar noch ein paar Aufzüge, zumindest für die unteren Stockwerke.

Damals, 1993, war der Rauch im Nordturm zwar schlimm, aber durchaus zu bewältigen, wenn man mit so etwas Erfahrung hatte. Die Bombe war im Keller hochgegangen, daher stieg der Rauch nach oben, und an manchen Stellen war er so dicht, daß man die Hand nicht mehr vor Augen sehen konnte. Aber es war eben bloß Rauch, »Ölbrennerrauch«, wie wir sagen; von dem Ruß wird man zwar schwarz und völlig verdreckt, und man kriegt ihn fast gar nicht mehr aus den Klamotten raus, aber der Rauch hat einen ziemlich hohen Sauerstoffanteil, so daß man ihn länger einatmen kann als jede andere Form von Rauch. Für einen Feuerwehrmann ist ein Gang durch Ölbrennerrauch fast wie ein Spaziergang durch den Central Park. Ein Kinderspiel. Jetzt jedoch war unterhalb der Einschlagstellen sehr wenig Rauch, was die Rettungsaktion vereinfachen würde. Zumindest auf dem Weg nach oben würden wir relativ saubere, frische Luft atmen.

Das alles registrierte ich, als ich mich von dem Chevy Suburban abwandte, und zugleich konnte ich mich auf nichts Bestimmtes mehr konzentrieren, falls das Sinn ergibt. Ich sah nämlich Menschen, einige Dutzend, die vom Himmel fielen, die, um dem Rauch und dem Erstickungstod zu entgehen, aus den Fenstern gesprungen waren, und dieser Anblick machte mich fassungslos. Bei Gott, ich war nicht darauf vorbereitet, Menschen vom Himmel fallen zu sehen. 1993 hatte es etwas derart Erschütterndes, Herzzerreißendes nicht gegeben. Später habe ich gelesen, daß ein paar von diesen Menschen, vermutlich Freunde oder Kollegen, sogar Hand in Hand gesprungen sind, aber der Anblick blieb mir zum Glück erspart. Ich war nicht konzentriert genug, um den Ausdruck auf den Gesichtern dieser Menschen wahrzunehmen oder was sie anhatten oder irgendwelche individuellen Details, allein die Tatsache, daß sie in den Tod sprangen, war unfaßbar. Den ganzen Tag lang, und bei allem, was noch geschah, und in all den Tagen danach – bis heute – brauchte ich nur die Augen zu schließen, um mir diese fallenden Körper vorzustellen, das Grauen, das diese Menschen zu dem verzweifelten Sprung in den sicheren Tod trieb, aber in diesem konkreten Augenblick hatte ich nur einen Gedanken: Oh Gott, ich will nicht von einem getroffen werden. Eine instinktive Reaktion. Die ganze Szene war so schrecklich, daß ich diese dem Tod geweihten Menschen nur noch als Gefahrenquellen wahrnahm. Wie Trümmer, die mich erschlagen konnten.

Ich möchte betonen, daß ich nicht der einzige Feuerwehrmann war, der an die Bedrohung durch die fallenden Menschen dachte. Fast jeder, der in die Türme rannte, hat mir später von ähnlichen Gedanken berichtet. Auch Zivilisten, die nach draußen liefen, konnten den Anblick all dieser Körper, die auf die Erde aufschlugen, kaum ertragen und fürchteten erneut um ihr Leben, während sie so schnell sie konnten aus der Gefahrenzone flohen. Außerdem erfuhren wir später, daß der erste Feuerwehrmann, der an dem Tag ums Leben kam, Lieutenant Danny Suhr von Engine 216, tatsächlich vom Körper einer Frau erschlagen wurde, die aus einem der Türme gesprungen war. Bis heute weiß ich weder den Namen der Frau noch in welchem Stockwerk sie gearbeitet hat, aber viele von uns kannten Danny – und wir alle kannten Mychal Judge, den Kaplan des Fire Department, der sich neben Danny niederkniete, um ihm die letzte Ölung zu geben. Father Mike nahm den Helm ab, um seine Gebete zu sprechen, und wurde im selben Augenblick von einem herabstürzenden Trümmerstück getroffen. Sein Tod machte Schlagzeilen und löste im Department tiefe Trauer aus. Und deshalb, ja, auch wenn es gefühlskalt klingt, diese Menschen waren wirklich eine Gefahr, Menschen, die keine andere Wahl mehr hatten, als sich 90, 100, 110 Stockwerke tief hinabzustürzen in den sicheren, aber vielleicht schnelleren Tod.

In den Wochen danach habe ich jeden Gedanken daran verdrängt, und gleichzeitig konnte ich nicht anders, als daran zu denken, so widersprüchlich das auch klingen mag. Ich glaube nicht, daß ich je auch nur annähernd nachvollziehen kann, wie jene letzten Augenblicke gewesen sein müssen, die einen Menschen zu einer solchen Verzweiflungstat getrieben haben. Vielleicht will ich es auch nicht nachvollziehen. Doch zu dem Zeitpunkt, als ich auf die Türme zurannte, war für solche Gedanken kein Platz. Ich war völlig auf die bevorstehende Aufgabe konzentriert – nämlich in die Gebäude zu gelangen, zu den brennenden Stockwerken hochzurennen.

Ich ließ Gary Sheridan beim Wagen zurück und stürmte im Zickzackkurs, um Leichen und Glas und aufschlagenden Büromöbeln auszuweichen, zur nordwestlichen Ecke des Nordturms. Es war wie ein Spießrutenlauf, aber ich schaffte es bis zum Turm, und ich untersagte mir den Gedanken, der mich jetzt in diesem Moment ereilt, während ich dies schreibe: Menschen *sprangen* aus den Türmen, sprangen in den Tod, um rauszukommen, während ich so schnell wie möglich hineinwollte. Es ist absurd, wenn man es so formuliert, aber damals dachte ich nicht daran. Überhaupt nicht. Ich glaube wirklich, es gab keinen Feuerwehrmann vor Ort, der nicht so schnell wie möglich zu den brennenden Stockwerken hinaufwollte, um den Brand zu löschen und Menschenleben zu retten.

Auf dem Boden, um den gesamten Komplex des World Trade Centers herum, ging es ziemlich chaotisch zu und zugleich doch irgendwie systematisch. Die Polizei tat ihr Bestes, um die Situation auf der West Street unter Kontrolle zu halten, und irgendwer dirigierte mich zu einer Öffnung in der Glaswand der Lobby des Nordturms. Die Rettungskräfte hatten nicht die Zeit, die Drehtüren des Haupteingangs zu benutzen, deshalb hatten Feuerwehrleute eine Glaswand eingeschlagen, bis in etwa sechs, sieben Meter Höhe, so hoch sie mit ihren Werkzeugen reichen konnten, und die Leute gingen dort ein und aus, ohne an das ungesicherte Stück Glasscheibe zu denken, das über ihnen hing und bestimmt eine Tonne wog. Das Glas war gut zweieinhalb Zentimeter dick und wurde nur noch durch den seitlichen Druck an Ort und Stelle gehalten, es hätte also jeden Moment runtersausen und irgendwen guillotinieren können, aber das war nun mal der schnellste Weg ins Gebäude, und ich nahm ihn, ohne zu überlegen. Auch diese Bedenken kamen mir erst im nachhinein. Damals handelte ich bloß. So schnell ich konnte. Die improvisierte Kommandozentrale war gleich links auf der anderen Seite der Öffnung. Ich wußte, daß der Wahnsinn immer eine Methode hat, egal wie verrückt die Dinge laufen, egal wie hektisch alle in diesem Moment waren. Irgendwer mußte hier das Oberkommando haben, und dieser Jemand war ein Deputy Chief namens Pete Hayden.

Pete war im Department ungemein beliebt; zweimal war er auf einen hohen Verwaltungsposten befördert worden, aber beide Male hatte es ihm entweder nicht geschmeckt, wie ein Commissioner das Department leitete, oder es war ihm gegen den Strich gegangen, Entscheidungen treffen zu müssen, die zum Nachteil seiner Kollegen gereichten. Also hatte er sich wieder an die Front versetzen lassen. Er war einer von uns. Nichts lag Pete ferner, als sich wie ein hohes Tier zu gebärden. Er hatte mehrere Trupps an einer Seite der gläsernen Außenwand Aufstellung nehmen lassen, wo sie auf Einsatzbefehle warteten. Es gab ein paar Einzelgänger, die ohne Anweisung ins Gebäude rannten, aber die meisten eintreffenden Einheiten warteten jetzt auf ihre Befehle. Pete hatte das Kommando für den gesamten Nordturm, und er war ziemlich überlastet. Etwa zwei Dutzend Männer redeten gleichzeitig auf ihn ein, und es waren einfach mehr Informationen, als er auch nur annähernd verarbeiten konnte. Es waren noch mindestens zehn andere Chiefs da, die darauf warteten, endlich aktiv zu werden, und angesichts des Tohuwabohus hatte ich nicht vor, mich in die Reihe der Wartenden zu stellen. Kommando war Kommando, und wir waren alle gute Leute, aber ich wollte sofort rauf zu den brennenden Stockwerken. Ich steckte in der Zwickmühle: Sollte ich auf eigene Faust handeln oder den guten Feuerwehrmann abgeben? Aber ich war nicht hierhergerast, um mich in die Warteschlange zu stellen; ich beschloß zu handeln.

Ich überflog die Reihe der wartenden Kollegen und guckte mir eine Gruppe von Männern aus, die den Eindruck machten, als brannten sie genau wie ich darauf, zur Tat zu schreiten. Ladder 110 aus Brooklyn. Normalerweise entdecke ich fast immer in einer Feuerwehreinheit ein bekanntes Gesicht, aber von diesen Burschen kannte ich keinen einzigen. Ich legte einem von ihnen die Hand auf die Schulter. »Seid ihr bereit raufzugehen?« fragte ich.

»Klar, Chief«, sagte er. »Wir sind bereit.« Die anderen aus seinem Trupp mußte ich nicht erst fragen.

»Habt ihr eure Ausrüstung beisammen?« fragte ich.

»Ja, Chief«, bekam ich zur Antwort. »Alles da.«

»Ersatzsauerstoff?«

»Ja.«

Ich ließ die Einheit aus der Warteschlange treten und ging zu Pete Hayden hinüber. Ich wollte helfen, so gut ich konnte. Wir waren jetzt ein Trupp weniger, um den Pete Hayden sich kümmern mußte, ich und Ladder 110, ein Trupp weniger, dem er einen Einsatzbefehl geben mußte. Ich hatte Gary Sheridan nicht mehr gesehen, seit ich aus dem Wagen gestiegen war, also würden mir diese Jungs hier von nun an den Rücken freihalten müssen – und umgekehrt.

Ich wußte, die einzige Möglichkeit, Petes Aufmerksamkeit zu bekommen, war die, sich direkt vor ihm aufzubauen, also marschierte ich schnurstracks auf ihn zu.

»Pete«, brüllte ich, um mich über den Krach hinweg verständlich zu machen. »Was brauchst du?«

Zuerst sah er einfach durch mich hindurch, dann blieb sein Blick an mir hängen. Ein kurzes Lächeln des Wiedererkennens, des Wissens um die gemeinsame Aufgabe, der gemeinsamen Fassungslosigkeit angesichts des Geschehens. Etwas in der Art. Als wären wir beide Soldaten, die im selben Bunker hocken. »Richie«, sagte er. »Im 21. und im 25. Stock sitzen Leute fest, Büroangestellte ...«

Er mußte den Satz nicht erst zu Ende führen. Ich kannte den Rest. Finde die Leute, hilf ihnen, bring sie nach unten.

»Alles klar«, sagte ich, klopfte Pete Hayden auf die Schulter und drehte mich zum Kommunikationskoordinator um, der ein paar Meter weiter Posten bezogen hatte. Er hatte ein Kommandobrett aufgeklappt wie einen Koffer, und für jede Einheit des Departments klebte ein Magnetsticker darauf. Der Koordinator hatte die Aufgabe, die Einsätze der jeweiligen Einheiten auf dem Brett festzuhalten. Es war sozusagen ein tragbares Einsatzdiagramm, und auch der Koordinator drohte unter der Last der Informationen den Überblick zu verlieren. *Dieser Trupp geht dahin. Dieser Trupp geht dorthin.* Ich hatte das auch schon machen müssen, und ich beneidete ihn nicht, nicht an diesem Tag. Ich wollte es ihm – und mir – ein bißchen einfacher machen, deshalb nahm ich einfach meinen Sticker, Battalion 11, suchte dann den von Ladder 110 und klatschte beide auf die entsprechende Stelle am Kommandobrett.

»Battalion 11«, teilte ich dem Koordinator mit, während ich an ihm vorbeigriff, »geht rauf in den 21. und den 25. Stock. Ich halte Funkkontakt mit dir.« Und zur

58

Betonung zeigte ich direkt auf ihn, als ich *dir* sagte, um jedes Mißverständnis auszuschließen, damit der Kollege sich eine Sache weniger merken mußte.

Das alles dauerte weniger als 30, höchstens 40 Sekunden. Von dem Moment an, als ich durch die eingeschlagene Glasscheibe ins Gebäude lief, bis zu dem Moment, in dem ich mit Ladder 110 die Kommandozentrale verließ. Es passierte alles, bevor ich richtig darüber nachdenken konnte. Rein, Anweisung geholt und los – alles blitzschnell, und doch ziemlich genau so, wie ich es mir vorgestellt hatte, wie ich mir die Szene während der Fahrt hierher ausgemalt hatte.

Es war etwa Viertel vor zehn. Dreieinhalb Stunden zuvor an diesem Morgen hatte ich mein Haus in Chester verlassen – und jetzt machte ich mich endlich an die Arbeit.

# 11. September 2001: 10.00 Uhr

*Ruhe, nichts.*
*Um mich herum starrten die Männer zur Decke, den*
*Mund offen. Die Augen weit aufgerissen. Uns schlug das*
*Herz bis zum Hals. Allmählich fingen wir alle an, uns zu be-*
*wegen – langsam, unsicher. Aber sehr, sehr lange sagte keiner*
*ein Wort. Wir sahen uns an. Wir sahen die Wände an und die*
*Decke und die Fahrstuhltüren, um uns zu vergewissern, daß*
*alles um uns herum noch so war wie kurz zuvor, vor diesem*
*grauenhaften Geräusch.*
*Ich drückte auf die Knöpfe des Funkgeräts, das ich auf*
*der Brust trug. Das Ding hatte ein Richtmikrophon, so daß*
*man es betätigen und hineinsprechen konnte und doch*
*die Hände dabei relativ frei hatte.* »*Was war das?*« *sagte ich in*
*Richtung Mikro.* »*Weiß irgendwer, was das war? Was zum*
*Teufel war das?*«
*Ich funkte über den Kommandokanal, und ich war sicher,*
*daß es irgendwen irgendwo in der Nähe geben mußte, der uns*
*erklären konnte, was dieses wahnsinnige Geräusch verur-*
*sacht hatte. Aber ich erhielt keine Antwort, also versuchte ich*
*es erneut, diesmal etwas förmlicher.* »*Hier ist Chief Picciotto,*
*Battalion One One*«*, sagte ich fürs Protokoll.* »*Ich bin im*
*35. Stock im Nordturm. Wir hatten hier gerade ein unwahr-*
*scheinlich lautes Krachen im Gebäude. Weiß jemand, was pas-*
*siert ist?*«

*Aber es kam keine Antwort.*

*Mittlerweile drückten ein paar von den Kollegen die Tasten an ihren eigenen Funkgeräten, um selbst ihr Glück zu versuchen. Sie funkten über den taktischen Kanal, während ich es weiter über den Kanal der Einsatzleitung probierte. Wir standen so dicht beieinander und waren noch immer so ruhig und leise, daß jeder von uns die Funkgeräte der anderen hören konnte, aber über keinen der beiden Kanäle kam eine Meldung. Niemand rührte sich, abgesehen von der Fummelei an den Funkgeräten. Keiner lief in einen der nahen Büroräume, um aus dem Fenster zu sehen. Keiner sah sich im Treppenhaus oder in der näheren Umgebung um. Wir standen bloß alle da, überwiegend stumm und ruhig und fassungslos, traten von einem Bein aufs andere und wollten nur wissen, was gerade passiert war, was als nächstes passieren könnte. Wir trauten uns nicht, uns zu bewegen, weil wir Angst hatten, daß jede Bewegung falsch sein könnte. Und vor allem wollten wir Informationen haben, wollten wissen, wohin mit unserer Angst.*

*Schließlich hörte ich nach schier endlos langen Sekunden eine Antwort über den taktischen Kanal: »Der Turm ist eingestürzt.«*

*Das war alles, und es folgte keine Antwort auf meine Fragen oder auf die Fragen der anderen um mich herum. Nur die Information, in einem geschockten Tonfall, gerichtet an alle, die mithörten. »Der Turm ist eingestürzt.«*

*Ich bekam den Satz mit, konnte aber nicht viel damit anfangen. Er paßte einfach nicht in meine Vorstellungswelt, sondern schien der grotesken Phantasie eines Science-fiction-Films entsprungen. So nahm ich die Meldung auf, zumindest zuerst. Sie ergab keinen Sinn. Welcher Turm? Was zum Teufel meinten die damit? Mein erster Gedanke war, daß vielleicht einer der Sendetürme mit den riesigen*

*Antennen umgestürzt war. Nach dem, was ich von außen auf dem Weg ins Gebäude und auch im Fernsehen gesehen hatte, lag das wohl im Bereich des Möglichen. Doch ein umstürzender Sendeturm hätte niemals ein solches Geräusch verursacht. Hätte niemals das gesamte Gebäude erschüttert, uns durchgerüttelt, um dann einfach durch uns hindurchzurasen. Vielleicht waren es also mehrere Sendetürme gewesen. Vielleicht hatten da oben auf dem Dach gleich ein paar Dutzend gestanden. Vielleicht war das die Erklärung. Doch dann verwarf ich diesen Gedanken und griff einen anderen auf. Ich überlegte mir, daß ein Wasserturm umgestürzt war und daß das tosende Geräusch vielleicht die Abertausende von Gallonen Wasser gewesen sein könnten, die durch das Gebäude nach unten rauschten. Auch das erschien mir nicht abwegig, aber auch dieses Bild des einstürzenden Wasserturms paßte überhaupt nicht zu dem Geräusch, das mir noch immer im Kopf nachhallte.* Der Turm ist eingestürzt.*

*Ich versuchte es weiter an meinem Funkgerät, wollte unbedingt irgendeine Art von Bestätigung oder Erklärung über den Kanal der Einsatzleitung bekommen, aber ich hatte einfach keinen Empfang, und mittlerweile waren alle Männer um mich herum kopfschüttelnd damit beschäftigt, den Sinn dieses Satzes zu verstehen. Welcher Turm war eingestürzt? Wo? Wieviel Schaden hatte er verursacht? Wie ist die Brandlage? Wir bewegten uns jetzt, zögerlich, noch immer mehr oder weniger auf der Stelle, aber wir wandten uns fragend unseren Nachbarn zu.*

*Links von mir hörte ich, wie ein Feuerwehrmann zu einem anderen oder vielleicht zur ganzen Gruppe sagte:* »Der Turm kann nicht eingestürzt sein. Wir sind im World Trade Center. Die Türme stürzen nicht ein, niemals.« *Vielleicht dachte er auch nur laut, kämpfte gegen seine schlimmsten Ängste an.*

*Wie auch immer, es brachte mich jedenfalls dazu, zum er-*
*sten Mal diese Verbindung herzustellen. Der Feuerwehrmann*
*hatte es angesprochen, und jetzt wurde ich den Gedanken*
*nicht mehr los.* Der Turm ist eingestürzt. *Der Südturm.*
*Turm zwei des World Trade Centers. Der ganze riesige Turm.*
*In dem Augenblick, als ich es hörte, wußte ich es. Wir alle*
*wußten es. Schlagartig. Es war wirklich seltsam, wie wir alle*
*es im selben Moment begriffen, jeder einzelne für sich, und*
*dann war das Wissen da, Teil von uns, nicht mehr wegzu-*
*drängen, und wir standen einfach reglos da und wußten*
*nicht, was wir machen sollten.*

*»Gottverdammich!« hörte ich.*

*»Ach du Scheiße!«*

*»Mannomann!«*

*»Um Gottes willen!«*

*Wir redeten nur, um uns selbst reden zu hören, gaben Laute*
*von uns, weil es sonst nichts zu sagen gab. Sobald ich es wirk-*
*lich begriffen hatte, war mein erster Gedanke, daß Hunderte*
*von Kollegen in dem Turm gewesen sein mußten. Menschen,*
*die ich kannte. Menschen, die mir wichtig waren. Hunderte*
*von ihnen, mindestens. Und auch Hunderte und Aberhun-*
*derte von anderen Menschen, vielleicht Tausende, doch mein*
*erster Gedanke galt den Feuerwehrmännern. Sie waren im*
*gesamten Gebäude verteilt gewesen, so, wie wir in diesem ver-*
*teilt waren. Und während sich dieser Gedanke allmählich fest-*
*setzte, kamen andere hinzu. Den ganzen Morgen hatten wir*
*gehört, daß ein drittes Flugzeug im Anflug war, deshalb*
*dachte ich, daß vielleicht ein zweiter Anschlag den Turm zum*
*Einsturz gebracht hatte. Wir hatten außerdem Meldungen*
*von irgendwelchen Raketen gehört, die von anderen Hoch-*
*häusern im näheren Umkreis abgeschossen worden sein soll-*
*ten, möglicherweise auf die beiden Türme. Und natürlich gab*
*es immer die Möglichkeit einer Bombe. Wir wußten noch*

nicht, daß wir an Kerosin und schmelzenden Stahl und dergleichen mehr hätten denken müssen. Wir wußten überhaupt nichts. *Wir waren auf diesen engen Raum begrenzt, saßen in der Falle, taub und blind für alles, was in der Welt da draußen geschah, für die Verwüstung vor unseren Fenstern – waren wahrscheinlich die einzige Gruppe Menschen, die nicht gesehen hatte, was mit dem Südturm passiert war. Wir hätten auch in einer Höhle hocken können, so wenig bekamen wir davon mit, was sich unten auf der Plaza abspielte. Wir standen wie erstarrt vor Fahrstuhltüren, hörten nur vage Meldungen über Funk und rührten uns nicht vom Fleck, während unsere Phantasie fast durchdrehte.*

*Ich schloß die Augen, versuchte, mir auszumalen, was für ein Anblick das gewesen sein mußte, als der gewaltige Turm zusammenbrach, aber es gelang mir nicht. Ein derartiges Ausmaß an Zerstörung überstieg meine Vorstellungskraft. Ich sah nur die Nachwirkungen vor meinem inneren Auge, nicht den eigentlichen Zusammenbruch. Offener Himmel, wo einst ein Koloß gestanden hatte. Und ich mußte immerzu denken: Das ist Krieg. Ich hatte das schon vorher gedacht, eigentlich schon den ganzen Morgen, aber jetzt übermannte mich der Gedanke förmlich: Krieg.*

*Dann öffnete ich die Augen wieder, und etwas Neues drängte sich in mein Bewußtsein: Wenn der Südturm einstürzen konnte, so wurde mir klar, dann konnte der Nordturm auch einstürzen. Und ich wußte, daß wir so schnell wie möglich rausmußten.*

# DREI

# Aufstieg

Der Nordturm des World Trade Centers war mit drei Treppenhäusern ausgestattet – die Treppenhäuser A und C in der südöstlichen beziehungsweise südwestlichen Ecke sowie Treppenhaus B in der Mitte des Gebäudes. Auch der Südturm hatte zwei Treppenhäuser am Rand und eins in der Mitte, aber ich werde mich hier auf das Gebäude »World Trade Center Eins« konzentrieren, oder Tower Eins, wie er auch manchmal genannt wurde.

Das einzige von den drei Treppenhäusern, über das man die Lobby-Ebene erreichen konnte, war Treppenhaus B. A und C endeten schon eine Etage darüber, in einem riesigen Stockwerk oberhalb der Lobby, was bedeutete, daß die Mehrheit der nach unten strebenden Büroangestellten auch dort aus Treppenaufgängen kommen würde. Allen Berichten zufolge waren diese äußeren Treppenhäuser zudem die am stärksten benutzten.

Ich befand mich mit meinen Männern von Ladder 110 in der Lobby, und aus Treppenhaus B ergoß sich eine nicht enden wollende Menschenflut, so daß ich mir beim besten Willen nicht vorstellen konnte, wie es eine Etage höher zugehen mußte, wo noch mehr Leute aus den Treppenhäusern A und C quollen. Mein Eindruck war jedoch, daß die Menschen sich wie im Schockzustand bewegten, was sehr viel besser war als ein Panikzustand, den ich für wahrscheinlicher gehalten hätte. Niemand schrie. Die meisten waren willig und dankbar dafür, in Sicherheit gebracht zu werden, verhielten sich geduldig und drängelten nicht. Das war, so dachte ich, ein Geschenk des Himmels. Manche Menschen waren sichtlich erschöpft, und manche schienen Probleme beim Atmen zu haben, doch der weitaus größte Teil war in guter Verfassung. Sie halfen sich gegenseitig nach draußen. Sie bewegten sich zügig, aber nicht hektisch, schnell, aber nicht überhastet. Niemand rannte.

Ich kann nicht mit Sicherheit sagen, wie sich die Szene in dem Geschoß darüber abgespielt hat, wo ja die Flüchtenden aus zwei Treppenhäusern kamen und vielleicht auch noch ein hoher Prozentsatz von Leuten aus Treppenhaus B, die bei der ersten sich bietenden Gelegenheit rauswollten, aber später wurde mir jedenfalls erzählt, daß es auch dort recht geordnet zuging.

Alle drei Treppenhäuser waren nur gut neunzig Zentimeter breit. Wenn zwei Leute nebeneinander auf einer Stufe standen, berührten sie die Wand auf der einen beziehungsweise das Geländer auf der anderen Seite und stießen in der Mitte mit den Schultern aneinander. Es war wirklich ziemlich eng, und als schließlich die Feuerwehrmänner und andere Rettungshelfer mit ihrer ganzen Ausrüstung und in Schutzanzügen nach oben drängten, konnten die Menschen auf der Flucht nach unten nur noch einer hinter dem anderen gehen, was das Vorwärtskommen erheblich erschwerte und das Potential für Aggression und Panik extrem steigerte. Aber – und das kann ich gar nicht genug betonen – die Leute waren erstaunlich gefaßt und hielten ihre Gefühle im Zaum. Wir Rettungskräfte waren noch immer deutlich in der Minderzahl. Es kamen viel mehr Zivilisten die Treppen herunter als Feuerwehrmänner die Treppen hinaufliefen. Aber das sollte sich bald ändern.

Die besondere Art von Treppen in den beiden Türmen waren sogenannte zweiläufige Treppen, was bedeutete, daß eine Treppenflucht ein halbes Stockwerk hoch in die eine Richtung führte, dann kam ein kleines Podest, und die nächste Treppenflucht führte ein halbes Stockwerk hoch in die entgegengesetzte Richtung. In manchen Hochhäusern gibt es dagegen einläufige Treppen – wir nannten sie »Scherentreppen« –, bei denen die einzelnen Fluchten immer über ein volles Stockwerk in die eine oder andere Richtung führen. Diese zweiläufige Konstruktion war für uns wichtig und günstig, denn dadurch würden wir uns in jedem Stockwerk am Fuße der Treppe an genau der gleichen Stelle im Verhältnis zu den Fahrstühlen und den Flurtüren und Gängen und so weiter befinden. Außerdem bot sie den nach unten gehenden Büroangestellten eine kurze Erholungsmöglichkeit auf jedem Absatz, ein bißchen Raum, wo jemand mal Luft schnappen konnte, bevor er um die Ecke bog und seinen Weg fortsetzte. Wenn natürlich zu viele Menschen gleichzeitig auf demselben Absatz eine Atempause einlegen wollten, verlangsamte das den Abstieg genauso, als wenn sie direkt auf der Treppe stehengeblieben wären, aber es war immerhin eine kleine Erleichterung.

Ich sah meine Jungs an, und ich dachte an die Hunderte und Aberhunderte erschöpfter Menschen, die sich quälend langsam durch diese engen Treppenhäuser nach unten schleppten, und ich überlegte: Es muß doch einen besseren Weg geben, den 21. Stock zu erreichen.

67

Dahin wollten wir als erstes, und ich wußte, daß es Ewigkeiten dauern würde, bis wir unser Ziel über die verstopften Treppen erreichten. Es ging mir nicht darum, den anstrengenden Aufstieg zu vermeiden. Ich hatte eine gute Kondition – trainierte jeden Tag auf dem Stairmaster in der Feuerwache, wo ich die Strecke von zwei World-Trade-Center-Türmen bewältigte, und vier- oder fünfmal pro Woche fuhr ich zwei Stunden mit dem Fahrrad –, aber ich hatte keine Zeit zu verlieren. Außerdem trug ich rund 25 Kilo Ausrüstung auf dem Rücken. Die Männer von Ladder 110 hatten bestimmt 45 Kilo Gewicht zu schleppen, was vor allem an den Ersatzflaschen mit Sauerstoff lag. Dazu kamen noch die ganzen schweren Werkzeuge – Äxte, Brechstangen, Haken, Spaten, Seile, Schläuche. Ich dagegen trug nur meine Atemmaske mit Flasche auf dem Rücken sowie Stablampe und Megaphon in den Händen.

Bei einem Hochhausbrand kann es durchaus sinnvoll sein, die Aufzüge zu benutzen, vorausgesetzt, man ist sicher, daß sie noch gefahrlos funktionieren, und ich wußte, daß es im Nordturm 99 verschiedene Fahrstühle gab; von diesen vielen Schächten war doch bestimmt noch einer frei. Laut unseren Dienstvorschriften dürfen wir nur bis zu einem Mindestabstand von fünf Stockwerken mit dem Fahrstuhl an einen Brand heranfahren. Ich hatte keine Ahnung, wo genau in diesem Fall die brennenden Stockwerke waren, aber durch die Fernsehbilder wußte ich ungefähr, wo das erste Flugzeug eingeschlagen war, nämlich etwa in Höhe des neunzigsten Stockwerkes, und somit wußte ich auch, daß der 21. Stock weit genug davon entfernt war. Mittlerweile hatten wir über Funk erfahren, daß es sich bei den beiden Maschinen, die in die Türme gerast waren, um

Boeing 767 handelte. Vollgetankte Boeing 767, die noch nicht lange in der Luft gewesen waren, deshalb herrschte jetzt auch Sorge wegen des Kerosins. 34 000 Liter in jedem Flugzeug, so wurde später berichtet, und das war nun wirklich ein zwingendes Argument für die Schnelligkeit und Effektivität einer Fahrt mit dem Aufzug; es war auch ein zwingendes Argument dagegen, denn der entstandene Feuerball könnte uns genau in dem Augenblick erwischen, wenn unser Leben sozusagen nur noch an einem dünnen Aufzugseil hing. Es war eins von den typischen Dilemmas, wie wir sie ständig zu lösen hatten, und zwar in Sekundenschnelle.

Ich entdeckte zwei Wartungsarbeiter in blauen Arbeitskitteln, die aus einem funktionierenden Aufzug traten, und lief zu ihnen hinüber. »He«, rief ich laut, »wie hoch fährt der?«

»Bis zum 16.«, sagte er.

»Und der funktioniert auch?« fragte ich sicherheitshalber.

»Die letzte halbe Stunde haben wir Zeug in den 16. raufgebracht und von da runtergeholt«, lautete die Antwort, und für mich hieß das: Los, geh das Risiko ein.

Genau in diesem Moment lief ich zufällig einem alten Freund von mir über den Weg, einem erfahrenen, mutigen Feuerwehrmann namens John Paolillo, und er machte mir klar, daß er meine Idee, einfach den Fahrstuhl zu nehmen, gar nicht gut fand. Er hatte seine eigenen Befehle, mußte zu einem anderen Stockwerk ziemlich weit oben, um sich dort um ein anderes Problem zu kümmern, und er versuchte, mich davon zu überzeugen, lieber mit ihm zusammen die Treppe zu nehmen, aber ich blieb bei meiner Entscheidung. Ich mußte so schnell wie möglich rauf in den 21. Stock, ich hatte sechs

Männer und tonnenweise Ausrüstung dabei, und diese Treppenhäuser waren auf den unteren Ebenen derart überfüllt, daß ich Angst hatte, wir würden Ewigkeiten brauchen, wenn wir zu Fuß hochliefen. Und ich war bereit, das Risiko mit dem Aufzug einzugehen. Die Wartungsarbeiter waren den ganzen Morgen damit rauf- und runtergefahren, und es hatte keinerlei Probleme gegeben. Aber John ließ sich nicht davon abbringen, die Treppe zu nehmen, also trennten sich unsere Wege, und ich habe ihn nie wiedergesehen. Ich will damit nicht sagen, daß die Entscheidung meines Freundes John Paolillo, durchs Treppenhaus zu gehen, ihn letztlich das Leben kostete, oder daß meine Entscheidung, den Fahrstuhl zu nehmen, mir und den Männern, die an diesem Morgen auf mein Kommando hörten, letztlich das Leben rettete, denn die Schilderung der nächsten paar Stunden spricht eine deutlich andere Sprache; aber ganz gleich, wo John hinwollte, ganz gleich, wie hoch er gekommen und wie er dort hingelangt war, er kam nicht mehr herunter, und das war unsere letzte Begegnung.

Von den 99 Fahrstühlen im Nordturm hielt nur einer auf jeder Etage. Diesen Fahrstuhl sollten wir Feuerwehrleute bei irgendwelchen Bagatelleinsätzen nehmen. Die anderen waren entweder lokale Personenaufzüge oder Expreßaufzüge, manche fuhren vom ersten Stock bis zum 16., manche vom 17. bis zum 44., und manche starteten erst auf einer hohen Etage, um in noch höhere Stockwerke zu fahren. Es gab auch einige Expreßaufzüge zur Aussichtsplattform und zum Restaurant *Windows of the World*, die zwischendurch in verschiedenen Stockwerken hielten. (Die »direkte« Fahrt von der Lobby bis zum *Windows of the World* dauerte ziemlich genau 77 Sekunden.) In einigen Schächten waren mehrere Kabinen unterwegs, die Fahrstühle für die unteren Stockwerke, darüber die für die mittleren Etagen und darüber wiederum die für die obersten, und an diesem Morgen fürchtete ich nur, daß eine der oberen Fahrstuhlkabinen abstürzen und auf uns draufkrachen könnte, während wir unterwegs zum 16. Stock waren. Es war keine reale, klare Angst, eher ein ungutes Gefühl, doch sobald es mir in den Kopf kam, war es nur schwer wieder abzuschütteln. Allerdings war es nicht stark genug, um mich davon abzuhalten – ehrlich gesagt, ich weiß nicht, ob mich überhaupt irgend etwas hätte abhalten können –, aber das Gefühl war da.

Ich scheuchte also meine Männer in den Aufzug und drückte den Knopf, und als die Türen sich schlossen, dachte ich, so, da wären wir. Wir fahren. Wir sind im Einsatz. Es gibt kein Zurück mehr. Wenn jetzt was auf uns runterkracht, dann soll es so sein. Nicht zu ändern.

Während der kurzen Fahrt nach oben sagte keiner ein Wort. Wir starrten alle stur geradeaus, jeder in Gedanken bei der Frage, was uns erwartete. Ich könnte mir denken, daß ein paar von den Männern ein stilles Gebet murmelten. Ich tat das nicht; bis zu diesem Tag war Beten nicht meine Art, und mir gingen eher irgendwelche anfeuernden Worte durch den Kopf als ein Gebet. Ich putschte mich auf, anstatt mir beruhigend zuzureden. Ich war als letzter in den Aufzug gestiegen und stand mit dem Gesicht zur Tür, was bedeutete, daß ich die anderen Männer nicht sehen konnte, nur ihr verschwommenes Spiegelbild in den Türen, daher konnte ich mich nur auf mein Gehör verlassen, und außer dem Surren des Aufzugs hörte ich nicht viel. Wäre ich mit meiner eigenen Einheit unterwegs gewesen, hätte ich mich vielleicht umgedreht und ihnen einen beruhigenden Blick zugeworfen, vielleicht hätte ich auch einen lahmen Witz versucht, aber so standen wir alle nur schweigend da. Diese Männer verstanden sich untereinander wie Brüder, ich dagegen war für sie ein Fremder. Wir wurden durch unsere Arbeit und durch unsere Aufgabe vereint, aber wir hatten keine gemeinsame Geschichte, und in jeder anderen Situation, in jeder anderen, unbedeutenderen Situation hätte ich vermutlich versucht, ein wenig Kontakt zu ihnen herzustellen. Wenn man in eine Schlacht zieht, möchte man schließlich wissen, an wessen Seite man kämpft. Aber wir hatten keine Zeit für so etwas. Ich war Chief, und diese Männer waren Ladder 110, und damit mußten wir uns begnügen.

Wenn man in einem brennenden Gebäude einen Fahrstuhl benutzt, sollte man alle zehn Etagen einen Sicherheitsstopp einlegen. Also drückte ich den Knopf für den zehnten Stock und dann den für den 16. Eigentlich haben wir auch Anweisung, fünf Etagen unter dem Zielstockwerk noch einmal einen Sicherheitsstopp einzulegen, aber ich dachte mir, da wir ohnehin nur bis zum 16. fuhren, könnte ich das ruhig außer acht lassen. Zehn, elf ... 15, 16 ... was macht das schon für einen Unterschied? Im zehnten Stock gingen die Türen auf, kein Problem, und ich sah gar nicht erst raus, bevor sie sich wieder schlossen. Keiner von uns tat das. Wir blieben einfach ruhig stehen und sagten kein Wort. Wir warteten, bis wir im 16. waren.

Die 16. Etage war die reinste Geisterstadt, wie in manchen Szenen von schlechten Filmen, wo plötzlich irgendeine große Gefahr hereinbricht und einen ganzen Raum leerfegt und alle Sachen so liegenbleiben, daß man sich förmlich vorstellen kann, wie diese Menschen wieder zurückkommen und da weitermachen, wo sie aufgehört haben. Computermonitore liefen, Stühle waren von Schreibtischen zurückgeschoben, als wollten ihre Besitzer sich gleich wieder auf ihnen niederlassen, halbvolle Kaffeetassen und angebissene Muffins zierten nahezu jede Schreibtischplatte. Überall lagen lose Blätter herum, auch auf dem Boden. Familienfotos lächelten ins Leere. Nachdem ich in ein paar Büros geschaut hatte, wußte ich, was ich auch in allen anderen finden würde: nichts, außer dem Gefühl, daß gerade noch jemand dagewesen war, jemand, der geflohen war, Hals über Kopf, und der so bald nicht wiederkommen würde.

Der Bereich vor den Fahrstühlen war fast menschenleer, bis auf die Handvoll Feuerwehrmänner, die vor uns angekommen waren. Ich winkte meine Männer zum nächsten Treppenhaus, C, und wir begannen unseren Aufstieg. Noch immer kamen Zivilisten herunter, aber es waren nicht mehr so viele wie unten in der Lobby; der ehemals stetige Menschenstrom war jetzt nur noch ein Rinnsal, und wir bewegten uns nicht mehr gegen die Strömung, sondern schufen unsere eigene. Es war immerhin fast eine Stunde vergangen, seit das erste Flugzeug den Nordturm getroffen hatte, und diese Nachzügler waren Menschen, die langsamer vorankamen als die Mehrheit, ältere Leute, die sich mühsam die Stufen hinunterquälten, Menschen, die auf die eine oder andere Weise gehandikapt waren, oder sture Eigenbrötler, die ihre Büros erst im allerletzten Augenblick verlassen hatten.

Als wir uns dem 21. Stockwerk näherten, wurde mir klar, daß wir vom Treppenhaus aus vielleicht nicht hineinkommen würden. Aus Sicherheitsgründen war nicht jede Etage von der Treppe aus zugänglich; es gab zwar in jedem Stockwerk Türen, aber nicht alle konnten von der Treppe aus geöffnet werden. Andererseits mußte es, wiederum aus Sicherheitsgründen, auf jeder vierten Etage die Möglichkeit geben, zurück in das gewünschte Stockwerk zu gelangen, also überprüfte ich während des Aufstiegs jede Tür, um festzustellen, ob sie sich öffnen ließ. Die Türen gingen nach innen auf, zur Treppe – wenn sie überhaupt aufgingen. Weder im 20., noch im 21. Stock ließ sich die Tür öffnen, also lief ich voraus zum 22., wo ich hoffte, eine Innentreppe in den 21. zu finden. (Manchmal, wenn eine Firma zwei oder mehr übereinanderliegende Stockwerke gemietet hatte, wurden spezielle Treppen eingebaut.) Gleichzeitig klopften meine Männer unterwegs gegen alle Türen, weil sie hofften, daß auf der anderen Seite Feuerwehrmänner oder Rettungsarbeiter waren, was häufig der Fall war. Wir hatten unsere Ausrüstung dabei, und wir hätten die Türen mühelos aufbrechen können. Das hätte nicht mehr als höchstens 20 Sekunden gedauert, aber wir konnten schließlich nicht jede einzelne Tür auf dem Weg hinauf zu den brennenden Etagen aufbrechen. Selbst diese minimalen Verzögerungen würden sich allmählich summieren, und so viel Zeit hatten wir einfach nicht.

Als ich wieder runter zu meinen Jungs von Ladder 110 lief, waren sie schon in das Stockwerk vorgestoßen, und wir suchten rasch die Räumlichkeiten ab. Ich prägte mir nicht ein, was für Büros es waren, aber sie sahen alle gleich aus. Derselbe Grundriß, die gleiche Ausstattung. Computer, Hunderte auf jeder Etage. Schreibtische. Verstreute Unterlagen. Familienfotos. Eigentlich habe ich ein gutes optisches Gedächtnis, aber es war nicht genug Zeit, sich wirklich ein klares Bild einzuprägen. Ich sah alles, aber nur sehr wenig davon blieb haften. Ich suchte nach Menschen. Verletzten. Bedrohlichen Situationen. Alles andere blieb bloßer Hintergrund.

Wir führten unsere Suchaktion rasch und systematisch durch. Auf den meisten Etagen gingen von einem T-förmigen Gang die einzelnen Büroräume ab. Als wir aus Treppenhaus C stürmten, befanden wir uns in der südwestlichen Ecke des Turmes, also ließ ich die Männer in alle Richtungen ausschwärmen. Sie pochten an Türen und riefen laut. Wir überprüften nicht jede Toilette, nicht jeden Schrank, aber wir machten uns überall bemerkbar. »Ist hier noch jemand?« rief ich in mein Megaphon. »Ist hier noch jemand?«

In weniger als einer Minute hatten wir festgestellt, daß diese Etage komplett geräumt war, also kehrten wir ins Treppenhaus zurück und stiegen weiter nach oben. Wieder probierten wir unterwegs jede Tür aus, und wenn sie sich öffnen ließ, steckten wir einen kleinen Keil in den Spalt, damit das Schloß nicht einschnappte. Ein paar von den Männern hatten spezielle Plastikteile dabei, die wir auch zu diesem Zweck nutzten – eine Art Manschette, die man über Türknauf und Schnappmechanismus schieben konnte –, aber dieser Vorrat war ziemlich schnell erschöpft. In der 25. Etage waren bereits Feuerwehrmänner, deshalb stand die Treppenhaustür offen, und als wir auf den Gang polterten, erklärte ich dem Lieutenant, der dort das Kommando hatte, uns sei gemeldet worden, auf dieser Etage bräuchten Menschen Hilfe. Er und seine Männer hatten dieselbe Information erhalten, und sie hatten schon das gesamte Stockwerk abgesucht, also rief ich meine Leute zusammen und überlegte, was wir als nächstes tun sollten. Es machte uns absolut nichts aus, daß man uns hierhergeschickt hatte, um nach verletzten oder eingeschlossenen Menschen zu suchen, nur um festzustellen, daß die Stockwerke bereits vollständig evakuiert worden waren. So etwas passierte häufig und lag in der Natur der Sache. Niemand konnte sagen, unter welchen Umständen so ein Notruf eingegangen war. Vielleicht hatte jemand über Handy seine Frau angerufen und die Situation geschildert, und die Ehefrau hatte daraufhin in der Notrufzentrale angerufen und um Hilfe gebeten. Oder ein Büroangestellter hatte auf dem Weg nach unten mitgekriegt, daß Leute in Schwierigkeiten steckten, und unten bei der Kommandozentrale in der Lobby Bescheid gesagt. Alles Mögliche war denkbar. Was jedoch zählte, war, daß die Stockwerke hier geräumt waren und daß wir unseren Auftrag erfüllt hatten. Jetzt lag es an mir zu entscheiden, wie wir weiter vorgehen würden.

Ich sah mir die Jungs von Ladder 110 an und kam zu einem Entschluß. Einer unserer strikten Grundsätze bei einem Hochhausbrand lautete, daß die Einheiten auf alle Fälle zusammenbleiben sollten. Ich wußte auch, daß man immer nur so schnell weiterkommt wie der langsamste einer Gruppe – und diese Männer schlugen sich zwar tapfer, aber ich hatte viel weniger Gewicht mit mir herumzuschleppen und war durchtrainiert. Daher war ich ziemlich sicher, daß ich schneller zu den brennenden Etagen gelangen würde, wenn ich allein ging. Im Fire Department läuft es in vielerlei Hinsicht wie beim Militär; der Trupp ist der Partner, man geht gemeinsam rein, man geht gemeinsam raus, man nimmt seine Verletzten mit. Dieser innere Zusammenhalt ist bei einem tobenden Großbrand ungeheuer wichtig – eigentlich bei jeder denkbaren gefährlichen Situation –, aber ich mußte diesen Vorteil gegen den Zeitgewinn abwägen, den ich hätte, wenn ich allein nach oben lief. Wären die Männer aus meinem Battalion gewesen, hätten wir eine gemeinsame Geschichte gehabt, und ich hätte mich vielleicht anders entschieden. So jedoch beschloß ich, nachdem wir uns vergewissert hatten, daß unsere Aufgabe im 25. Stock erledigt war, innerhalb weniger Sekunden, ohne Ladder 110 weiterzugehen. Unter ihnen war ein Lieutenant, der durchaus in der Lage war, seine Männer anzuführen und zusammenzuhalten.

»Arbeiten Sie sich mit Ihrem Trupp weiter nach oben«, sagte ich zu dem Lieutenant. »Wir treffen uns dann direkt an der Brandstelle.«

Der Lieutenant nickte, als hätte er diese Anweisung erwartet, und ich sprintete los. Im Treppenhaus waren zahllose Feuerwehrmänner auf dem Weg nach oben, und ich überholte sie auf der engen Treppe wie auf einem Slalomkurs und nahm meistens zwei Stufen auf einmal. Im Vergleich zu ihnen war ich das reinste Energiebündel, und der Grund dafür lag auf der Hand: Die Männer, die ich überholte, waren von der Lobby aus losgegangen. Ich dagegen hatte bis in die 16. Etage den Aufzug genommen, deshalb waren meine Beine noch relativ fit. Weitere 15, 20 Stockwerke höher würde auch ich längst nicht mehr so schnell vorwärtskommen.

In jedem Stockwerk überprüfte ich kurz die Tür zur Etage. Manchmal ließ sie sich öffnen, manchmal nicht, und wenn letzteres der Fall war, trommelte ich gegen die Tür, um festzustellen, ob jemand auf der anderen Seite war. War eine Tür offen, steckte ich kurz den Kopf hinein, um nachzusehen, was auf den Gängen und in den Bürobereichen los war. Die meisten Korridore waren menschenleer. Ab und an sah ich Feuerwehrmänner und andere Rettungskräfte, und von Zeit zu Zeit sogar einen Zivilisten, aber ich begnügte mich mit dem Wissen, daß die meisten Büroangestellten aus diesen Etagen schon unten sein mußten. Mir war vollkommen bewußt, daß die Menschen in den obersten Stockwerken Entsetzliches durchmachten – es war jetzt über eine Stunde nach dem Einschlag, und diejenigen, die die Explosion oder die Flammenhölle überlebt hatten, waren inzwischen wahrscheinlich durch den Rauch umgekommen, aber wir alle klammerten uns an den Gedanken, daß es noch immer Menschen zu retten galt.

Ich erreichte das 35. Stockwerk – und ich hatte für die letzten zehn Etagen wirklich nur wenige Minuten gebraucht. Als ich sah, daß die Tür vom Treppenhaus ins Stockwerk offenstand, trat ich auf den Gang und lief hinüber zu den Fahrstühlen, wo einiges los war. Irgendwie war hier eine Art improvisiertes Einsatzzentrum entstanden, und etwa drei Dutzend Rettungshelfer standen herum und warteten auf Anweisungen. Die meisten von ihnen waren Feuerwehrmänner. Ich sah auch einige Polizisten und ein paar Cops von der Port Authority. Manche waren schon auf höheren Etagen gewesen und dann hierhergeschickt worden, um sich neue Order zu holen; andere machten hier Zwischenstation auf dem Weg nach oben und warteten ebenfalls auf Instruktionen. Ich entdeckte einige bekannte Gesichter, begrüßte ein paar von den Männern, fragte, was sie gefunden, was sie gehört hatten. Ich wollte nicht viel Zeit verlieren, aber ich wollte mich auch ein bißchen orientieren.

Und dann kam es. Dieses ohrenbetäubende, markerschütternde Geräusch von oben, ein Geräusch, wie es noch keiner von uns je im Leben gehört hatte. Wie ein Erdbeben verbunden mit einer donnernden Büffelherde und tausend führerlos dahinrasenden Güterzügen. Alles zugleich. Und alles kam direkt auf uns zu.

# VIER

# Rückzug

Das Geräusch hörten sogar Menschen in einigen Meilen Entfernung, und sie beschrieben es als »monströs«, »ohrenbetäubend« und »beängstigend«, und bei uns oben, direkt auf der anderen Seite der Plaza, war es schier unerträglich. Der Südturm brach in nur zehn Sekunden zusammen, was nach meinen Berechnungen bedeutet, daß das Grollen, da wir ja im 35. Stockwerk waren, etwa sechseinhalb Sekunden brauchte, um uns zu erreichen, nur einen Wimpernschlag, um durch uns hindurchzufegen, und weitere dreieinhalb Sekunden, um bis hinunter zur Erde zu rasen. Diese genaue Aufteilung mag haarspalterisch klingen, aber für mich war es wichtig, den zeitlichen Ablauf genau nachvollziehen zu können, diese Momente einzeln zusammenzusetzen. Ich hatte das Bedürfnis, mir in Erinnerung zu rufen, wie wir diese Sekunden überstanden, was jede Sekunde bedeutete und was sie kostete. Das Bedürfnis hatte ich damals schon, und ich habe es auch jetzt noch, im Rückblick. Wer weiß schon, warum wir uns an die kleinen Details unseres Lebens klammern, oder warum fast nebensächlich scheinende Informationen für uns eine besondere Bedeutung bekommen können, als steckte in ihnen eine Art Lösung. In meinem Fall habe ich keine Ahnung, aber die Zahlen, die diese Zeitspanne greifbar machten, erschienen mir irgendwie bedeutsam. In jedem Fall waren sie faszinierend, und heute sammle ich sie wie Beweisstücke, die zusammengenommen vielleicht einen neuen Sinn ergeben.

Damals kam es mir jedenfalls länger vor als zehn Sekunden. Sehr viel länger. Bestimmt wie 30, 40 Sekunden, und das ist ziemlich lange, wenn man vor etwas Angst hat, von dem man nicht weiß, was es ist. Und in diesen zehn Sekunden war genug Zeit, an jede Eventualität zu denken, an jede Ursache und Wirkung, an jede erdenkliche Möglichkeit. Das ist ja gerade das Absurde in einem derart angespannten Augenblick, daß er einem jede Menge Zeit läßt zu denken und überhaupt keine Zeit, auch nur einen Muskel zu bewegen. Man hat alle Zeit der Welt und gar keine mehr, beides zugleich.

Diesen Moment der Unentschlossenheit, diese kurze Unfähigkeit, in einem kritischen Augenblick zu entscheiden, wie man reagieren soll, kann man als »Kampf- oder Fluchtreflex« bezeichnen, und damit müssen wir Feuerwehrleute uns auseinandersetzen, wenn wir lernen, unsere Aktionen und Reaktionen auf Notsituationen vorzubereiten. Oder sie zumindest zu verstehen. Dieser Reflex ist so alt wie die Menschheit. Man geht nichtsahnend seines Weges, und plötzlich taucht ein Bär oder ein Säbelzahntiger vor einem auf. Unser natürlicher Überlebensinstinkt sagt uns, daß wir jetzt zwei Möglichkeiten haben: Wir können uns der Bestie stellen und kämpfen, oder wir können auf dem Absatz kehrtmachen und um unser Leben rennen, und am meisten fasziniert mich daran, daß wir das eine oder andere tun, ohne darüber nachzudenken. Es ist spontan, reines Instinktverhalten, und es hängt mit unserer jeweiligen

Persönlichkeit und der ganz individuellen Einschätzung der Situation zusammen. Vor diesem Augenblick kann man unmöglich wissen, wie man sich entscheidet. Man schätzt seine Chancen ab. Man sieht den Tiger und wägt instinktiv ab, ob man es noch bis zur nächsten Höhle schaffen kann, oder ob es vielleicht sinnvoller ist, stehenzubleiben und zu kämpfen.

So vergingen also diese zehn Sekunden quälend langsam und mit ihnen das markerschütternde Grollen und Tosen und die Angst, daß uns in diesem Gebäude ein gräßliches Schicksal ereilen würde, und nach einer Weile hörte der Turm auf zu beben, und wir konnten wieder denken. Wir waren alle unversehrt – noch; wir waren alle im Vollbesitz unserer Kräfte. Unser Kampf- oder Fluchtreflex setzte ein, nur daß wir hier ein paar Augenblicke länger brauchten, um die Lage einzuschätzen. Sie war komplizierter als die oben erwähnte Bedrohung durch einen Säbelzahntiger. Das Grollen und das Beben hatten aufgehört, aber wir wußten noch immer nicht, welche Gefahr gerade an uns vorübergezogen war oder was sie bedeutete. Die Erschütterung konnte alles Erdenkliche gewesen sein, und zuallererst mußten wir jetzt unsere Möglichkeiten abschätzen. Über den taktischen Kanal erfuhren wir, daß der Südturm eingestürzt war, und das lenkte unsere Gedanken erst recht in eine bestimmte erschreckende Richtung, aber über den Kanal der Einsatzleitung erhielten wir keinerlei Anweisungen oder Erklärungen oder Erläuterungen. Es gab niemanden, der uns ein klares Bild vermittelte, wie sich die Lage von außen betrachtet darstellte, und deshalb versuchten wir mühsam, unsere Gedanken zu ordnen und die nächsten Schritte zu überlegen.

Im Rückblick wundert es mich, daß keiner von uns auf die Idee kam, in einen der nach Süden gehenden Büroräume zu laufen und selbst nachzusehen, was passiert war. Und es wundert auch jeden, der meine Geschichte hört. Und doch, auch wenn ich es nicht richtig erklären oder gar selbst verstehen kann, Tatsache ist, daß dergleichen überhaupt nicht zur Debatte stand. Ja, wir waren bloß einige Meter von den zertrümmerten Fenstern entfernt, die uns einen Blick auf die Lage draußen ermöglicht hätten, aber ich glaube, zu diesem Zeitpunkt erschien uns das nicht mehr wichtig. Wir hatten Dringenderes zu entscheiden. Außerdem hätten wir bei der gigantischen Wolke aus Rauch, Asche und Betonstaub, die den eingestürzten Südturm verhüllte, ohnehin nichts sehen können.

Allmählich merkte ich, daß die Aufmerksamkeit der anderen sich mehr und mehr auf mich konzentrierte. Ich war ein Battalion Chief, das stand auf meinem Schutzanzug, und es war kein ranghöherer Kollege in Sicht. Wir waren alle darauf konditioniert, uns an die Rangordnung zu halten, und jetzt blickten diese Männer mich an und warteten auf meine Entscheidung; instinktiv vertrauten sie mir, und ich hatte keine Zeit, meine Handlungen auf irgend etwas anderes zurückzuführen als auf meinen Instinkt. Über Funk war kein Kontakt herzustellen, es gab keine klaren Informationen, bloß die einfache, beängstigende Tatsache, daß der Südturm des World Trade Centers eingestürzt war, und die Beinahe-Gewißheit, daß das, was den Südturm zum Einsturz gebracht hatte, auch den Nordturm würde einstürzen lassen. Und zwar bald. Eine Bombe. Ein zweite Explosion. Ein weiteres Flugzeug. Was auch immer, wir waren jedenfalls gefährdet. Mehr als noch vor wenigen

Minuten. Mehr als wir es uns vorgestellt hatten. Das waren meine Gedanken in diesem Moment, und hinzu kam die hohe Wahrscheinlichkeit, daß die einzigen noch lebenden Menschen im Nordturm Rettungshelfer waren, so wie die Gruppe Feuerwehrmänner um mich herum. Zu diesem Zeitpunkt waren immerhin rund 70 Minuten vergangen, seit das erste Flugzeug einschlug, daher konnte ich davon ausgehen, daß selbst die langsamsten Büroangestellten inzwischen unterhalb des 35. Stockwerks sein mußten, unserer derzeitigen Position. In Anbetracht des gewaltigen Feuers und der enormen Rauchentwicklung konnte ich mir nicht vorstellen, daß oberhalb der brennenden Etagen noch jemand am Leben war. Und ich konnte mir auch nicht vorstellen, wie jemand aus den brennenden Stockwerken ohne Hilfe nach unten hätte gelangen können. Diejenigen, die sich jetzt in Lebensgefahr befanden, waren Feuerwehrmänner, Polizisten und andere Rettungskräfte, das stand außer Zweifel, und je mehr ich darüber nachdachte, desto klarer wurde mir, daß ich diese Menschen aus dem Gebäude schaffen mußte. Ich. Rich Picciotto, Battalion 11. Es war sonst niemand da, der die Anordnung hätte geben können.

Ich muß sagen, es fiel mir nicht leicht, den Befehl zu geben, und es war mir zuwider, daß ausgerechnet ich es tun mußte. Es gab keine Alternative, aber es war schwer, derjenige zu sein, der die Verantwortung dafür übernehmen mußte. Verzweifelt, ja panisch versuchte ich, über den Kommandokanal Funkkontakt herzustellen, einen Ranghöheren zu finden, der die Situation einschätzen konnte, aber ich erhielt keine Antwort. Es ging mir nicht darum, die Verantwortung abzuschieben, aber ich wollte mich richtig verhalten. Es gab im De-

partment etliche Chiefs, die einen höheren Rang beklei-
deten als ich, aber andererseits sah ich ein, daß keiner in
einer besseren Position an vorderster Front war, um die
Evakuierung anzuordnen. Wir hatten etwa 50 Deputy
Chiefs und zehn Staff Chiefs, und ich hatte keine Ahnung, wie viele von ihnen vor Ort waren. Außerdem,
selbst wenn sie in der Nähe waren, wer konnte schon
wissen, wo genau, und wie viele von ihnen nach dem
Einsturz des Südturms überhaupt noch lebten?

Selbstverständlich kann jeder Feuerwehrmann in der
entsprechenden Situation eine Evakuierung anordnen,
aber es ist doch beruhigend, wenn diese Maßnahme
von Vorgesetzten bestätigt wird.

Es ist eine enorme Umstellung, von Rettung auf
Rückzug umzuschalten, sowohl theoretisch als auch in
der Praxis. Von einem Moment zum anderen werden
aus ein paar hundert Feuerwehrmännern, die höher
und höher zu den brennenden Stockwerken stürmen,
ein paar hundert Feuerwehrmänner, die so schnell wie
möglich nach unten wollen. Wie eine gewaltige Welle,
die plötzlich umschlägt und genau in die entgegengesetzte Richtung rollt. Kampf oder Flucht, das fragte
ich mich. Vor einer solchen Situation konnten wir nicht
weglaufen, nicht aus dem 35. Stock, aber andererseits
gab es auch nichts mehr zu bekämpfen. Vermutlich gab
es keine Menschenleben mehr zu retten, außer unserer eigenen Haut, und wenn ich mich in diesem Punkt
irrte, so wußte ich doch auch, daß man manchmal
einige wenige opfern mußte, um viele zu retten. Offenbar – oder besser gesagt, höchstwahrscheinlich – war
das so ein Moment.

Also tat ich, was ich tun mußte. Ich hob das Funkgerät
an den Mund und ordnete die Evakuierung des Nord-

turms an. Es war, glaube ich, 10.01 Uhr, vielleicht ein paar Sekunden mehr oder weniger. Ich sah nicht auf die Uhr, aber es kann höchstens eine volle Minute nach dem Zusammenbruch gewesen sein. »Raus hier!« brüllte ich. »Sofort! Atemmasken runter! Ausrüstung runter! Alles fallen lassen! Wir evakuieren! So schnell wie möglich raus hier!« Ich rannte nacheinander zu den drei verschiedenen Treppenhäusern und schrie nach oben und nach unten durch mein Megaphon: »Raus hier! Alle raus! Hier spricht das Fire Department! Wir evakuieren! Raus, raus, raus!« Ich gab die Meldung auch über den Kommandokanal, aber wie schon gesagt, in dieser Ecke des Turmes funktionierten unsere Funkgeräte nur schlecht, daher wußte ich nicht, wer mich am anderen Ende hören konnte. Die Jungs in meinem unmittelbaren Umfeld hörten mich jedenfalls sehr gut, und sie ließen ihre Ausrüstung fallen und trabten los. Es war zwar ein geordneter Rückzug, aber es war ein Rückzug. Im Department haben wir den Ausdruck »Hintern und Ellbogen«. Man stelle sich vor, daß jemand aus einem brennenden Gebäude rennt. Was sieht man dann von hinten? Hintern und Ellbogen! Mit diesem Ausdruck beschreiben wir eine hastige, panische Flucht, und in unserem Fall konnte davon keine Rede sein. Es war keine Hintern-und-Ellbogen-Evakuierung, sondern der Rückzug von gut ausgebildeten, kaltblütigen Rettungskräften, die Anweisungen befolgten. Es gab keine hektische Drängelei. Im Gegenteil, ein paar Männer wollten ihre Ausrüstung mitnehmen, weil sie fanden, sie könnten ebensogut mit ihren Gerätschaften nach unten steigen wie ohne, aber ich machte ihnen klar, wie wichtig der schnelle Rückzug in dieser speziellen Situation war. Ich erklärte ihnen, falls der

Turm nicht einstürzte, könnten wir die Atemmasken und Werkzeuge und Sauerstoffflaschen auch später noch holen; aber falls er einstürzte, würde das zusätzliche Gewicht nur kostbare Zeit kosten.

Selbst jetzt, wenn ich es rückblickend erzähle, stört mich das Wort noch immer ganz gewaltig: *Rückzug.* Aber ich hatte nun mal das Gefühl, daß ich die klitzekleine Chance, in den oberen Stockwerken noch jemanden lebend zu finden, gegen die sehr viele größere Wahrscheinlichkeit, daß ein paar hundert von uns in den unteren Stockwerken nicht mehr aus dem Gebäude kommen würden, gegeneinander abwägen mußte. Es gab keine andere Wahl, wir mußten kapitulieren, mußten den Turm aufgeben, um unsere Haut zu retten. Ich meine nicht etwa, daß ich in meiner Entscheidung unsicher wurde, aber ein Teil von mir hatte das Gefühl, jemanden im Stich zu lassen, irgendwo in diesen 110 Etagen. Es kam mir vor wie eine Kapitulation. Nie zuvor hatte ich wissentlich jemanden in einem brennenden Haus zurückgelassen, und jetzt beruhte mein Evakuierungsbefehl auf der schlichten Unwahrscheinlichkeit, noch jemanden lebend zu finden. Es wäre wie die sprichwörtliche Suche nach der Nadel im Heuhaufen gewesen, das wußte ich, und dennoch, wenn es nur um mich gegangen wäre, hätte ich wahrscheinlich weitergesucht.

Aber es ging eben nicht nur um mich. Es ging um Hunderte von Feuerwehrleuten und Polizisten, um Rettungskräfte der Port Authority, um Sanitäter und Notärzte, und es ging um die Familien dieser Leute, die zu Hause saßen und um die sichere Rückkehr ihrer Lieben beteten. Die ganze Welt sah zu. Also hob ich das Megaphon und ordnete den Rückzug an, in allen drei

Treppenhäusern und überall in den Korridoren. Ich funkte die Anordnung auch über beide Kanäle. Ich riß sogar einem Feuerwehrmann in meiner Nähe das Walkie-talkie von der Brust, um die Evakuierung über den taktischen Kanal anzuordnen, was mir effizienter schien, als an meinem eigenen Funkgerät den Kanal neu einzustellen, und dann brüllte ich es noch mal in den Kommandokanal. Und keiner erhob irgendwelche Einwände. Keiner sagte:»He, Chief, wir haben hier aber noch Arbeit zu erledigen«, oder irgendwas in der Art. Sie ließen einfach ihre Ausrüstung fallen, drehten sich um und machten sich an den Abstieg.

Endlich, etwa eine Minute nachdem ich den Befehl gegeben hatte, hörte ich eine herrische Stimme durch das Rauschen auf dem Kommandokanal dringen:»Wer hat da Anweisung zur Evakuierung gegeben?« hörte ich.

Ich dachte, au, verdammt! Ich dachte, Mann, jetzt hab ich Mist gebaut! Ich dachte, das wäre das Ende meiner Karriere. Wer auch immer sich da meldete, er klang richtig sauer, und ich dachte, was ich mir da bloß geleistet hatte, bei einem derart riesigen Einsatz die Evakuierung anzuordnen. In den 28 Jahren beim Department war das die wichtigste Entscheidung, die ich je hatte treffen müssen, und schon eine Minute später wurde ich deswegen zur Rechenschaft gezogen.

Ich schaltete das Mikro an meinem Funkgerät an und antwortete.»Battalion 11 an Kommandozentrale«, rief ich.»Hier spricht Chief Picciotto, Battalion 11. Ich habe Befehl gegeben zu evakuieren.«

Ich erhielt keine Antwort, woraus ich schloß, daß die Person am anderen Ende mich nicht gehört hatte. In manchen Hochhäusern gibt es Stellen mit Funklöchern, wo unsere miesen Funkgeräte zwar senden, aber nicht empfangen. Manchmal kann man selbst reden, aber nichts hören. Und manchmal funktionieren die verdammten Dinger überhaupt nicht. Ich wollte für meine Anordnung geradestehen, wollte die Konsequenzen tragen. Ich hatte eine Entscheidung getroffen. Ich hielt es damals für die richtige Entscheidung, und heute weiß ich, daß es die richtige Entscheidung war. Aber trotz alledem hatte ich, als diese körperlose Stimme über Funk kam und wissen wollte, was zum Teufel da vor sich ging, das Gefühl, als würde ich ins Büro des Schulleiters zitiert, weil ich was angestellt hatte.

Wie gesagt, es kam keine Antwort, also setzten wir die Evakuierung fort. Einige Augenblicke später hörte ich jedoch wieder eine Stimme über den Kanal der Einsatzleitung, die uns anwies, in Bereitschaft zu bleiben. Etwa fünfzehn Sekunden lang blieben wir alle still stehen – das heißt, zumindest die Männer, die ich sehen konnte, noch immer im 35. Stock, also zu diesem Zeitpunkt etwa 20 Feuerwehrmänner –, wenngleich ich davon ausgehe, daß sich auf allen Etagen mit funktionierenden Funkgeräten so ziemlich das gleiche abspielte. Es war, als hätten die Verantwortlichen in der Kommandozentrale uns in ein absurdes Stilleben verwandelt oder als hätten sie die Pausetaste gedrückt, doch bevor ich mich allzusehr darüber aufregen konnte, hörte ich, wie sich ein Staff Chief meldete und befahl, die Evakuierung fortzusetzen.

Ziemlich rasch entwickelte ich eine gewisse Routine beim Räumen der einzelnen Stockwerke, angefangen mit dem 35. Ich war Treppenhaus C am nächsten, als ich mit meinem Rundlauf begann, deshalb war C auch das Treppenhaus, durch das ich nach unten stieg. Treppenhaus C befand sich, wie bereits beschrieben, an der südwestlichen Ecke des Gebäudes; Treppenhaus A war an der Südostecke, und B lag in der Mitte. Auf den meisten Etagen war der Grundriß so ziemlich derselbe, und ich beschreibe ihn hier noch einmal, um meine Vorgehensweise zu verdeutlichen. Die Korridore waren T-förmig, wobei die Treppenhäuser A und C sozusagen an den Enden des Querbalkens lagen und B am Ende des senkrechten Balkens. Von diesen Hauptgängen gingen die Büroräume ab, und je nachdem, ob das betreffende Stockwerk von einem oder mehreren Mietern genutzt wurde, rangierte die Gestaltung der Etage von ganz offen bis geschlossen. Mit »offen« meine ich, daß man durch Glaswände und ähnliches in die Büros blicken konnte, und mit »geschlossen« meine ich, daß es wie in den kahlen, düsteren Gängen der meisten Bürohäuser aussah, wo man ein Stockwerk nicht vom anderen unterscheiden kann. Manche Etagen waren so »offen« angelegt, daß gar kein richtiger Gang mehr zu erkennen war. Doch trotz der Unterschiede lief die Räumung überall gleich ab.

Ich begann von Treppenhaus C aus und lief über den nach Süden blickenden Korridor zu Treppenhaus A, wobei ich gegen sämtliche Türen schlug und brüllte, daß alle das Gebäude verlassen sollten. Bei Treppenhaus A angekommen, sprang ich hinein, lief ein paar Stufen nach oben, rief die Anweisung durch mein Megaphon, lief ein paar Stufen nach unten, rief erneut und kehrte dann zu der Tür zurück, die in das Stockwerk führte. Dann ging es zurück über den südlichen Korridor bis zur Mitte, wo ich rechts abbog, um zu Treppenhaus B zu gelangen, dabei wieder gegen die Türen hämmerte und meine Anweisungen schrie. Dann verfuhr ich in Treppenhaus B ebenso wie in Treppenhaus A und rannte wieder zurück zu Treppenhaus C, wo ich angefangen hatte. Auf diese Weise räumte ich alle Etagen und bildete das Schlußlicht unserer Evakuierung. Das hört sich ziemlich anstrengend an, wenn ich es so beschreibe, aber da ich nun mal in guter körperlicher Verfassung war und keine schwere Ausrüstung trug, konnte ich jedes Stockwerk in etwa 40, 50 Sekunden ablaufen, und wenn ich wieder im Treppenhaus C ankam, war da immer noch ein Stau von Rettungskräften auf dem Weg zum nächsten Treppenabsatz. Auf den engen Treppen ging es langsam voran, daher verlor ich im Grunde keine Zeit dadurch, daß ich jede Etage gründlich überprüfte und räumte. Ich sprintete los und wartete, sprintete erneut los und wartete, von einem Stockwerk zum nächsten.

Ich verließ die 35. Etage auch nicht sofort. Es waren noch ziemlich viele Männer auf den Stockwerken über uns verteilt gewesen, also wartete ich ab, bis ich ziemlich sicher sein konnte, daß die oberen Etagen komplett geräumt waren. Als der stete Strom von Feuerwehrmännern und anderen Rettungskräften im 35. Stock nachließ, machte auch ich mich an den Abstieg. Ich dachte mir, daß diejenigen, die jetzt noch über mir in den Treppenhäusern waren, mich ohnehin bald überholen würden, da ich ja noch jede Etage absuchte.

Es ging ohne Probleme durch die nächsten Stockwerke bis etwa zur 29. Etage, als ich in einem der Gänge auf eine Gruppe Feuerwehrleute traf. Etwa ein Dutzend Männer, die sich einfach ein wenig ausruhen wollten. Sie waren aus dem Treppenhaus getreten, um etwas frische Luft zu schnappen, so schien es mir. Ein paar von den Jungs kannte ich, vom Namen, Sehen oder

Hörensagen her, also gab ich mir alle Mühe, sie zum Weitergehen zu bewegen. Einer von ihnen wartete auf einen Kollegen aus seinem Trupp, aber ich versicherte ihm, daß der schon weiter unten sei. Ich dachte mir, diese Notlüge würde niemandem schaden, schließlich wollte ich uns alle durch eine weitere Verzögerung nicht gefährden. Da ich mir nun mal in den Kopf gesetzt hatte, bei dieser Evakuierung das Schlußlicht zu spielen – man könnte wohl sagen, daß ich im wahrsten Sinne des Wortes »hinter« meiner Anordnung stand –, hätte ich auch warten müssen, wenn dieser Feuerwehrmann auf seinen Partner gewartet hätte. Ich war nicht willens, irgendwen zurückzulassen, also erzählte ich ihm, ich hätte über Funk gehört, daß sein Kumpel auf einem der unteren Stockwerke gesichtet worden sei.

Aber trotz dieser gelegentlichen Notlügen biß ich bei manchen Männern auf Granit. Sie hatten alle irgendwen, auf den sie warten wollten – Chiefs, Lieutenants, einfache Feuerwehrmänner –, und sie waren nicht bereit, ohne sie weiterzugehen. Ich traf auch den einen oder anderen Polizisten, der auf seinen Partner wartete, und wenigstens einen Cop von der Port Authority, der nicht ohne seinen Chief gehen wollte. Später erzählte man sich sogar, daß ein Chief seine Männer weiter nach unten geschickt haben soll, während er selbst zurückblieb, als wollte er auf den Rest seiner Leute warten. Statt dessen jedoch habe er sich in einem der Büros verkrochen, sich eine Zigarette angezündet und sich in sein Schicksal ergeben. Man erzählte mir, und ich kann beim besten Willen nicht sagen, ob es stimmt oder nicht, daß dieser Mann einen Haufen persönlicher Probleme hatte. Gesundheit, finanzielle Lage, Ehe ... alles im argen. Anscheinend wurde der arme Kerl nicht mehr damit fertig, und vermutlich dachte er sich, daß seine Zeit so oder so abgelaufen war, also schloß er sich in einem verlassenen Büro ein und wartete einfach ab. Kein einziger von uns wollte sich nachsagen lassen, er wäre in panischer Flucht zu den Ausgängen gehastet, und ich könnte mir vorstellen, daß es einige unter uns gab, die es würdevoller gefunden hätten, wenn wir nicht aufgegeben, sondern uns weiter nach oben zu den brennenden Etagen durchgekämpft hätten, auch trotz der minimalen Aussicht, noch etwas erreichen zu können. Und in jeder Gruppe gibt es immer ein paar, die in ihrem Privatleben mit irgendwelchen Problemen zu tun haben. Wenn man das alles zusammennimmt, erscheint es nicht unwahrscheinlich, daß sich zumindest ein paar Männer dafür entschieden haben könnten, in einem der oberen Stockwerke einfach abzuwarten, bis das Schicksal sie ereilte. Ein bißchen so wie die Musiker auf der untergehenden *Titanic*, die einfach weiterspielten, weil sie wußten, daß ihnen nichts anderes mehr übrigblieb, als sich mit Würde in ihr Schicksal zu ergeben. Ich erwähne die Geschichte hier, weil sie die unterschiedlichen Stimmungen wiedergibt, die uns auf dem Weg nach unten begegneten. Ich habe keine Beweise dafür, daß sie stimmt, aber ich habe auch keinen Grund, daran zu zweifeln.

Irgendwann stieß ich dann auf den letzten unversehrten Zivilisten, den ich beim Abstieg sehen sollte – einen gutgekleideten Broker-Typ, der an seinem Schreibtisch saß und hektisch auf seiner Tastatur herumtippte. Ich bemerkte ihn bei meinem Rundgang durch die äußeren Büros, und zuerst glaubte ich, ich hätte eine Halluzination. Ich befand mich etwa im 27. Stock, bildete die Nachhut, und da saß dieser Bursche an einer langen

Reihe von Computern. Ich kann nicht behaupten, daß er arbeitete, als hätte er keine Ahnung, was vor sich ging, weil er sich ganz offensichtlich über die Lage im klaren war, aber er saß nun mal da und haute in die Tasten. Es war ein völlig unerwarteter Anblick, aber ich war ehrlich gesagt eher sauer als verblüfft. Wir evakuierten das Gebäude. Wir waren das Fire Department. Ich hatte einen Befehl gegeben. Und in einer solchen Notsituation erwartete ich, daß dieser Befehl befolgt wurde. Feuerwehrmann, Cop, Zivilist, Bürgermeister, Präsident... egal wer, ich erwartete, daß man auf mich hörte. Also schrie ich ihn an. »He, was zum Teufel denken Sie sich eigentlich? Wir sind vom Fire Department! Wir hauen hier ab! Wir evakuieren!« Ich war nicht sehr freundlich. Ich war auch nicht grob.

Woraufhin dieser Spinner einfach nur den ausgestreckten Arm hob, wie ein Verkehrspolizist. »Momentchen noch«, sagte er herablassend. »Ich hab noch was Wichtiges zu erledigen.«

Ich war baff. Bei einem Brand sagt mir keiner, wann ich zu warten habe. Es war eine lebensbedrohliche Situation. Bedrohlich für sein Leben. Bedrohlich für mein Leben. Mag ja sein, daß er das Gefühl hatte, tun und lassen zu können, was er wollte, daß jemand wie ich jemandem wie ihm nichts zu sagen hätte, aber ich ließ hier keinen zurück, und ich würde ganz sicher nicht abwarten, bis sich dieser feine Pinkel dazu bequemte, endlich aufzustehen. Er war etwa 35 Jahre alt, weiß, und die Ereignisse der letzten Stunde schienen ihn völlig kalt zu lassen. Ich konnte natürlich nicht sagen, ob das, was der Typ da machte, tatsächlich wichtig war. Ich vermute heute, daß er irgendwelche Sachen runterladen wollte oder Sicherheitskopien von Dateien auf Diskette machte, die er mitnehmen wollte. Ich glaube jedenfalls nicht, daß er irgendwelche Aktiengeschäfte per Computer abwickelte. Zu diesem Zeitpunkt waren die Telefonverbindungen schon überwiegend gestört, und das Büro schien mir auch keine Brokerfirma zu sein, aber letztlich war es auch völlig egal, was der Kerl da trieb. Auf jeden Fall mißachtete er die Anweisungen und brachte sich und uns in Gefahr.

»Raus hier!« schrie ich und packte ihn am Kragen. »Sofort raus!«

Ich griff ihn mit beiden Armen, zog ihn aus seinem Sessel und übergab ihn den Feuerwehrmännern, die mir gefolgt waren. »Schafft ihn raus!« wies ich sie an, und sie bugsierten ihn postwendend Richtung Ausgang.

Es war eine verrückte, frustrierende Szene, im großen und ganzen jedoch verlief die Evakuierung reibungslos, ohne große Überraschungen, und alles schien glattzugehen. Es war jetzt etwa 10.15 Uhr, rund anderthalb Stunden, seit das erste Flugzeug eingeschlagen war, und es waren keine weiteren Büroangestellten mehr zu sehen. Alle befanden sich auf dem Weg nach unten. Dann und wann jedoch traf ich auf einen Feuerwehrmann, der nach einem Kollegen aus seiner Einheit oder nach seinem direkten Vorgesetzten suchte, und jedesmal griff ich, wie schon öfters in den höheren Etagen, auf eine meiner Notlügen zurück. Ich konnte entweder aufrichtig sein oder ein guter Chief, beides zusammen war nicht möglich. Wenn ich zum Beispiel im 25. Stock einen Kollegen traf, der seinen Lieutenant zuletzt im 28. gesehen hatte, fragte ich ihn, wie der Lieutenant hieß und wie er aussah, und dann sagte ich mit absoluter Überzeugungskraft: »Ach ja, der ist in einem der beiden anderen Treppenhäuser auf dem Weg nach unten. Ich hab gerade mit ihm gesprochen.« Oder ich sagte irgendwas anderes, egal was, Hauptsache der Kollege ging weiter. Manche wollten wissen, ob ich wirklich sicher sei, und ich sagte:»Klar, absolut.« In Wahrheit hatte ich keine Ahnung, aber ich wollte unter keinen Umständen auch nur einen einzigen zurücklassen.

# FÜNF

# Stillstand

Wir entwickelten eine gewisse Routine, einen Rhythmus: Treppenhaus C räumen, rüber zu A, zurück zu B, wieder zu C, eine Etage runter, dasselbe von vorn. Weniger als eine Minute pro Stockwerk, ein paar Sekunden mehr, wenn ich einige zögernde Männer weiterdrängen oder einem Seidenhemd tragenden, arroganten, herablassenden Büromenschen Beine machen mußte. Es gab nichts, wodurch sich eine Etage von der anderen unterscheiden ließ, außer durch die Metallschilder im Treppenhaus, die immer dünner werdende Menschenflut und unser stetes Vorwärtskommen.

Alles in allem war es eine ziemlich komplikationslose Operation, die durch die Professionalität fast aller Beteiligten noch rascher und sicherer ablief, und je weiter wir nach unten kamen, desto mehr dachte ich, wir könnten es ohne Zwischenfall schaffen. Zumindest alle, die wir unterhalb der brennenden Stockwerke waren. Wir hatten wirklich gute Chancen rauszukommen. Alle Rettungskräfte, die kurz nach neun Uhr an diesem Morgen in den Tower gestürmt waren. Das, was mir noch im 35. Stock wie eine vage Hoffnung vorgekommen war, erschien mir jetzt immer wahrscheinlicher, als wir die 20. Etage hinter uns ließen. Wenn wir weiter in diesem Tempo vorankämen, wären wir im Handumdrehen unten und raus.

Seit dem 11. September 2001 bin ich oft gefragt worden, wann mir zum erstenmal klar wurde, daß ich im Nordturm des World Trade Centers sterben könnte, und daß es bereits auf der Fahrt zum Einsatz war, war für die meisten überraschend. Nicht etwa wegen Gary Sheridans waghalsigem Fahrstil, sondern weil mir schwante, was uns am Ziel erwarten würde. Jedesmal, wenn ich zu einem Brand ausrücke, schießt mir durch den Kopf, daß es mein letzter Einsatz sein könnte. Es schießt mir durch den Kopf, und dann verschwindet es wieder. Bei großen Bränden, kleinen Bränden und bei denen irgendwo dazwischen. Das gehört nun mal zu unserer Arbeit. Jedenfalls ist das bei mir so; wie es bei den anderen aussieht, weiß ich nicht genau. Ich habe diesen Gedanken, und dann verdränge ich ihn, und er kommt erst beim nächsten Einsatz wieder. Niemals in der Zeit dazwischen. An diesem Tag sollte der Gedanke mich ein zweites Mal heimsuchen, diese Konfrontation mit meiner eigenen Sterblichkeit, und zwar auf eine Weise, wie ich sie mir nie hätte vorstellen können, aber in der Zeit, als wir nach unten hetzten, Stockwerk für Stockwerk – 20, 19, 18 –, lag er mir völlig fern, und ich dachte immer bloß, daß wir unglaublich gut vorankamen, ehrlich.

Und dann, etwa in Höhe der 17. Etage, wurden wir langsamer. Dramatisch langsamer. Wir bewegten uns durch Treppenhaus C, und auf einmal standen wir dicht an dicht. Alle blieben stehen, und alle drängten sich aneinander, und die enge Treppe wirkte wie ein Bahnsteig in der U-Bahn zur Rushhour bei Stromausfall. Es gab einen Stau, und nur von langsamer werden konnte keine Rede mehr sein. Wir blieben stehen. Wie angewurzelt. Alle. Gleichzeitig. Bis ganz nach unten, als wären wir auf eine Ziegelwand gestoßen – oder, wie sich herausstellte, eine Trümmerwand.

Man muß bedenken, daß dieses Treppenhaus ohnehin schon sehr eng war. Gut neunzig Zentimeter breit, zweiläufig angelegt. Also schon unter günstigen Umständen wenig Platz, und diese Umstände waren alles andere als günstig. Wir waren einzeln oder zu zweit nebeneinander zügig nach unten gegangen, aber jetzt ging es nicht mehr weiter. Irgend etwas weiter unten blockierte den Weg, und wir in den höheren Stockwerken hatten keine Ahnung, was es war. Da alle Leute auf der Treppe ausgebildete, umsichtige Rettungshelfer waren, vor allem Feuerwehrmänner, machte sich nicht sofort Panik breit, als wir so zusammengepfercht wurden. Fast jeder von uns hatte dergleichen schon erlebt. Es gab ein leises Raunen, ein allgemeines Spekulieren, was da unten wohl los war, aber keine Unordnung, kein Durcheinander. Ich zum Beispiel merkte nichts von dem Stau, bis ich mitten in ihn hineinlief. Ich hatte im 17. Stock die übliche Runde gemacht, einmal schnell durch die Etage und dann zurück ins Treppenhaus C, und war auf halber Strecke zum nächsten Stockwerk, als ich abrupt gebremst wurde. Sofort hob ich das Megaphon und rief durch den Zwischenraum zwischen den inneren Handläufen: »Was ist los? Weitergehen! Was ist da los?«

Während ich sprach, das Megaphon nach unten gerichtet, sah ich zwischen den Handläufen hindurch, daß die Leute sich stauten, soweit ich blicken konnte. »Verdammt, was ist da unten los?« versuchte ich es erneut. »Wieso geht's nicht weiter?«

Schon bald drang die Information zu uns hoch, daß

das Treppenhaus durch Trümmer unpassierbar geworden war. Die einzige Erklärung, die wir uns denken konnten, war die, daß beim Einsturz des Südturms Glas und Beton und Trümmerstücke in das Zwischengeschoß über der Lobby und vielleicht sogar bis hinein in die offenen Treppenhäuser gedrungen waren. Wieso wir nicht schon vorher dadurch aufgehalten wurden, weiß ich nicht. Es gibt alle möglichen Erklärungen. Vielleicht gab es zunächst noch einen schmalen Durchgang, so groß, daß sich einer nach dem anderen hindurchschieben konnte, und dann war eine Art zweiter Einsturz erfolgt, oder der Trümmerberg war ins Rutschen geraten und hatte den Durchgang unpassierbar gemacht. Wer weiß? Vielleicht hatte auch irgendwo da unten jemand gestanden, um den Zivilisten zu zeigen, wie sie hinausgelangen konnten, und als niemand mehr kam, hatte er sich einer anderen Aufgabe zugewandt, so daß die etwas später eintreffenden Rettungskräfte den Durchgang selbst finden mußten. Es kann alles mögliche gewesen sein. Wir wußten nur, daß wir nicht mehr vorankamen, also lief ich sofort von dem Treppenabsatz zwischen der 16. und 17. Etage zurück nach oben und über den Korridor im 17. Stock zu Treppenhaus A. Aber dort war die Lage ähnlich. Das ergab Sinn. Beide Treppenhäuser hatten Ausgänge zu dem Zwischengeschoß über der Lobby, und zwar auf der Seite des Gebäudes, die zum Südturm hin lag. Wenn also Trümmer den einen Ausgang versperrten, dann vermutlich auch den anderen. Als nächstes sprintete ich hinüber zu Treppenhaus B und stellte erleichtert fest, daß dort alles frei war. Also rannte ich zurück und dirigierte die Menschenmassen aus A und C hinüber zu dem in der Mitte liegenden Treppenhaus.

Auch dieses Manöver verlief reibungslos. Kein hektisches Gedränge. Niemandem gingen die Nerven durch. Ich habe nie erfahren, wie weit unten die ersten waren, als alles zum Stillstand kam, wie hoch sich die Trümmer in diesen nach Süden hin liegenden Treppenhäusern türmten, aber es gelang mir, die Leute auf jeder Etage zur mittleren Treppe zu dirigieren – mit Megaphon, Funkgerät und mit Hilfe einer Art verbaler Eimerkette, durch die wir nach unten durchgaben, daß Treppenhaus B frei war.

Es konnte also weitergehen. Ich lief nach wie vor durch jedes Stockwerk, und immer häufiger fand ich keine Menschenseele mehr vor. Die Männer, die in den Treppenhäusern festgesteckt hatten, waren inzwischen in Treppenhaus B angekommen, und die Etagen waren fast alle geräumt. Im zwölften Stock jedoch hatte ich plötzlich das Gefühl, ich wäre unversehens in eine Folge von *Twilight Zone* hineingeraten. Es war wirklich schon fast unheimlich. Ich war von Treppenhaus B in die beiden südlichen Ecken gelaufen, und auf dieser Etage waren die Büroräume merkwürdig angeordnet. Nach Süden und Westen um Treppenhaus C herum war ein mit Glaswänden abgetrennter Bürobereich, während der Rest des Korridors nur die üblichen Standardbüros aufwies. Das Glas war so getönt, daß ich nicht klar hindurchsehen konnte, also machte ich die Tür auf und brüllte meine Evakuierungsanweisung. Aber kaum war ich drin, bot sich mir ein seltsamer Anblick. Es war eigentlich nicht wie in *Twilight Zone*, sondern eher so, als wäre ich in ein Bild gestiegen, das einen kuriosen Fehler aufwies. Und dieser Fehler war folgender: Das ganze Büro war voller Menschen. 40, 50, 60 Personen. Ich zählte sie nicht durch, aber sie waren da, eine buntgemischte Schar von Menschen aller Altersstufen. Und alle saßen seelenruhig da und warteten offensichtlich auf Anweisungen oder Hilfe.

Ich dachte bloß: Mann, was ist denn hier passiert? Als ich eintrat, bemerkte ich einen anderen Feuerwehrmann, der gerade herauskam. »Chief«, sagte er, »wir haben ein Problem.«

Das kann mal wohl sagen, dachte ich. Die meisten der Leute saßen. Einige wenige standen, aber die meisten saßen hinter Schreibtischen oder Raumteilern oder jedenfalls so, daß ich keinen ungehinderten Blick auf sie hatte. In meiner Eile und Verblüffung sah ich sie nur einfach als Gruppe und zog blitzschnell meine Schlüsse. Ich dachte, ich hätte verstanden, worum es ging, und gab dem Feuerwehrmann keine Gelegenheit, die Sachlage zu erklären. Hätte ich ihn gelassen, hätte ich mir die Mühe erspart, mir selbst einen Reim auf die Situation zu machen, die mir alles andere als einleuchtete.

»Schon gut«, sagte ich, »schaffen wir die Leute hier raus.« Und ohne irgendeine Reaktion abzuwarten, fing ich an, dieser Gruppe ratloser Menschen lautstark Befehle zu geben. In dem Gesichtermeer, das zu mir hochsah, entdeckte ich keine Anzeichen von Panik oder akuter Not. Äußerlich wirkten alle ruhig. Natürlich paßte das Verhalten dieser Gruppe nicht zu dem, was sich ansonsten an diesem Morgen in diesem Gebäude abspielte, aber ich war so sehr damit beschäftigt, Menschen nach unten zu bringen, daß ich das gar nicht richtig registrierte. Falls mir irgendwer gesagt hätte, ich sollte doch mal in Ruhe überlegen, was diese Ansammlung von Menschen hier in dem Büroraum machte, wo sie offenbar nur auf irgendwelche Anweisungen warteten, ich hätte nicht die blasseste Ahnung gehabt. Ich hatte nicht die Zeit, Detektiv zu spielen, aber ich war doch verunsichert. Mir schien, daß sie nicht aus ein und demselben Büro stammten oder auch nur aus ein und derselben Firma. Sie waren ganz unterschiedlich gekleidet – manche freizeitmäßig, andere eher elegant und so weiter. Außerdem saßen sie offenbar nicht an ihren eigenen Schreibtischen oder Arbeitsplätzen. Diese Menschen waren ganz offensichtlich aus irgendwelchen Gründen hierhergeschickt worden, um zu warten. Es war also nicht ihr Büro, und sie waren nicht alle Kollegen. Sie waren aus mir unbekannten Gründen hier versammelt – und ganz gleich, welche Gründe das waren, es war in dem Moment für mich unerheblich. Die Leute mußten schleunigst hier raus. Nach unten.

Zufällig kam gerade eine große Gruppe Rettungshelfer durch den Gang vor den Glastüren. Sie waren unterwegs von den verstopften Treppenhäusern im Südteil zu Treppenhaus B. Es wimmelte also draußen von stämmigen, verdreckten, hilfsbereiten Männern. Es waren etwa einhundert, und sie hatten sich über den gesamten Gang verteilt. Von der Bürotür aus rief ich ihnen zu, den Weg frei zu machen. »Zivilisten kommen!« schrie ich. »Wir haben hier Zivilisten. Weg frei machen!« Und auf meinen Befehl hin drückten sich diese großartigen, gutherzigen Männer rechts und links an die Wände, so daß es fast aussah wie eine Choreographie. Schlagartig teilte sich auf dem gesamten Nord-Süd-Korridor bis zum Ende des Ganges und sogar bis hinein in Treppenhaus B das Meer der Helfer, hauptsächlich Feuerwehrmänner, um für diese unerklärlicherweise noch hier verbliebenen Zivilisten Platz zu machen. Jeder von diesen Rettungsleuten wollte nichts lieber als nach unten und in Sicherheit, aber die Zivilisten gingen vor. Und damit nicht genug, jeder von ihnen schien dankbar zu sein, endlich wirklich helfen zu können. Für viel zu viele von ihnen war das die erste richtige Rettungsaktion an diesem Morgen, und sie stürzten sich mit Feuereifer darauf.

Und an dieser Stelle wartete die zweite große Überraschung auf mich. Sobald der Weg frei war, setzten sich die Menschen im Büro in Bewegung Richtung Tür. »Alle mal herhören«, sagte ich. »Ich bin Chief Picciotto von Battalion 11, New York City Fire Department. Der Tower wird evakuiert. Begeben Sie sich so schnell wie möglich zu Treppenhaus B in der Mitte des Gebäudes. In den Gängen sind Feuerwehrmänner, die Ihnen den Weg weisen. Aber gehen Sie so schnell wie möglich.«

Und als sie auf mich zukamen, dachte ich, ich hätte Halluzinationen. Manche saßen im Rollstuhl, manche gingen an Krücken oder Stöcken oder Gehgestellen, manche kamen so gut wie gar nicht von der Stelle. Manche waren so alt, daß sie meine Großeltern hätten sein können – und sie bewegten sich mit der Art von Hast, wie man sie von Schildkröten kennt. Als sie noch saßen und standen, hatte ich das nicht gesehen. Ich hatte weder ein Gehgestell noch einen Rollstuhl in dem überfüllten Raum wahrgenommen, und es war mir auch niemand offensichtlich hilfsbedürftig erschienen, und jetzt wurde ich von dieser unerwarteten Entwicklung völlig überrumpelt. Ich sah einem älteren Mann in die Augen, der in seinem Rollstuhl direkt auf mich zukam, und ich dachte, oh Gott, was machen wir denn jetzt? Ich sah möglichst vielen von ihnen ins Gesicht, und ich entdeckte Hilflosigkeit, Erschöpfung und Dankbarkeit. Sie waren so froh, daß wir gekommen waren, und wollten nur noch raus.

Später kamen wir zu dem Schluß, daß diese gehbehinderten Büroangestellten zu irgendeinem früheren
Zeitpunkt in diesen Raum geschickt worden waren,
als sie ihre Kräfte auf dem Weg nach unten verbraucht
hatten und nicht mehr weiterkonnten. Möglicherweise
fiel das zeitlich mit der Erkenntnis zusammen, daß die
unteren Treppenhäuser von Trümmern des Südturms
blockiert wurden. Wie dem auch sei, einige dieser Menschen hatten schon 70 Stockwerke hinter sich und waren völlig ausgepumpt. Am Ende. Sie hatten auch die
Arbeiten auf den unteren Etagen verzögert, und vielleicht waren sie zunächst beiseite gebeten worden, um
Platz für diejenigen zu machen, die schneller vorankamen. Vielleicht ruhten sie sich aber auch einfach nur
aus, bevor sie sich weiter an den Abstieg machten. Bei
ihnen waren Freunde oder Kollegen oder gütige Mitmenschen, die ihnen auf dem Weg nach unten geholfen
hatten. Die Leute in Rollstühlen waren getragen worden, immer bis zum nächsten Treppenabsatz. Schon
das allein war bemerkenswert, daß Menschen auf diese
Weise diesen hilfsbedürftigen Fremden geholfen hatten. Diejenigen, die an Krücken gingen, hatten jeweils
zwei Leute dabei, die ihnen halfen. So ziemlich jeder
gehbehinderte Zivilist war in Begleitung von mindestens zwei nicht behinderten Freunden. Es war wirklich
bewegend, sobald uns klar wurde, daß so viele Menschen ihre eigene Rettung hintangestellt hatten, um
diesen Hilfsbedürftigen den langen, steilen Abstieg zu
ermöglichen. Auf dem Weg zur Tür stellten sich mir ein
paar von ihnen sogar noch vor; sie riefen ihre Namen
und die Namen ihrer hilfsbereiten Freunde und von
welchem Stockwerk sie kamen. Und ich stand an der
Tür, lauschte den Zurufen, als wären sie die letzten Spu-

ren menschlicher Güte, die wir inmitten einer solchen Zerstörung vielleicht noch finden mochten. Es war der einzige Moment an diesem Morgen, in dem ich fast geweint hätte. Die Tränen sollten später kommen, aber diese vielen Beispiele von Mitmenschlichkeit überwältigten mich. Ich verglich die mutigen, selbstlosen Bemühungen dieser Menschen mit dem brutalen Terror, der hinter diesen Anschlägen steckte, und ich erlaubte mir ein zaghaftes Lächeln, was, wie ich fand, eine bessere Reaktion war als Tränen. Wie gesagt, es war ein bewegender Anblick. Sogar ein erhebender Anblick, und ich mußte erneut lächeln, als mir klar wurde, daß das Wort im doppelten Sinne zutraf, denn ein paar von unseren kräftigeren Männern hoben die Rollstühle hoch, je ein Mann auf jeder Seite, und eilten damit durch den Gang zur Treppe.

Ich zählte die Leute nicht, aber es waren bestimmt zwei Dutzend gehbehinderte Büroangestellte in diesem Raum, mindestens, und jeder von ihnen hatte ein oder zwei oder sogar drei befreundete Helfer dabei. Bekannte, Kollegen, Menschen, die sie kurz zuvor erst auf der Treppe kennengelernt hatten. Meine erste Maßnahme war also, diese Freunde nach unten zu schicken. Ich wollte nicht herzlos erscheinen, denn diese guten Menschen verdienten unsere Achtung und Anerkennung, aber wir hatten genug Helfer in unseren eigenen Reihen. Wie gesagt, draußen auf dem Gang standen hundert Feuerwehrmänner bereit. Sie waren für solche Aktionen ausgebildet. Und ich dachte, wir müssen alle Nichtbehinderten so schnell wie möglich runterbringen, damit wir uns um die anderen kümmern können, aber diese Leute wollten ihre Freunde nicht im Stich lassen. Heute kann ich das verstehen, und vermutlich konnte ich es auch in der Situation nachvollziehen, aber akzeptieren konnte ich es nicht. Ein paar von ihnen erzählten mir, daß sie Soundso ab dem 50. oder 60. Stock geholfen hatten, und nicht willens waren, sie jetzt im Stich zu lassen, und ich hatte keine andere Wahl, als ziemlich grob und kaltschnäuzig zu reagieren. »Prima«, sagte ich, »das habt ihr gut gemacht, aber jetzt müßt ihr gehen. Von hier an übernehmen wir. Ihr müßt runter.«

Also zogen diese herzensguten Helfer ab, und bestimmt grummelten sie vor sich hin, was dieser Feuerwehr-Chief doch für ein Arschloch sei, und wir hatten es nur noch mit etwa zwanzig Menschen mit unterschiedlich starken Gehbehinderungen zu tun. Rollstuhl, Gehgestell, Krücken, Beinschienen ... alles, was man sich nur vorstellen kann. Die Rollstühle waren kein Problem. Wir konnten sie durch den Korridor rollen, ja sogar die Treppe hinunter. Das war zwar dann eine ziemlich holprige Angelegenheit und bestimmt recht unbequem, aber es ging schnell. Probleme bereiteten uns dagegen die Fußgänger. Wir hatten ein paar eigensinnige alte Börsianertypen darunter, die Äußerungen taten wie: »Ich bin den ganzen Weg vom 58. Stock ohne Hilfe runtergegangen, und ich habe auch vor, den Rest des Weges ohne Hilfe zurückzulegen.«

Und wieder mußte ich schroff reagieren: »Nein, das werden Sie nicht«, sagte ich. »Wir werden Ihnen runterhelfen.«

Wir suchten in den anderen Büroräumen nach Sesseln, auf denen wir die schwereren Personen transportieren konnten. Ich teilte je einem Gehbehinderten vier, fünf oder sogar sechs Rettungskräfte zu. Sie sollten sich beim Tragen abwechseln, jeweils zwei pro Mann bis zum nächsten Treppenabsatz, vier pro Mann, falls sie die Person auf einem Bürosessel transportierten, und dann wurde gewechselt. Manche von den Zivilisten waren übergewichtig und brachten wohl 110 bis 130 Kilo auf die Waage; sie bekamen von mir die Männer, die auf mich den kräftigsten Eindruck machten. Es war eine wirklich spontane Einsatzplanung, eine Gruppe hierhin, eine andere Gruppe dorthin ... wer mir gerade ins Auge fiel, wurde von mir mit einer Aufgabe betraut. Und wir hatten mehr als genug hilfsbereite Hände. Weitaus mehr als genug. Am Ende blieben noch immer 40, 50 Männer übrig, die nichts zu tun hatten, und in dieser Phase der Evakuierung sehnten sie sich förmlich danach, jemandem zu helfen. »Kommen Sie, Chief«, hörte ich um mich herum, »teilen Sie uns auch einen Zivilisten zu.«

»Macht, daß ihr runterkommt«, erwiderte ich. »Das reicht, wenn ihr helfen wollt. Macht das Treppenhaus frei.«

Ich konnte den eingeteilten Helfern nichts sagen, was sie nicht schon wußten, aber ich sagte es ihnen trotzdem. Ich sagte ihnen, wenn sie jemanden auf einem Sessel trugen, daß sie stets warten sollten, bis der Treppenlauf vor ihnen bis zum nächsten Absatz frei war. Es war besser, auf einem Absatz stehend zu warten als auf den Stufen. Ich sagte ihnen, daß sie sich so oft wie möglich abwechseln sollten. Ich wollte nicht, daß jemand sich total verausgabte. Wir hatten viele Träger, aber wir hatten auch noch viele Stockwerke vor uns.

Auf diese Weise teilte ich jeden behinderten, alten oder einfach nur entkräfteten Zivilisten einer entsprechenden Gruppe von Feuerwehrleuten zu und schickte die Trupps nach unten. Die letzte Person, die den mit Glaswänden abgetrennten Büroraum verließ, war eine

59jährige Großmutter aus Brooklyn namens Josephine Harris, eine Buchhalterin der Port Authority, die nach ihrem anstrengenden Abstieg vom 73. Stockwerk am Ende ihrer Kräfte war. Ihr teilte ich eine ganze Einheit zu, nämlich Ladder 6 aus Chinatown, deren Captain Jay Jonas ein guter Freund von mir war. Jay und ich hatten zusammen gelernt, und Feuerwehrmänner verbringen fast ebensoviel Zeit mit der Nase in Büchern wie Medizinstudenten. Es geht darum, daß wir alle möglichen technischen und wissenschaftlichen und architektonischen Informationen so gut im Kopf haben, daß wir nicht lange überlegen müssen, wenn wir sie abrufen. Wir hatten zahllose Stunden zusammen verbracht – ich war bei ihm zu Hause gewesen, er bei mir –, und wir kannten uns wirklich ziemlich gut. So gut, daß ich wußte, ich mußte Jay nicht erst sagen, daß er gut auf diese Lady aufpassen sollte, aber ich sagte es ihm trotzdem. Josephine hatte etwas an sich, weshalb sie einfach meine besondere Aufmerksamkeit zu verdienen schien, ebenso wie die von Jay und seinen Männern. Ich konnte es nicht recht benennen, aber vielleicht lag es an der stolzen Art, mit der sie ihre schwierige Lage gemeistert hatte. Soweit wir wußten, war sie die letzte Zivilistin, die es in dem Gebäude so weit nach unten geschafft hatte, und allein das war es wert, auf diesen letzten Stockwerken besonders gut auf sie aufzupassen.

Der lange Abstieg war Josephine Harris weiß Gott nicht leichtgefallen. Ihre Beine waren geschwollen. Sie hatte Schwierigkeiten beim Atmen. Sie konnte sich kaum noch bewegen, und trotzdem verlangsamte sie unsere Flucht aus dem zwölften Stock zunächst nicht wesentlich, weil es in Treppenhaus B eine Art Akkordeon-Effekt gab. Zu Anfang waren wir so viele in dem engen Treppenhaus gewesen, daß Josephines langsame Schritte ausreichten, um nicht zurückzufallen. Doch das änderte sich bald, als die Treppenläufe frei und die Menschen in Windeseile nach unten gebracht wurden. Unsere Feuerwehrmänner dirigierten und schoben und trugen diese Menschen unglaublich schnell über die Treppe nach unten, so daß wir binnen kurzem einen ganzen Treppenlauf Abstand zu den anderen hatten, auf dem alles frei war, und Josephines langsames Tempo uns mehr Sorgen bereitete. Oder besser gesagt, es wurde auffälliger. Zu diesem Zeitpunkt machten wir uns eigentlich keine Sorgen. Wir waren schon fast da, und wir wußten, daß wir schließlich unten ankommen würden.

Das Problem war nur, daß dieses »schließlich« länger dauerte, als uns lieb war. Josephine ging, und Jay und seine Männer gingen mit ihr, aber sie kamen einfach nicht schnell genug voran. Ich holte sie immer wieder ein, nachdem ich jedes Stockwerk gecheckt hatte, und dann stand ich hinter ihnen und trat von einem Bein aufs andere, bis ich mich vorbeischieben konnte, um zur nächsten Etagentür vorzupreschen. Ich sprach mit Jay, als wir zwischen dem elften und zehnten Stock waren, und wir kamen zu dem Schluß, daß wir uns einen Bürosessel besorgen mußten, um Josephine zu tragen. Sie war eine stolze Frau, und sie hätte es nicht zugelassen, einfach von zwei Männer gepackt, hochgehoben und die Treppe hinuntergetragen zu werden. Außerdem weiß ich nicht, ob es überhaupt gegangen wäre. Jedenfalls hielt ich auf meiner Runde durch die nächste Etage hektisch nach einem passenden Sessel Ausschau. Ich hatte das zwar schon die ganze Zeit eher halbherzig getan, aber jetzt suchte ich wirklich. Als wir den zehnten

Stock hinter uns gelassen hatten, kam mir der Grundriß der Etagen jedoch ein wenig fremdartig vor, und mir wurde rasch klar, wieso. Der Nordturm hatte eine riesige Skylobby, die vom Concourse Level aus, das die beiden Türme unterirdisch miteinander verband, weit nach oben reichte, so daß einige der niedrigeren Stockwerke weniger Platz für Büroräume boten. Für die Menschen in den Treppenhäusern machte das keinen Unterschied, aber für jemanden, der in aller Eile nach einem Bürosessel in der Nähe von Treppenhaus B suchte, machte das einen gewaltigen Unterschied. Ich hatte keine Zeit, die äußeren Büros abzusuchen, wo die wichtigen Bosse ihre schönen großen Chefsessel hatten, und in dem Bereich, wo ich mich umschaute, standen nur leichte Schreibtischstühle ohne Armlehne und halbwegs stabile Rückenlehne, und Josephine war zu Fuß immer noch besser dran als auf einem dieser nicht sehr vertrauenerweckenden Dinger.

Jay und seine Männer halfen Josephine weiter die Treppe hinunter, während ich sie nach jeder Runde durch die Etage auf dem Treppenabsatz einholte. Jedesmal, wenn ich wieder zu ihnen stieß, warf Jay mir einen Blick zu, der zu sagen schien: Wo zum Teufel bleibt der Sessel? Ich war wirklich verdammt frustriert, daß ich keinen stabilen Bürosessel mit Armlehnen und fester Rückenlehne aufgetrieben hatte, aber ich mußte die Suche gegen die Zeit abwägen, die ich beim Suchen verlor.

Wie dem auch sei, wir kamen voran, wenn auch im Schneckentempo, aber wir kamen voran. Jay und seine Männer trugen Josephine halb, halb stützten sie sie. Sie nahm jede Stufe mit beiden Füßen – das heißt, sie stieg mit dem rechten Fuß auf eine Stufe, stellte dann den linken Fuß daneben und ruhte sich erst einmal eine Sekunde aus, bevor sie die nächste Stufe in Angriff nahm. Dann und wann fragte sie den Feuerwehrmann an ihrer Seite, ob sie nicht ein Momentchen Luft schöpfen könnte, und wer auch immer es gerade war, er brachte es nicht übers Herz, ihr zu sagen, daß das keine so gute Idee war. So ging es also mit Pausen und Unterbrechungen weiter vom zehnten zum neunten, zum achten. Ihr Tempo wurde Jays Tempo und das Tempo seiner Jungs von Ladder 6 – und meines. Natürlich lag schon bald zwischen uns und den anderen aus jenem Büroraum in der zwölften Etage ein gewaltiger Abstand.

Es war jetzt etwa 10.29 Uhr, also rund sieben oder acht Minuten nachdem wir auf diese beinahe vergessene Ansammlung gehbehinderter Angestellter gestoßen waren, und ich dachte mir, daß die anderen inzwischen alle unten sein mußten. Dafür dankte ich Gott, aber gleichzeitig wünschte ich mir, daß auch wir bei ihnen unten in der Lobby wären. Aus unerfindlichen Gründen hatte ich plötzlich das Wort *mühselig* im Kopf, und das ist wirklich die beste Beschreibung für unser Vorankommen. Das ja kaum ein Vorankommen war. Keiner von uns nahm Josephine Harris diese mühselige Anstrengung übel – sie war sicherlich heilfroh, es überhaupt so weit geschafft zu haben –, aber ich bin sicher, die Männer, so gern sie ihr auch auf der letzten Wegstrecke halfen, hatten wie wir alle nur den einen Wunsch, endlich unten zu sein, unten und raus. Frische Luft zu atmen. Nach Hause zu kommen. Josephine eingeschlossen.

Wir hatten genug, keine Frage.

Aber es sollte anders kommen. Ganz anders. Als ich durch das Treppenhaus zwischen dem siebten und sechsten Stockwerk eilte, hörte ich das Geräusch wieder. Dasselbe markerschütternde, tödliche Grollen, das 29 Minuten zuvor erklungen war.

Dieses Geräusch war unverwechselbar, und als es rasch auf uns zurollte, wußten wir, was es bedeutete. Wir alle wußten, was es bedeutete.

# SECHS

# Einsturz

Mit dem Wind hatte ich nicht gerechnet.

Beim ersten Mal war es laut gewesen, aber diesmal war es ohrenzerfetzend, markerschütternd, es brachte die Knie zum Schlottern, schüttelte den ganzen Körper durch, mit unvorstellbarer Wucht. Und dieser zweite Donner wurde von einem wahnsinnigen Wind begleitet, so daß uns vermutlich allen die Haare zu Berge standen. Wollte man die Lautstärke des Lärms beschreiben, müßte man ein neues Wort erfinden. Wenn es so etwas gibt wie exponentieller Lärm, der sich um ein unzähliges Vielfaches verstärkt – jenseits jedes Begriffs- und Wahrnehmungsvermögens –, dann war das sicherlich hier der Fall.

Herrgott, es brüllte! Wie genau, kann man keinem beschreiben, der es nicht unmittelbar erlebt hat, *mittendrin* war, eine Perspektive, die ich niemandem wünsche. Ich möchte es mal so versuchen: Es war, als steckte man in einem Windkanal und würde während eines höllischen Tornados von einer Lawine überrollt, wobei gleichzeitig ein donnernder Tsunami auf einen niedergeht, ohne jede Hoffnung auf Entkommen.

Der Wind hatte eine ungeheuerliche Kraft, und ich erfuhr später, daß er durch die komprimierte Luft aus-

gelöst wurde, die durch den in sich zusammensacken-
den Tower nach unten gedrückt wurde. Als er auf mich
zutoste, wußte ich, was jetzt kam. Das, so glaube ich,
war das Schlimmste an dieser grollenden Stampede, die
Tatsache, daß ich wußte, was es bedeutete. Alle im Treppenhaus erkannten den jähen Wind und das Geräusch
als das, was sie waren, und die nächsten Augenblicke
waren absolut grauenerregend. Es war 29 Minuten nach
zehn, keine halbe Stunde nach dem Einsturz des ersten
Turmes, und ich vermute, wenn ich nicht kurz zuvor
das gleiche gedämpfte Brüllen von der anderen Seite
der Plaza gehört und dann erfahren hätte, was es bedeutete, wären mir einige Sekunden totaler Angst und
Panik erspart geblieben. So jedoch wußte ich Bescheid.
Ich wußte es im Bruchteil einer Sekunde. Und ich war
mir absolut sicher. Dieses Geräusch war unverkennbar.
Der schreckliche Wind, das heftige, alles erfassende Beben waren unverkennbar. Alles war gräßlich, beängstigend klar. Ich fand sogar noch Zeit, diese Gedanken
laut auszusprechen, denn als es passierte, schrie ich auf:
»Ach du Scheiße, er kommt runter!« Nicht gerade der
denkwürdigste Abschiedssatz in der Geschichte letzter
Worte, aber ich sagte ihn, ohne nachzudenken. Tatsächlich kann ich mich nicht erinnern, überhaupt etwas
gesagt zu haben, aber ein paar Jungs erzählten mir später, daß sie meine Stimme durchs Treppenhaus hörten –
vom meinem Standort im sechsten oder fünften Stockwerk aus –, und die meisten von ihnen hatten schon
denselben Schluß gezogen.

In diesem Augenblick lief mein ganzes Leben an mir
vorbei. Genau wie im Film, das reinste Klischee. Meine
Frau und meine Kinder. Ich sah sie vor mir. Schlagartig
war dieses lebensbejahende Bild von ihnen da und

brannte sich mir ins Hirn. Nicht länger als ein Wimpernschlag. Es war kein Schnappschuß, wie man ihn sich an die Kühlschranktür hängt oder ins Familienalbum klebt, keine Pose, die einer von ihnen eingenommen oder ich in Erinnerung hatte, aber ich sah sie vor mir, reglos, klar und deutlich. Lächelnd. Gott sei Dank, sie lächeln, dachte ich, und im selben Moment, als ich das Bild sah, beruhigte mich der Gedanke, daß sie zumindest finanziell versorgt sein würden. Ich hatte keine Zeit mehr, großartig zu denken, aber den Gedanken hatte ich. Und von dieser ersten Sekunde an fragte ich mich, wie ihr Leben ohne mich verlaufen würde. Ich war traurig und dankbar. Traurig, weil ich nicht mehr dasein würde, um mitzuerleben, wie alles weiterging, traurig, daß Stephen und Lisa die letzte Zeit ihrer Jugend vaterlos verbringen müßten, traurig, daß sie irgendwann selbst Eltern sein würden und ich nicht mehr da wäre, um sie zu unterstützen, traurig, daß Debbie allein sein würde – aber dankbar für die Zeit, die wir zusammen hatten, dankbar, daß sie sich keine Sorgen machen müßte. Keine finanziellen Sorgen. Das Department würde sich um sie kümmern. Mein volles Gehalt, steuerfrei, Jahr für Jahr bis an Debbies Lebensende. Volle Rente. Auch sonst noch alle möglichen einmaligen Zahlungen. Versicherungssummen. Ausbildungsbeihilfe für die Kinder. Sie würden zurechtkommen. Ich würde nicht mehr dasein, aber sie würden zurechtkommen, und ich stellte mir ihre Zukunft vor, während ich zeitgleich dachte: Ach du Scheiße! Ich nahm die ganze schreckliche Szene in mich auf – ihre, meine, die der Feuerwehrmänner weiter unten, die der armen Frau, der Jay und seine Jungs diese Treppen runtergeholfen hatten. Ich sah alles, und es war nicht gut.

Erstaunlicherweise stellte ich jedoch fest, daß ich keine Angst vor dem Sterben hatte. Das verblüffte mich ein wenig. Ich hatte das zwar immer behauptet, wenn man mich danach fragte, und als Feuerwehrmann wird man das ziemlich oft gefragt, aber ich hatte die Antwort auf diese Frage nie wirklich unter Beweis stellen müssen. Noch nie war ich gezwungen gewesen, mich auf so konkrete Weise damit auseinanderzusetzen, aber jetzt war es soweit, unausweichlich, und es kam mir gar nicht so schrecklich vor. Bloß ein Teil der Ausbildung, und meine Gefühle in diesem Moment bestätigten das, was ich theoretisch erwartet hatte. Nein, ich hatte keine Angst zu sterben. Was mir jedoch eine Heidenangst einjagte, war das Leiden. Das erschien mir schlimmer als der Tod. Ich konnte ihn mir nicht mal annähernd vorstellen, den Schmerz, der da auf mich zukam, seine Heftigkeit. Und ich dachte bei mir: Wie auch immer, laß es schnell gehen. Bitte, Gott, laß es schnell gehen.

Und dann betete ich. Alte Gebete, eigene Gebete ... egal was, ich betete, was mir einfiel. Und das Beten schien mir ganz leicht, natürlich. Ich bin als Katholik aufgewachsen. Acht Jahre lang habe ich eine katholische Grundschule besucht und vier Jahre lang eine katholische High-School. Auf dem College habe ich sogar Theologieseminare belegt. Ich bin mehr oder weniger ein gottesfürchtiger Mensch, ein gläubiger Mensch, obwohl ich nicht von mir behaupten möchte, daß ich vor diesem Septembermorgen der frommste Katholik war, den man sich wünschen kann. Ich ging ungern zur Kirche und nur selten. Eigentlich nur, um meinen Kindern ein gutes Beispiel zu geben. Der Leute wegen. Weil es mir richtig vorkam. Vielleicht könnte man sagen, daß ich ein etwas aus der Übung gekommener, praktizierender Katholik war, aber als dieses finstere Tosen auf mich zuraste, wurde ich bekehrt. Also fing ich an zu beten. Inbrünstig. So schnell ich konnte. Ich wollte verlorene Zeit gutmachen. Wollte die Zeit nutzen, die mir noch blieb. Und trotzdem kann ich mich beim besten Willen nicht erinnern, welches Gebet ich sprach. Entweder das Ave-Maria oder das Vaterunser. Eins von beiden. Wer weiß, vielleicht auch Bruchstücke aus beiden, aber die Worte sprudelten wie von selbst aus mir heraus. Ich hatte diese Gebete so oft gesprochen, daß sie Teil von mir geworden waren. Ich mußte nicht darüber nachdenken. Sie kamen einfach.

*Vater unser im Himmel . . .*
*Ach du Scheiße, er kommt runter!*
*Debbie.*
*Bitte, Gott, laß es schnell gehen.*
*Verdammt, verdammt!*
*Stephen, Lisa . . .*
*Gegrüßet seist Du, Maria, voll der Gnaden . . .*
*Bitte, Gott, laß es schnell gehen.*
*Der ganze Nordturm!*
*Debbie und die Kinder . . .*
*Vater unser im Himmel . . .*

Meine Gedanken schossen wie wild durcheinander, überschlugen sich, alle auf einmal, und immer und immer und immer wieder. Ich konnte sie nicht benennen oder ihnen einen Sinn geben. Sie waren einfach da, wetteiferten um meine Aufmerksamkeit. Kämpften um Raum in meinem Kopf. Vielleicht war es auch eine Art Schutzmechanismus, all diese Gedanken, die mich von dem ablenkten, was gerade passierte.

So hektisch es auch in meinem Kopf zuging, es gab noch eine andere Reaktion, die mich jetzt im nachhinein fasziniert. Manche Menschen, da bin ich sicher, hätten sich einfach nur ganz klein zusammengerollt. Das ist eine defensive Position der Hilflosigkeit. Man legt sich zum Sterben nieder. Wenn ich heute darüber nachdenke, halte ich es für wahrscheinlich, daß viele, viele Menschen in diesen Türmen so von ihrem Schicksal ereilt wurden. Sie haben schützend die Arme über den Kopf gelegt und einfach nur noch gewartet. Andere sind vielleicht stocksteif stehengeblieben, unfähig, sich zu rühren. Wieder andere haben wahrscheinlich geschrien oder geweint oder sonst irgendwie panisch reagiert. All diese Reaktionen und noch viele mehr sind ganz normal. Eigentlich handelt es sich dabei um Reflexe, wie mir klargeworden ist. Unwillkürliche Reflexe auf eine unerträgliche Situation. In so einem Augenblick, den Tod vor Augen, was bleibt uns noch zu tun? Wir handeln rein instinktiv.

Und ich? Ich rannte los. Ich sprang die Stufen zwischen dem siebten und sechsten Stockwerk hinunter, als ginge es um mein Leben – was wohl auch stimmte. Es war keine logische Handlung, aber es war eine Handlung. Es war eine Möglichkeit, aktiv zu werden, etwas zu tun. Der schon erwähnte Kampf- oder Fluchtreflex, nur daß es in diesem Fall Kampf *und* Flucht war, beides zugleich. Es war jeder denkbare Instinkt, zu einem einzigen zusammengeballt. Ich lief vor dieser vernichtenden Kraft weg, die mich hier im Treppenhaus überrollen würde, aber – auch wenn es verrückt klingt – ich versuchte auch, ihr *davon*zulaufen. Es war kein Akt der Feigheit, sondern eher ein Akt der Verzweiflung – für dessen Gelingen übermenschliche Kraft und Schnelligkeit erforderlich gewesen wären, und noch dazu die unmögliche Fähigkeit, die Zeit stillstehen zu lassen. Doch vor diesem herabstürzenden Grauen gab es kein Entrinnen, es gab keine logischen Maßnahmen. Der Turm brach in einer reißenden Trümmerflut in sich zusammen, und ich würde für immer unter ihm begraben werden – ganz gleich, wie schnell ich rannte, ganz gleich, wohin ich floh oder welche Gebete ich vor mich hin stammelte.

Trotzdem rannte ich. So schnell ich konnte. Nahm zwei, drei Stufen auf einmal. Ohne nachzudenken. Alles in allem kann ich wohl kaum mehr als ein Dutzend Stufen hinter mich gebracht haben, mehr Zeit war nicht, aber ich bewegte mich. Und die ganze Zeit über dachte ich: Bitte, Gott, laß es schnell gehen. Bitte, Gott, laß es schnell gehen. Wie ein Mantra. Bittegottlaßesschnellgehen. Bittegottlaßesschnellgehen. Immer und immer wieder, und während das Gebäude bebte und das Brüllen noch lauter wurde, merkte ich, daß ich mich selbst atmen hören konnte. Durch das alles hindurch konnte ich mich selbst atmen hören – unfaßbar! –, und ich fand sogar noch Zeit, mich zu fragen, welcher Atemzug wohl mein letzter sein würde.

Ich hatte den Treppenabsatz zwischen dem siebten und sechsten Stock erreicht, als es über mich kam. Zumindest in meiner Erinnerung sehe ich mich dort. Könnte sein, daß ich es noch ganz bis hinunter in den sechsten Stock geschafft habe, aber ich meine, daß ich gerade auf das Zwischenpodest sprang und weiter den nächsten Treppenlauf nach unten wollte. Die ganze Zeit schon hatte der Turm gebebt, wie verrückt gewackelt, und jetzt wurde es so schlimm, daß ich kaum noch das Gleichgewicht halten konnte. Die ersten Stahlträger stürzten herab. Riesige Betonbrocken. Alles mögliche prasselte auf mich nieder. Prasselte auf *uns* nieder, sollte

ich besser sagen, denn ich war nicht allein im Treppenhaus. Und auch jetzt noch, wirklich bis ganz zum
Schluß, hörte ich nicht auf zu laufen, raste mit aller mir
verbliebenen Kraft die Stufen hinunter. Doch kaum
hatte ich den Treppenabsatz hinter mir, traf mich endlich ein Träger oder ein Balken oder irgendein stumpfer
Gegenstand am Kopf und stieß mich um. Schlug mir
auch den Helm vom Kopf. Was auch immer es war, es
erwischte mich mit voller Wucht, und ich kippte um
und dachte noch: Das war's.

Aber das war's dann doch nicht. Das Geräusch kam
noch immer näher. Die Trümmer fielen weiter. Der
Turm bebte weiter. Und ich atmete noch und war bei Bewußtsein und klar genug, um das alles wahrzunehmen.

Ich wollte aufstehen, strauchelte aber, bevor ich richtig stand, und im Straucheln verfluchte ich die Tatsache,
daß ich noch lebte. Ich war verängstigt. Mittlerweile
hätte ich tot sein müssen. Ich hatte gehofft, mittlerweile
tot zu sein. Schließlich hatte ich so darum gebetet,
daß es schnell gehen möge. Ich hatte gedacht, es käme
schlagartig, egal wodurch, aber das hier dauerte viel zu
lange. Es war eine Qual.

Das Ganze lief innerhalb weniger Sekunden ab. Der
Südturm hatte zehn Sekunden gebraucht, um einzustürzen, und laut den später veröffentlichten Berichten
brauchte der Nordturm nur acht. Aber auch hier muß
ich sagen, daß acht Sekunden meiner Schätzung nach
viel zu wenig sind. Es muß länger gedauert haben.
Drei- oder viermal so lange. Wie sonst läßt sich erklären, daß mir so viele Gedanken durch den Kopf jagten,
daß ich so viele Treppenstufen geschafft hatte? Meine
Wahrnehmung der Zeit war eine völlig andere.

Es gelang mir schließlich aufzustehen, doch sobald

ich wieder auf den Beinen war, sackte der Treppenabsatz unter mir weg. Wie eine Falltür. Er war da, und dann plötzlich war er nicht mehr da, und als er fiel, fiel ich mit ihm. Seltsam ist, daß ich mich nicht erinnern kann, in diesem Moment irgendein Geräusch gehört zu haben. Entweder war es so unauflöslich mit diesem grausamen Moment verbunden, so sehr Teil der Szene, daß es rasch zu einer Art Hintergrundmusik geworden war, die ich nicht mehr wahrnahm, oder es war irgendwie verklungen. Letzteres ist nicht unwahrscheinlich, wenn ich richtig darüber nachdenke, denn zu diesem Zeitpunkt war ein Großteil der Trümmerflut bereits in den Untergeschossen und der näheren Umgebung gelandet; als sie schließlich meinen kleinen Treppenabsatz zwischen dem siebten und sechsten Stockwerk erreichte, gab es nicht mehr viel, was noch Krach machen konnte. Und man kennt ja das Gefühl gleich nach einem fürchterlich lauten Geräusch. Dieses unheimlich Hohle, diese hörbare Leere. Dieses gewaltige Garnichts, wo kurz zuvor noch alles und viel zuviel gewesen ist, und in diesen Raum fiel ich jetzt auch.

Eigentlich war es mehr ein Mitgerissenwerden als ein Fallen, mehr eine Rutschpartie als ein Sturz, denn als der Absatz unter mir nachgab, rutschte der Schutt, zu dem er geworden war, kaskadenartig und schlitternd weg, prallte gegen Wände und Stufen und Handläufe und Balken und was ihm sonst noch so in den Weg geriet. Ich war bloß ein großes Trümmerstück, das durch die äußere Hülle des Treppenhauses schoß. Zwischendurch hatte ich kurz das schwindelerregende Gefühl, im freien Fall zu sein, vermischt mit allen möglichen Stößen und Schlägen und wie in Zeitlupe, und der Grund, warum es mir so vorkam wie in Zeitlupe, war der, so überlegte ich mir später, daß es kein wirklich freier Fall war. Es war tatsächlich irgendwie verlangsamt. Jedenfalls langsamer, als ich gedacht hätte. Als befände ich mich am unteren Ende eines erbarmungslosen Erdrutsches. Später hat mich jemand gefragt, ob es vielleicht damit vergleichbar war, von einer unglaublich heftigen Meereswelle erfaßt zu werden, wenn man sich eigentlich nur von der Brandung tragen lassen möchte, und plötzlich kommt eine Welle von hinten und schleudert einen wie verrückt herum, bis man nicht mehr weiß, wo oben und unten ist. Aber so war es nicht. Ähnlich, aber nicht ganz so. Es war eher wie ein ganz kurzer freier Fall, bei dem man aber nie ganz den Boden verläßt, weil der Boden mit einem fällt. Als poltere man eine Treppe hinunter, nur daß man dabei die Stufen mit sich nimmt. Schwer zu erklären.

Irgendwann während dieser wilden Rutschpartie gingen die Lichter aus. Ich weiß nicht wann, und es ist möglich, daß ich die Augen geschlossen hatte, aber als ich sie aufmachte, war jedenfalls alles schwarz. Bloß Finsternis um mich herum. Sonst nichts. Die Art von Finsternis, bei der man schützend die Arme hebt, weil man keine Ahnung hat, was von wo auf einen zukommt. Aber es kam nichts, es fiel nichts mehr. Es war auch nichts mehr zu hören. Wie bei diesen Automaten für Kinder in Einkaufszentren, man setzt seinen Sprößling drauf, wirft eine Münze ein, das dämliche Ding ruckelt ein Weilchen vor sich hin, und schon sind die Lichter aus, man hört nichts mehr und alles steht still.

Und noch etwas war seltsam: Ich landete nicht. Es gab keinen heftigen Schlag, keinen Aufprall, als das Fallen aufhörte. Es hörte einfach auf. Ich trug meinen gepolsterten Schutzanzug, der aber keinesfalls stoßfest war, und ganz plötzlich hörte das Stoßen und Rudern und Schlagen einfach auf. Zuerst wurde es langsamer, und dann: nichts mehr. Es dauerte etliche Sekunden, und danach kam nichts. Während des Sturzes hatte ich nicht einen einzigen klaren Gedanken. Ich wartete bloß auf das Ende. Ich war desorientiert und wartete auf das Ende. *Mein* Ende. Ich hatte den ersten Schlag, der mich zu Boden geworfen hatte, überstanden, aber hier konnte ich unmöglich lebend rauskommen. Wieder gingen mir alle möglichen Gedanken durch den Kopf, ich malte mir jedes vorstellbare Ende aus, jedes einzelne Detail, und irgendwo darin waren auch die Füllsel meines Lebens, die kleinen Augenblicke, die ich nicht abschütteln konnte, die *Was-wäre-wenn*-Szenarien, die wir alle mit uns herumtragen. Während des Sturzes rechnete ich ununterbrochen damit, daß meine Gedanken einfach mit einem letzten Aufprall erlöschen würden. Es würde Denken geben und Fühlen, und dann kein Denken mehr, kein Fühlen. Und wieder betete ich:

*Bitte, Gott, laß es schnell gehen.*

Aber nichts geschah. Die Bewegung stockte, sonst nichts. Ich hörte auf zu denken, jedenfalls in irgendeinem zielgerichteten Sinne. Ich hörte auf zu *sein*, jedenfalls für einen kurzen Moment. Ich wurde nicht ohnmächtig oder so, verlor nicht das Bewußtsein, aber ich verlor vorübergehend mein Einschätzungsvermögen, wo ich war und was passiert war und was ich hier machte. Es hat mit Sicherheit ein paar Sekunden gegeben, in denen ich einfach ruhig war, nichts dachte und nichts mehr mitbekam. Schließlich konnte ich ja nichts sehen. Ich konnte meine Situation nicht einschätzen. Ich konnte mich nicht bewegen, aus Furcht, die falsche Bewegung zu machen. Außerdem glaubte ich nicht, daß ich die Fähigkeit hätte, mich zu bewegen, oder das Recht dazu. Ich dachte, ich wäre tot, fragte mich allen Ernstes, ob es sich so anfühlte, wenn man tot war. Es war stockfinster. Es gab keinen Laut, keine Bewegung, nichts. Mein Geist arbeitete noch, aber für jemanden, der katholisch erzogen wurde und an die Vorstellung von Himmel und Hölle glaubte, war das nicht sehr überraschend. Es mochte ja außerhalb meines Erfahrungsbereichs liegen, aber nicht außerhalb des Möglichen.

Okay, so befand ich, ich konnte also denken. Eine Sekunde lang erlaubte ich mir sogar einen heimlichen Seufzer der Erleichterung, daß die Erinnerungen, die ich bis zu diesem Tag gesammelt hatte, nicht mit mir sterben würden. Ich konnte noch denken und fühlen ... und mich *erinnern*. Gar nicht so schlecht, dachte ich, dieses Totsein. Nicht, wie ich es mir vorgestellt hatte, aber so schlecht auch wieder nicht. Und ich hatte nicht wirklich gelitten, abgesehen von der unerträglichen Angst davor, leiden zu müssen. Es war vorbei und doch nicht vorbei.

Ganz allmählich jedoch nahm ich wieder meinen Körper wahr, und dabei kam mir der Gedanke, daß ich meinen Körper nicht wahrnehmen könnte, wenn ich tot wäre. Dann hätte ich nämlich keinen Körper mehr! Ich hätte keine Arme, die ich bewegen, keinen Kopf, den ich drehen könnte. Aber er war da, mein Körper, und ganz intakt. Ich konnte ihn *spüren*. Ich konnte meine Finger zur Faust ballen. Ich lag auf dem Rücken, nicht ganz flach, ausgestreckt auf einer unebenen Fläche aus Schutt und Beton und anderen Trümmerteilen. Mein Kopf ruhte auf einem dicken Zementblock. Es gab keine Stahlträger, die mich einklemmten, keine Betonberge, die mich erdrückten. Ich hatte keine Ahnung, in welchen Raum ich geschleudert worden war, aber es gab nichts, was meine Bewegungsfreiheit einengte oder mich behinderte, jedenfalls nicht, soweit ich das beurteilen konnte. Mit den Händen ertastete ich, daß ich zwischen einem Berg von Baumaterialien lag, die auf Kieselsteingröße zerrieben worden waren. Und vor allem zu einem sehr feinen Pulver. Ich streckte die Arme aus, um ein Gefühl dafür zu bekommen, wo ich war, und meine Hände signalisierten mir, daß ich von oben bis unten mit dem Zeug bedeckt war. Asche, Staub ... was auch immer. Ich hatte es im Mund, in der Nase, in Augen und Ohren. Es war in jeder Öffnung, sogar unter meiner Kleidung. Es war überall. Ich lag unter einer etwa 15 Zentimeter dicken Schicht von dem Zeug. Lebendig begraben. Es klingt albern, diese Formulierung hier zu verwenden, denn selbst eine 15 Zentimeter dicke Schicht von dem Zeug ließ sich problemlos abschütteln, aber damals kam sie mir nun mal in den Sinn. Nein, ich war nicht so begraben, daß ich mich nicht hätte befreien können, aber ich war bedeckt. Vollständig bedeckt. Und ich war am Leben!

Das war das unbegreiflichste daran. Ich konnte es nicht fassen. Ja, doch, ich war am Leben. Als mein Verstand registrierte, was mein Körper spürte, begriff ich es zunächst nicht richtig. Die langsame Erkenntnis, daß der Einsturz des Towers mich nicht getötet hatte, überstieg mein Denkvermögen. Es kam alles wieder – das Grollen von oben, die Erinnerung daran, was mit dem Südturm passiert war, das rauchende Inferno vor dem strahlendblauen Himmel, das hektische Gedränge an der improvisierten Kommandozentrale in der Lobby, der verzweifelte Wettlauf mit der Zeit die Treppen hinunter, um vor dem Einsturz hinauszukommen ... Ich dachte: Irgendwas stimmt da nicht. Ich müßte Schmerzen haben. Ich begriff, was passiert war. Ich begriff, was noch immer passierte. Und ich begriff, daß ich noch immer atmete. Was ich jedoch nicht begriff, war, daß ich keinerlei Schmerzen hatte. Ich mußte mir doch irgendwas gebrochen haben oder ich mußte innere Blutungen haben oder eine Gehirnerschütterung, irgendeine offene Verletzung ... irgendwas. Aber ich fühlte mich gut. Zumindest überwiegend. Ich bekam schlecht Luft, hustete. Meine Augen brannten wie verrückt. Ich hatte hier und da ein paar Schürfwunden und Prellungen, aber alles in allem fühlte ich mich gut. Nahezu unversehrt.

Ich hatte meinen Helm verloren, deshalb waren auch meine Haare voller Staub. Ich hatte das Gefühl, als hätte man mir hundert Pfund Babypuder über den Kopf gekippt, und als ich mich auf die Ellbogen stützte und das Haar ausschüttelte, bekam ich prompt noch eine Portion von dem Zeug ins Gesicht. Ich spürte, wie es sich wieder in meinem Nacken absetzte, auf den Wangen, überall. Ich konnte es nicht abschütteln. Es landete nur irgendwo anders.

Ich setzte mich ganz auf und inspizierte rasch meinen Körper, das heißt, ich tastete mich von Kopf bis Fuß ab. Es schien alles intakt und da zu sein, wo es hingehörte. Anscheinend blutete ich auch nicht aus irgendeiner größeren Wunde. Da ich allerdings nicht das Geringste sehen konnte, war ich auf meinen Tastsinn angewiesen. Tastsinn und intuitives Gespür. Ich konnte auch nichts hören, aber trotzdem hatte ich auf einmal das seltsame Gefühl, nicht allein zu sein. Es kroch langsam in mir hoch, wie eine allmähliche Erkenntnis. Zuvor hatte ich das Gefühl, völlig allein zu sein, und auf einmal, ohne daß ich den Zeitpunkt der Veränderung registrierte, fühlte ich mich durch die unsichtbare Anwesenheit anderer Menschen getröstet. Ich dachte noch nicht daran zu sprechen, aber es war schon eigenartig, wie ich auf einmal spürte, daß jemand bei mir war, wo auch immer ich war. Einer, zwei ... ich wußte nicht, wie viele, aber ich war nicht allein.

Ich war jedenfalls am Leben, soviel war klar. Und nicht allzu glücklich darüber. Von dort nach hier war ich mit geliehener Zeit gelangt, wobei *dort* der Moment war, als ich das erste Beben spürte und wußte, daß der Turm einstürzte, und *hier* mein Hier und Jetzt, just dieser Augenblick, in dem ich versuchte, meine Lage so zu erfassen, daß ich sie irgendwie verstehen konnte. Es war alles nur geliehene Zeit, und es war mehr, als ich gedacht hatte. Mehr, als ich brauchte. Verdammt, mehr, als ich wollte. Viel mehr, als ich wollte, denn während ich noch meine eigene Situation einschätzte, schätzte ich auch die allgemeine Situation ein, und mir wurde klar, daß der Nordturm tatsächlich eingestürzt war und daß jetzt, wenn ich diesen Einsturz tatsächlich überlebt hatte, über einhundert Stockwerke aus Beton und Trümmern und Schuttbergen auf mir lagen. Tausende Tonnen verbogener Stahl und gesplittertes Glas und demolierte Büromöbel, und absolut keine Aussicht, hier rauszukommen.

Lebendig begraben.

Schon wieder diese Formulierung, aber diesmal bedeutete sie das, was sie in den Schlagzeilen der Zeitungen bedeutete. Lebendig. Begraben. Verschüttet unter einem von Menschenhand gemachten (und von Menschenhand zerstörten) Berg aus Stahl und Beton. Nie wieder würde ich das Tageslicht sehen oder frische Luft atmen oder meine Kinder sehen oder meine Frau in die Arme schließen. Das war, so fürchtete ich, mein Los, es war schlimmer als der Tod, weil es bedeutete, daß ich sehr lange hier sein würde. Es bedeutete, daß ich leiden würde. Bislang hatte ich noch nicht gelitten, aber das würde noch kommen. Langsam. Ich würde verhungern oder allmählich verrückt werden oder ersticken. Oder es würde vielleicht noch ein Feuer ausbrechen und ich würde verschmoren. Oder ein nachträglicher Einsturz der Trümmer würde mich zerquetschen. Ich dachte daran, wo ich mich befand und wie die Verwüstung von außen aussehen mußte und was es bedeutete, unter dieser ungeheuren Verwüstung eingeschlossen zu sein, und was ich überlebt hatte, um bis zu diesem gottverlassenen Punkt zu gelangen, und ich konnte mir einfach keinen positiven Ausgang vorstellen. Gar keinen.

Ich wußte, daß ich in irgendeinen Hohlraum gefallen war. Ich hatte mein Geld damit verdient, den Einsturz von Gebäuden zu studieren, und wie ich wußte, war es schon öfter vorgekommen, daß Menschen den Einsturz von Hochhäusern auf wundersame Weise überlebten, einfach indem sie genau im richtigen Moment an genau der richtigen Stelle waren. (Was in diesem Fall nicht ganz zutreffend war, denn die richtige Stelle in diesem speziellen historischen Moment wäre etliche Meilen entfernt gewesen.) Man konnte unmöglich vorhersagen, wo oder wie sich diese Hohlräume bildeten, aber es gab immer die eine oder andere Luftblase, irgendwo in dem Trümmerhaufen, und ich war in eine hineingeraten, ohne es zu wollen.

*Bitte, Gott, laß es schnell gehen.*

Kein Gedanke mehr an Vaterunser oder Ave-Maria ...
das war mein inbrünstigstes Gebet gewesen. *Bitte, Gott,
laß es schnell gehen.* Das vor allem. Ich wollte den Tod
akzeptieren, aber er sollte schnell kommen. Ohne daß
mir Zeit blieb, darüber nachzudenken, keine Zeit mehr,
Angst zu haben, keine Zeit zu leiden. Und nun saß
ich hier, hatte diese schreckliche Perspektive vor Augen
und dachte: Soviel zum Thema Beten. Soviel zu der
Hoffnung, einigermaßen würdevoll das Zeitliche zu
segnen. Ich muß sagen, es war ein wirklich dunkler
Augenblick, in dem ich mich wieder vollkommen und
zutiefst allein fühlte, als wäre niemand da, der diese
letzten Augenblicke, die mir nun bevorstanden, wahrnehmen würde, ganz gleich, wie lange sie dauern würden. Aus irgendeinem Grund kam mir das tatsächlich
ungemein wichtig vor. Daß ich den Einsturz des größten Bauwerks der Welt überleben würde, mittendrin,
und daß ich wahrscheinlich noch ein paar weitere
Stunden, vielleicht sogar noch ein paar Tage überleben
würde, und daß *niemand das je erfahren würde!* Meine
Frau und meine Kinder, meine Eltern, der Rest meiner
großen Familie ... Meine Kollegen bei der Feuerwehr.
Niemand würde je wissen, was ich jetzt wußte. Ich
dachte darüber nach, und dann fragte ich mich: Was
zum Teufel ist denn daran so wichtig?

Und dann überkam mich wieder dieses Gefühl, die
Ahnung, daß da noch andere in meiner Nähe waren.
Das Ganze spielte sich innerhalb von Sekunden ab – sogar Bruchteilen von Sekunden – das Hin und Her zwischen widersprüchlichen Gedanken, das Sammeln und
Verwerfen von unterschiedlichen Ideen, der Versuch
herauszufinden, ob ich tot oder lebendig war, das Gefühl, allein zu sein, und das Gefühl, die Anwesenheit

anderer zu spüren. Es kam und ging, wie eine Welle, aber jetzt war es wieder da, und ich war mir sicher, daß jemand hier in meiner Nähe war. Einer oder zwei, wer weiß, wie viele? Mit den gleichen dunklen und bedrückenden Gedanken, gefangen in ihrem eigenen Schweigen. Es war kein Geräusch zu hören, kein Scharren, keine Bewegung. Aber das Gefühl war da.

Die beste Methode, auf eine bestimmte Angst oder Ahnung zu reagieren, ist die direkte. Also rief ich in die Finsternis hinein: »Ist da jemand?« Es dauerte einen Moment, bevor ich eine Antwort erhielt, und in dieser Wartezeit rief ich noch einmal: »Ist da jemand?«

Ich kann beim besten Willen nicht sagen, welche Antwort ich erwartete oder worauf ich hoffte. Wohl einfach auf irgendwas. Egal was. Nur irgendwas anderes als den Klang meiner eigenen Stimme.

# SIEBEN

# Leere

»Ist da jemand?« fragte ich in die Finsternis hinein. »Kann mich jemand hören?«

Meine Stimme klang erstickt, durch die Asche und wohl auch durch meinen aufgewühlten Zustand und durch die Angst tief in mir, und als ich sie selbst hörte, klang sie, als würde sie durch die Überreste des Treppenhauses verschluckt, als spräche ich in ein Kissen hinein. Sie klang überhaupt nicht wie meine Stimme. Ich betete inständig, daß mir irgendwer antwortete. Aber selbst die Gewißheit, daß sonst niemand in der Nähe war, wäre besser gewesen, als das unheimliche Gefühl, nicht allein zu sein, als das Nichtwissen.

Endlich, nach ein paar unendlich langen Sekunden, bekam ich eine Antwort. »Ja, ja, ich bin hier«, hörte ich. Die Stimme schien von weiter unten zu kommen. Auch sie hörte sich irgendwie erstickt an. Die Stimme war nicht schwach, aber sie brüllte auch nicht gerade. Schwer zu sagen, wo sie herkam, wie weit sie entfernt war. Aber sie war die reinste Musik in meinen Ohren!

Dann: »Ich kann euch hören.« Das war eine andere Stimme, auch von unten, auch schwer zu orten. Beide schienen aus ungefähr derselben Entfernung zu kommen, aus ungefähr derselben Richtung.

Schließlich, von oben: »Ja, ich bin auch hier. Ich kann euch alle hören.«

Drei verschiedene Stimmen zusätzlich zu meiner eigenen. Drei verschiedene Versionen derselben schlimmen Lage. Ein regelrechter Chor, und damit war noch nicht Schluß. Es meldeten sich noch mehr Stimmen – und berichteten von ein paar weiteren Überlebenden außerhalb meiner Hörweite, aber in einem angrenzenden Hohlraum. Ich vermute, jeder von uns brauchte etwa eine Minute, vielleicht ein bißchen weniger, um für sich selbst zu begreifen, daß er überlebt hatte, um seine Lage einzuschätzen und zu erkennen, daß seine Aussichten so finster waren wie das Loch, in dem er gelandet war. An einem Morgen voller Momente, die entweder blitzschnell vorbei waren oder in denen die Zeit fast stillzustehen schien, kam mir auch diese Spanne sehr viel länger vor, als sie in Wahrheit war. Ich hatte unendlich lange gebraucht, um mir klarzumachen, was passiert war und was immer noch passierte – und doch währte diese Unendlichkeit nur kurz. Sechzig Sekunden? Höchstens, und in diesen Sekunden hatte ich jeden möglichen Gedanken gedacht, jedes mögliche Ende entworfen, das und noch einiges mehr.

Ich konnte absolut nichts sehen. Alles war pechschwarz. Ich konnte keine Bewegung, keine schattenhaften Umrisse erkennen. Nichts. Beim Sturz hatte ich meine Taschenlampe verloren, und nun tastete ich die unebene Fläche rechts und links von mir ab, hoffte, daß die Taschenlampe vielleicht in Reichweite lag. Wunschdenken. Die anderen, so stellte ich mir vor, taten jetzt wahrscheinlich das gleiche, denn in meinem Gesichtsfeld waren keinerlei Lichtstrahlen zu sehen. Wenn man in einer solchen Situation eine Lampe hätte, würde man sie sofort anmachen. Sobald man kann, schaut man sich um, versucht, sich zu orientieren, fängt an, einen Plan zu machen. Zufälligerweise hatte ich übrigens doch eine Taschenlampe, eine kleine Minilampe von MagLite, die ich immer am Gürtel trage, aber zunächst dachte ich überhaupt nicht an sie.

Als sich meine Augen allmählich an die Dunkelheit gewöhnten, wurde meine Aufmerksamkeit auf einen kleinen Lichtschein unterhalb von mir auf der Treppe gelenkt. »Lichtschein« ist eigentlich übertrieben, denn es war kaum mehr als eine minimal hellere Kontur in einer ansonsten schwarzen Welt, und er beleuchtete absolut nichts. Er glühte irgendwie, aber ich konnte noch immer rein gar nichts sehen. Er war eher bernsteinfarben als hell und bot nur einen Fixpunkt, sonst nichts, aber ich starrte auf diesen kleinen Lichtpunkt, als hätte er irgendwie Macht über unser Schicksal. Mir war sofort klar, um was es sich dabei handelte, ein Notlicht aus dem Treppenhaus, das noch funktionierte und sein Bestes gab – aber es war so weit weg und mit einer dicken Staub- und Schmutzschicht bedeckt, durch die kaum noch Licht dringen konnte. Es hing da wie ein Sternensplitter im tiefen Raum, und die Tatsache, daß ich es entdeckt und einen kurzen Hoffnungsschimmer gesehen hatte, trug nicht dazu bei, meine Lage zu verbessern.

Dieses Lichtlein konnte uns nicht helfen, irgendwelche Maßnahmen zu ergreifen. Das wußte ich, noch während ich darauf starrte. Das Wichtigste war, so dachte ich, als ich den Blick schließlich von dem schwachen Schein abwandte, jetzt eine Art Appell durchzuführen. Es gab kein Licht. Wir hatten kein Licht. Wir konnten nichts sehen. Wir mußten erst einmal herausfinden, wie viele wir waren, in welcher Verfassung wir uns befanden, was für Werkzeuge wir entweder bei uns oder in unmittelbarer Nähe hatten. Ich nahm an, daß wir alle Feuerwehrmänner waren, die sich in der letzten Phase der Evakuierung noch im Treppenhaus befunden hatten. Ich hatte so ziemlich jeden auf dem Weg nach unten beäugt, und die Zivilisten waren längst raus, als der Turm zusammenbrach. Zumindest hoffte ich das. »Ich bin Chief Picciotto«, stellte ich mich vor. »Battalion Chief, Fire Department, Battalion 11. Wer ist noch hier?«

Einer nach dem anderen meldete sich – angefangen ganz in meiner Nähe. Mickey Cross, ein Lieutenant von Engine 16. Jim McGlynn, ein Lieutenant von Engine 39, mit drei seiner Männer, einem Neuling namens Rob Bacon und zwei erfahrenen Feuerwehrmännern, Jeff Coniglio und Jim Efthimiaddes. Sie steckten in einem angrenzenden Hohlraum, eine halbe Treppe unter mir. Unsere Stimmen drangen nach oben, vorbei an dem Treppenabsatz zwischen dem dritten und zweiten Stockwerk, wo ich mich befand, bis hinauf zu meinem Freund Jay Jonas, Captain von Ladder 6, der drei Etagen über mir gelandet war. Er hatte mich nicht gehört, als ich als erster meinen Namen gerufen hatte, aber sobald er sich mit Namen meldete, besserte sich meine Stimmung ein bißchen. In einer solchen Notlage gibt es kaum etwas, das einen wirklich begeistern kann, aber es tat gut, eine vertraute Stimme zu hören.

»Jay«, rief ich zurück. »Bist du das? Ich bin's. Richie.«

»Richie?« fragte er.

»Ja, ich bin's, Kumpel«, sagte ich. »Alles okay mit dir?«

»Ich bin okay«, sagte er. »Glaube ich wenigstens.«

Ich war zu durcheinander, um mich über die Tatsache zu wundern, daß ich zusammen mit einem alten Freund in dieser unwahrscheinlichen, ja unglaublichen Lage gelandet war, zu sehr auf die inzwischen einsetzenden Überlebensinstinkte konzentriert, als daß ich gerührt darüber hätte sein können, daß wir jetzt unser Los teilen würden, aber es war zumindest ein kleiner Trost, Jay Jonas in meiner Nähe zu wissen. Ich war allein, meinen Gedanken und Ängsten ausgeliefert, aber gleichzeitig war ich nun nicht mehr *völlig* allein. Es war jemand bei mir, der mich kannte, der meine Frau und meine Kinder kannte, jemand, der schon bei mir zu Hause gewesen war. Für Jay Jonas war ich nicht bloß der »Chief«, und das tat mir ungemein gut.

Wie sich herausstellte, hatte Jay seinen ganzen Trupp bei sich – Bill Butler, Tom Falco, Mike Meldrum, Sal D'Agastino und Matt Komorowski –, und während sie ihre Namen riefen, fragte ich mich, wie es denn sein konnte, daß diese Männer vor dem Einsturz ein gutes Stück unterhalb von mir gewesen waren und ich mich jetzt drei Stockwerke tiefer als sie befand. Offenbar war ich an ihnen allen vorbeigestürzt, das heißt, mit Ausnahme von Matt Komorowski, der sogar noch tiefer gefallen war als ich. Ich fragte mich auch, wie minimal wohl die Chancen waren, daß ein ganzer Trupp eine Katastrophe von solchem Ausmaß überlebte. Es war nicht zu begreifen, aber andererseits war ja dieser ganze Morgen nicht zu begreifen. Selbst in diesem ernsten Moment, in dem eine ganze Gruppe von uns gefangen im Gerippe des Nordturms des World Trade Centers saß, überstieg das, was geschehen war, immer noch mein Vorstellungsvermögen.

Genauso schwer zu glauben war etwas, das ich erst später erfuhr, daß es nämlich irgendwie eine Verbindung zwischen mir und mehreren von Jays Jungs gab.

Das Fire Department kommt einem manchmal wie eine kleine Familie vor, weil jeder mit jedem irgendwelche gemeinsamen Bekannten hat, aber in den Wochen nach dem Anschlag entdeckte ich eine ganze Reihe wirklich ungewöhnlicher Verbindungen zu den Männern von Ladder 6. So war zum Beispiel Billy Butler in Hawley-Honesdale, Pennsylvania, aufgewachsen, dieselbe Gegend, aus der meine Mutter stammte, dieselbe Gegend, wo ich jeden Sommer verbrachte und Verwandte besuchte; und wir hatten viele gemeinsame Bekannte. Mike Meldrum war auf Staten Island aufgewachsen, genau wie ich, und auf dieselbe High-School gegangen. Sal D'Agastino war ebenfalls auf Staten Island aufgewachsen, im selben Viertel, in dem meine Eltern seit vierzig Jahren wohnten. Und auch Tom Falco und Matt Komorowski hatten eine Verbindung zu Staten Island.

Bei Jay Jonas und seinen Männer war noch immer die Großmutter aus Brooklyn, Josephine Harris, und auch sie schien unverletzt zu sein. Benommen, aber unverletzt. Sie hatte sich als einzige nicht gemeldet, aber einer von Jays Jungs nannte ihren Namen und sagte, sie hätte keine ernsthaften Verletzungen davongetragen. Unter mir waren die beiden Lieutenants, Mickey Cross von Engine 16 in Manhattan-Mitte und Jim McGlynn von Engine 39, ebenfalls Manhattan-Mitte. Dann waren da noch der Neuling von Engine 39, Rob Bacon, und ein Polizist von der Port Authority namens David Lim. Später erfuhr ich, daß ich auch mit McGlynn und Bacon eine Verbindung hatte: Einer meiner Nachbarn war mit McGlynn zur Schule gegangen, und meine Tochter Lisa hatte als Bademeisterin oben in Bear Mountain zusammen mit Bacons Bruder gearbeitet. Als Bacon zur Feuerwehr ging, wollte er einer Wache in Manhattan zugeteilt werden und setzte sich sogar mit Lisa in Verbindung, weil er hoffte, über sie ein paar Kontakte zu bekommen. Cross, McGlynn und Bacon befanden sich zusammen auf einem Absatz unterhalb von mir, während Lim etwa eine Treppe über mir war. Tiefer als wir alle, in einem gesonderten Hohlraum, saßen die beiden Feuerwehrmänner von Engine 36, Jeff Coniglio und Jim Efthimiaddes. Einige Zeit später bekamen wir über Funk noch Kontakt zu einem weiteren Battalion Chief, Richard Prunty vom Battalion 2, aber die Verbindung war schlecht und hörte nach etwa einer Stunde ganz auf, und als die Bergungskräfte ihn einige Stunden später schließlich erreichten, war er tot.

»Keiner bewegt sich«, sagte ich, als alle sich gemeldet hatten. »Das ist hier das reinste Kartenhaus.«

So schätzte ich das Chaos ein, in dem wir steckten. Natürlich konnte ich das Chaos nicht wirklich *sehen*, aber ich konnte es mir vorstellen. Ich hatte schon eine ziemlich gute Vorstellung davon gehabt, was etwa eine halbe Stunde früher auf der anderen Seite der Plaza mit dem Südturm passiert war, und ich hatte meiner Phantasie erlaubt, sich auch den Einsturz des Nordturms auszumalen. Ich hatte eine ziemlich klare Vorstellung davon, was passiert war, wie es ausgesehen haben mußte, was uns bevorstand – und doch war es eben nicht mehr als eine Vorstellung. Ich hatte eine Arbeit über den Einsturz von Hochhäusern geschrieben, daher wußte ich, daß wir nur durch eine glückliche Laune des Schicksals noch lebten und daß wir hier jeden Augenblick in akuter Gefahr waren. Das Bild vom Kartenhaus schien zutreffend. Wenn ein kleines Teilchen verrutschte, ganz egal wo, würde es kein Halten mehr geben, das Ganze würde in sich zusammensacken, da war ich mir sicher.

Wir befanden uns am Rande eines zweiten Zusammen-
bruchs, der schon durch ein Niesen ausgelöst werden
konnte. Durch das Nachgeben eines einzigen Trägers.
Wir würden wie Käfer zerquetscht werden, und niemand
würde je erfahren, daß wir den ersten, großen Einsturz
überlebt hatten. Wieder kam mir dieser Gedanke, nur
daß er diesmal auch die anderen Menschen mit ein-
schloß, die hier mit mir in der Falle saßen, und ich kann
nicht sagen, wo er herkam oder warum er mir so wichtig erschien, aber ich wurde ihn nicht mehr los. Es kam
mir ungeheuer bedeutsam vor, es bis hierher geschafft
zu haben, und ich glaube, wir alle spürten die Verantwortung, der Welt mitzuteilen, daß es uns noch gab.

»Keiner rührt sich von der Stelle«, sagte ich noch einmal mit Nachdruck, und dann fragte ich alle nacheinander, in welcher körperlichen Verfassung sie waren.
Wie durch ein Wunder war keiner schwer verletzt. Mike
Meldrum schien eine Gehirnerschütterung zu haben,
und Matt Komorowski hatte sich anscheinend die Schulter ausgekugelt, aber ansonsten schien keiner lebensbedrohliche Verletzungen davongetragen zu haben. Nichts,
was wir nicht überstehen könnten. Anschließend fragte
ich nach der Ausrüstung, und fast alle schienen ihre
Taschenlampe beim Sturz verloren zu haben. Also taste-
ten wir in dem Schutt um uns herum, wie Betrunkene,
die ihre Kontaktlinsen suchen. Noch immer dachte ich
nicht an die kleine MagLite an meinem Gürtel. Ich tastete im Dunkeln nach einer Taschenlampe, wie alle
anderen auch, auf dem Rücken liegend, bemüht, mich
möglichst wenig zu bewegen, und malte gleichzeitig
mit den Armen zarte Engel in den Staub.

Nach einer Weile sah ich weiter unten einen hellen
Lichtstrahl. Verglichen mit dem fernen, staubbedeckten

Notlicht, war das hier der reinste Scheinwerfer. Irgendwer hatte eine Taschenlampe gefunden, oder vielleicht hatte er sie auch die ganze Zeit über am Gürtel getragen und erst jetzt losbekommen und angeschaltet. Viele Jungs tragen ihre Taschenlampen in selbstgemachten Halterungen am Gürtel, die sie sich meistens aus ausrangierten Autosicherheitsgurten basteln. Es klingt zwar absurd, aber wir Feuerwehrmänner sind noch nie nach dem neusten Stand der Technik ausgerüstet worden. Beileibe nicht. Wir sind das mit Abstand meistbeschäftigte Fire Department auf dem ganzen Planeten, tragen die Verantwortung für über zehn Millionen Menschen und für zahllose Gebäude und Touristenattraktionen und öffentliche Plätze, und trotzdem gab unser Budget nie genug für eine anständige Ausrüstung her. Das Geld war so knapp, daß wir aus alten Autos die Sicherheitsgurte ausbauen mußten, um sie als Gürtel zu benutzen, an denen wir ein paar Werkzeuge befestigen konnten, so daß wir bei einem Brand die Hände frei hatten. Manche Männer tragen ihre Gürtel wie eine Schärpe, manche um die Taille, aber die meisten *tragen* ihn oder etwas Ähnliches. Wir behelfen uns mit allem, was wir finden können. Wir würden nie auf die Idee kommen, uns von unserem eigenen Geld einen Gürtel zu kaufen, der genau zu diesem Zweck gemacht ist, nicht vom Gehalt eines Feuerwehrmannes. Zur Verdeutlichung: Ein verheirateter Neuling mit zwei Kindern bekommt bei seinem niedrigen Gehalt in New York City sogar Lebensmittelmarken zugeteilt – es hat also keiner von uns ein so dickes Portemonnaie, daß er sich so ein Teil leisten könnte, aber wir konnten es uns auch nicht leisten, *keinen* Gürtel zu tragen.

Ich will nicht jammern, aber es war schon bitter für mich, daß wir selbst in einer derart schrecklichen, extremen Situation an die ewige Sparpolitik und Kostenreduzierung im Department erinnert wurden. Zumindest ich wurde daran erinnert, und insgeheim verfluchte ich unsere Verwaltung dafür, daß wir hier ohne geeignete Ausrüstung hockten. Wir hatten ja schon festgestellt, daß unsere Funkgeräte nicht richtig funktionierten. Unsere ersten »Mayday!«-Rufe ernteten nur Rauschen und Schweigen. Und jetzt fand ich den Gedanken grotesk, daß meine Kollegen ausrangierte Sicherheitsgurte trugen. Wer konnte sagen, was wir in den dunklen Momenten, die vor uns lagen, vielleicht noch brauchen würden? Oder was für Bergungsaktionen durchgeführt werden müßten, um uns hier rauszuholen?

Währenddessen steckte meine Minilampe in einer Tasche an meinem Gürtel, unter dem schweren Schutzanzug, aber ich hatte noch immer nicht danach gegriffen. Ich trug sie stets bei mir, aber noch erschien mir die Bewegung, die erforderlich war, um sie herauszuangeln, als zu gefährlich, also blieb ich im Dunkeln. Ich trug außerdem mein Leatherman-Messer, das mir oft gute Dienste leistete, und einen Schlüsselring. Das ist ein Detail unserer Arbeit, das den wenigsten bekannt ist: Jeder Feuerwehrmann trägt einen vom Department ausgegebenen 1620er Schlüssel bei sich, mit dem sich jede Feuerwache in der ganzen Stadt öffnen und auch jeder Aufzug bedienen läßt. Eigentlich ist das ein Generalschlüssel für New York. Mit ihm kommen wir überall hin, wo wir hinmüssen, er paßt zu jedem Feuermelder und jedem Brandunterdrückungssystem in allen fünf New Yorker Stadtteilen. Bei unseren Brandunterdrückungssystemen handelt es sich übrigens um Halon-Systeme, die den Sauerstoffgehalt der Luft absenken. Das ist eine der vier Möglichkeiten, wie man einen Brand löschen kann: ersticken, isolieren, unterdrücken, kühlen. Wenn man beispielsweise einen Eimer Wasser über ein Feuer schüttet, ist das im Grunde eine Kombination von allen vieren.

An solche Dinge dachte ich tatsächlich, als ich in den Überresten des Treppenhauses lag. An die Arten von Feuer, die wir vielleicht würden bekämpfen müssen, während wir auf Rettung warteten. Die Möglichkeiten, die wir hatten, um einen Brand von innen zu löschen. Wahrscheinlich würden wir eine ganze Weile hierbleiben – Stunden, Tage, vielleicht noch länger –, und es konnte nach wie vor eine ganze Menge passieren. Ich dachte an das Kerosin, und ich wußte, daß wir im höchsten Maße gefährdet waren. Da war zum Beispiel das gewaltige und schier unerschöpfliche Potential für Funkenbildung: Meilen um Meilen von Kabeln und Drähten und Wasserleitungen, und die Kerosindämpfe konnten sich jeden Augenblick entzünden. Zudem wußten wir ja noch nicht, was den zweiten Turm zum Einsturz gebracht hatte, und nur eine halbe Stunde zuvor hatten wir als mögliche Erklärung für den Einsturz des Südturms an eine Bombe gedacht. Wie die meisten hatte ich die Türme für nahezu unverwundbar gehalten, ich hatte geglaubt, kein Aufprall, keine Bombe, keine Naturkatastrophe, kein Brand könnte ihnen etwas anhaben. Immerhin war ich 1993 hier gewesen, als diese Tausend-Pfund-Bombe sieben überwiegend unterirdische Stockwerke zerstört hatte, aber der Turm in seiner Gesamtheit war nie auch nur annähernd vom Einsturz bedroht gewesen. Aber jetzt konnte niemand mehr sagen, was noch alles passieren würde. Ich konnte mich nicht länger mit dem beschäftigen, was ich nicht wußte, sonst würde ich noch wahnsinnig, deshalb wandte ich mich, als mir diese Gedanken kamen, entschlossen anderen Fragen zu, die meiner Aufmerksamkeit bedurften. Flucht. Positionsbestimmung. Appell. Bestandsaufnahme. Kontakt.

Und vor allem ... Licht. Zum Glück trug einer der Jungs eine Taschenlampe an seinem selbstgebastelten Gürtel, und rasch hatte er sie frei bekommen und leuchtete damit um sich. Alle, die ihre Lampen während des Einsturzes in der Hand gehabt hatten, hatten sie verloren, ebenso wie ihre Werkzeuge und sonstige Ausrüstung, aber diese eine Taschenlampe leuchtete auf, und in ihrem staubigen Strahl fanden wir rasch noch ein paar andere, die in Reichweite lagen, und schon bald konnte ich mich orientieren.

Wie ich sah, stand ein Rest des Treppenhauses noch. Der enge Bereich, in dem ich mich befand, war voller Staub und Rauch. Selbst bei dem Licht konnte man nicht klar sehen. Meine Kleidung war von oben bis unten mit diesem grauen Pulver bedeckt, das ich mir ungeschickterweise aus den Haaren geschüttelt hatte. Wir sahen aus wie graue Geister, so stellte ich mir vor – und unsere Lage sah noch schlimmer aus. Der Hohlraum, in den wir gefallen waren, hatte offenbar noch die Form des ehemaligen Treppenhauses, jedenfalls einigermaßen. Nach oben hin schien der Raum breiter, nach unten hin enger, fast wie ein Trichter. Überall lagen Trümmer. Da, wo ich mich befand, gab es keine richtigen Stufen mehr, und die wenigen noch vorhandenen hingen in der Luft wie in einem Gemälde von Escher. Sie führten ins Nichts. An manchen Stellen wiederum waren noch ganze Treppenläufe intakt. Ob sie unser Gewicht tragen würden oder nicht, ließ sich noch nicht sagen, aber sie wirkten stabil und fest. Weiter oben, wo Jay Jonas mit seinen Männern und der Großmutter aus Brooklyn saß, gab es tatsächlich noch ein Treppenpodest, das den Einsturz fast unbeschadet überstanden hatte. Nach unten hin sah ich überwiegend Schutt und Träger und Balken und Stücke der Treppe und nur ganz wenig lichte Höhe. (Rob Bacon, der einige Stockwerke unter mir gestrandet war, hatte sich tatsächlich während des Sturzes an einen riesigen Stahlträger geklammert!) Die Bedingungen in diesem einen Hohlraum waren völlig unterschiedlich, doch noch wußte keiner von uns, in welcher Lage sich die anderen Gruppen befanden. Jeder dachte, so, wie es bei ihm aussah, müßte es auch bei den anderen aussehen.

Anfänglich hatte ich sechs Leute über mir gezählt, acht unter mir und fünf oder sechs in dem kleinen Bereich um mich herum, aber bei Licht besehen wurde deutlich, daß ich falsch gezählt hatte. Das also war das erste Geschenk, das das Licht uns bescherte, eine akkurate Zählung, und als nächstes machten wir eine Bestandsaufnahme der Werkzeuge in unserer Reichweite. Wir hatten Äxte, Haken, etwa 45 Meter Rettungsseil, eine spezielle Brechstange mit Axtkopf. Mit einem solchen Gerät kann man fast jede Tür, jedes Schloß aufbrechen, und deshalb gehört es zu unserer Standardausrüstung. Ich hoffte, daß wir Gelegenheit haben würden, sie einzusetzen. Außerdem hatten wir noch eine Art hydraulisches Spreizgerät, das ebenfalls zum Öffnen von Türen verwendet wird. Wir waren also recht gut ausgestattet, aber ich wußte, daß wir erst einmal dahin kommen mußten, all diese Geräte auch wirklich einsetzen zu können.

Ich fragte Jay Jonas, der rund zehn Meter über mir war, ob er da oben irgendeinen Weg nach draußen sah. Er blickte sich um, wohl zum tausendsten Mal. »Nein«, sagte er. »Ich kann kaum was sehen, aber ich glaube nicht.« Ich rief dieselbe Frage nach unten und erhielt dieselbe Antwort. Dann versuchte ich es mit meinem Funkgerät, konnte aber keinen Sender finden. Die ganze Zeit über hatten viele von den Männern »Mayday« in ihre Geräte geschrien, von dem Moment an, als sie wieder einigermaßen klar im Kopf waren, aber bislang hatte keiner eine Antwort erhalten. Bekanntermaßen ist »Mayday« das dringlichste Notsignal überhaupt. In meinen 20 Jahren als Feuerwehrmann war ich noch nie in die Situation geraten, daß ich es hatte benützen müssen. Keiner von diesen Jungs, mit unserer insgesamt über hundertjährigen Berufserfahrung, hatte je ein Mayday-Signal gesendet. Ein paar von uns hatten schon mal eins empfangen und vielleicht an entsprechenden Rettungsaktionen teilgenommen, aber wir hatten nie Mayday gesendet – und jetzt hockten wir hier alle mitten in der schlimmsten Mayday-Situation, die wir uns vorstellen konnten. Und bekamen absolut keine Antwort rein. Komischerweise mußte ich an ein seltsames, philosophisches Rätsel denken: »Wenn im Wald ein Baum umstürzt und niemand es hört, macht er dann überhaupt ein Geräusch?« Ich fragte mich, wenn 15 Menschen den gewaltigsten Gebäudeeinsturz der Geschichte überleben und keiner da ist, der ihre Mayday-Rufe hört, haben sie dann wirklich überlebt?

Alle sollten ihre Funkgeräte möglichst wenig benützen, um die Akkus zu schonen, bis wir die Lage besser überschauen konnten. Es würde absolut nichts bringen, wenn wir ununterbrochen verzweifelt den Notruf sendeten, noch dazu alle gleichzeitig, jedenfalls noch nicht.

Als nächstes bemerkte ich, als der Lichtstrahl der Taschenlampe über meine Umgebung wanderte, die Tür, die vom Treppenabsatz in den Stock führte. Trotz einer dicken Schicht aus Asche und Staub konnte ich die Nummer an der Wand erkennen und mit Hilfe dieses Anhaltspunktes meinen Sturz rekonstruieren. Ich befand mich etwa ein halbes Stockwerk oberhalb der Tür, was bedeutete, daß ich von dem Treppenabsatz zwischen dem siebten und sechsten Stock bis hinunter zu dem Absatz zwischen dem dritten und zweiten Stock gefallen war, also rund zwölf Meter. Drei Meter pro Etage schienen mir richtig. Diese rasche Berechnung bestätigte, daß ich eine beachtliche Rutschpartie überstanden hatte und wirklich von Glück sagen konnte, daß ich noch heil war. Von dem Gebäude konnte man das weiß Gott nicht behaupten. Überall um mich herum sah ich in den hin und her wandernden Lichtstrahlen nichts als zusammengepreßte Trümmer, Balken und Träger und Betonbrocken, so daß man unmöglich sagen konnte, wie unsere unmittelbare Umgebung einmal ausgesehen hatte. Tatsächlich glaubte ich eine Zeitlang, daß wir uns noch immer in einem Treppenhaus befanden. Ich sah die vielen Treppen um uns herum, sogar ganze Treppenläufe, aber die konnten sich auch während des Einsturzes verschoben haben. Vielleicht waren sie als Ganzes hochgehoben worden und dann an irgendeiner anderen Stelle zum Stillstand gekommen; die Tatsache, daß sie jetzt hier waren, besagte gar nichts. Es gab keinen logischen Grund für die Annahme, daß das Treppenhaus gehalten hatte, und doch waren wir alle davon ausgegangen. Was hätten wir denn auch sonst denken sollen?

Jetzt jedoch, nachdem ich die Tür zum zweiten Stockwerk entdeckt hatte, sahen wir uns zumindest darin bestätigt, daß das Gerippe des Treppenhauses auf diesen paar Stockwerken intakt war. Ein paar von uns waren näher dran, und sie meldeten mir nach oben, daß lockerer Schutt um die Tür herum lag.

»Den könnten wir wegräumen, Chief«, erklärte einer.

Von meiner Position aus konnte ich erkennen, daß tatsächlich ein paar von den Männern dort stehen könnten, ohne das empfindliche Gleichgewicht zu stören, und daß der erwähnte Schutt bloß etwa 30 Zentimeter hoch lag, also erschien mir der Versuch vertretbar, diese Tür aufzubekommen. Wer konnte sagen, was wir auf der anderen Seite vorfinden würden, wohin sie führte? Auf dem Treppenabsatz der zweiten Etage waren zwei Männer von Engine 39 – Lieutenant Jim McGlynn und der Neuling Rob Bacon –, und sie fingen an, den Schutt wegzuräumen, Stückchen für Stückchen, ganz behutsam, damit bloß keine anderen Trümmerteile ins Rutschen gerieten.

Auch Matt Komorowski von Ladder 6 kletterte trotz seiner ausgekugelten Schulter hinunter, um ihnen zu helfen. Mickey Cross, der Lieutenant von Engine 16, half ihnen, indem er die Stelle beleuchtete. Es war eine langsame, mühsame Arbeit, und wir alle hatten Angst vor einem weiteren Einsturz, deshalb beschloß ich nach einer Weile, nach unten zu steigen, um mit anzufassen. Das war jedoch leichter gedacht als getan, denn obwohl ich bloß einen Treppenlauf oberhalb von ihnen war, gab es keine richtigen Stufen, über die ich hätte hinuntersteigen können. Ich sah nur ein paar Stufen, die ins

Nichts führten, und ich mußte an einer senkrechten Wand aus Trümmern drei Meter nach unten klettern, die nur wenig Halt bot. Ich leuchtete sie mit meiner Taschenlampe ab und legte mir in Gedanken einen Kletterweg zu den Jungs von Engine 39 zurecht. Hier ein Tritt, dort ein Balken, an dem ich mich festhalten konnte, ein kleiner Sprung auf den Rest eines abgebrochenen Treppenabsatzes. Da unten, wo sich die anderen Männer versammelt hatten, wartete ein unversehrter Treppenabsatz auf mich, und irgendwann beschloß ich, mich einfach fallen zu lassen und aufs Beste zu hoffen, wobei ich insgeheim betete, daß ich mich nicht selbst auf irgendwelchen versteckten Scherben aufspießen würde oder etwas in der Art, und schließlich schaffte ich es tatsächlich bis zu ihnen, ohne mich zu verletzen oder unsere Lage zu verschlimmern.

Alle anderen blieben ruhig und stumm, während wir an der Tür arbeiteten. Zu unserem Pech war sie auch noch abgeschlossen, also wuchteten wir sie mit der Brechstange so weit auf, bis wir den hydraulischen Spreizer ansetzen konnten – und damit sprengten wir sie dann förmlich aus dem Rahmen. Die Tür ging zu uns hin auf, also ins Treppenhaus, und nicht auf die Büroräume im zweiten Stockwerk, deshalb mußten wir auch erst den ganzen Schutt wegräumen. Als wir sie schließlich aufbekamen, war auf der anderen Seite nicht viel zu sehen. Es gab etwa knapp einen halben Meter freien Raum, und ich schob mich hindurch und spähte um die Ecke. Was ich da auf der anderen Seite sah, lohnte nicht den ganzen Schweiß und die Anstrengung, die wir investiert hatten. Bloß zusammengepreßte Trümmer, so dicht zusammengepreßt, daß nicht mal eine Maus hindurchgepaßt hätte. Ich konnte mich so weit vorschieben, daß mein Blick auf eine zweite schrankähnliche Tür seitlich von der Etagentür fiel. Ich wußte, daß sich dahinter Wasseranschlüsse befanden, und es gab keinen vernünftigen Grund dafür, sie jetzt zu öffnen, aber ich speicherte es für später ab. Ich dachte, okay, zumindest haben wir eine Wasserquelle. Zu diesem Zeitpunkt war das noch nicht so wichtig, aber wir wußten ja nicht, in welchen Zustand wir im Laufe des Tages oder morgen noch geraten würden. Möglicherweise mußten wir auch mehrere Tage hier ausharren, und dann wäre ein Wasservorrat unendlich wichtig, um uns am Leben zu erhalten, bis Rettung kam. Ich erzählte niemandem von meinem Fund, aber es war eine wichtige Entdeckung. Ich hoffte bloß, daß wir nicht irgendwann darauf zurückgreifen mußten.

Keiner von uns hatte ernsthaft daran geglaubt, daß die Tür zum zweiten Stock uns einen Ausweg aus unserem dunklen Grab eröffnen würde, aber ein Weile widmeten wir uns alle diesem Projekt, als wäre es alles, was wir hatten. Und das war es tatsächlich auch. Wir hatten sonst nichts. Wir begnügten uns mit den paar Werkzeugen, die wir hatten auftreiben können, mit unseren noch funktionstüchtigen, aber offenbar nicht sendefähigen Funkgeräten und dieser noch intakten Tür, und dachte uns, daß all das zusammengenommen unsere Rettung sein würde, doch in Wahrheit führte die Tür uns lediglich zu noch mehr Zerstörung. Was hatten wir uns bloß dabei gedacht? Wir verstanden genug von Gebäudeeinstürzen, um zu wissen, daß unsere Aussichten schlecht waren, um zu wissen, daß wir höchstwahrscheinlich unter über hundert Stockwerken aus Zement und Stahl und Betonschutt verschüttet waren, und doch setzten wir unsere Hoffnung auf diese Tür, und als diese Hoffnung zunichte wurde, machten sich Niedergeschlagenheit und Pessimismus in unserem Hohlraum breit. Außerdem hatten wir etwas zu tun gehabt, eine Möglichkeit, unsere aufgestaute Energie loszuwerden, aber als wir die Tür zuschoben, versank jeder für sich in seiner eigenen privaten Verzweiflung.

Das war's dann wohl, dachten wir alle.

Und dennoch, trotz dieser Enttäuschung schienen wir nach wie vor entschlossen, uns nicht untätig in unser Schicksal zu ergeben. Zumindest ich war dazu entschlossen. Feuerwehrmänner sind schon unter normalen Bedingungen aus ziemlich hartem Holz geschnitzt, und in Notlagen können wir unerbittlich sein. Hier jedoch mußte diese Unerbittlichkeit durch praktische Erwägungen gezügelt werden. Wir wußten, daß wir mit unseren Kräften haushalten mußten, daß wir unsere Bewegungen einschränken und äußerste Vorsicht walten lassen mußten, sonst würden wir nie wieder nach Hause zu unseren Familien kommen. Dringend erforderlich war in diesem Moment eine Erholungspause, eine Neubesinnung. Ich sprach das zwar nicht aus, aber ich dachte mir, daß mein Verhalten es schon verdeutlichen würde. Ich setzte mich also hin und begann sofort wieder mit meinen »Mayday«-Rufen ins Funkgerät. Ein paar von den Männern hatten das die ganze Zeit über getan, während unserer vergeblichen Bemühungen auf dem Treppenabsatz im zweiten Stock, und jetzt machten wir alle weiter – noch immer ohne Erfolg.

Wir bereits erwähnt, gaben unsere Funkgeräte ständig Anlaß zu Ärger und Frustration, und das traf vor allem in diesem Moment zu, als wir kein Signal empfangen konnten. Später habe ich herausgefunden, daß unsere Funkgeräte tadellos funktionierten und daß wir nur deshalb keine Antwort erhalten hatten, weil niemand mehr vor Ort war, der noch hätte antworten können. Alle waren tot, rannten um ihr Leben oder waren mit akuten Rettungseinsätzen beschäftigt. Nach dem Einsturz war noch keine Zeit gewesen, eine Kommandozentrale einzurichten. Von außen betrachtet klingt das ganz einleuchtend, aber für uns damals, in unserem stillen Hohlraum, war es zum Wahnsinnigwerden. Wir hatten keine Ahnung, wie sich die Lage auf der anderen Seite darstellte. Wir hatten ja nicht mal die totale Zerstörung nach dem Einsturz des Südturms gesehen, und so konnten wir uns nicht mal ansatzweise vorstellen, was sich nun nach dem Einsturz des Nordturms draußen auf der Plaza abspielte. Für uns, mit unserer eingeschränkten Sicht, mußte die Tatsache, daß wir kein Signal reinbekamen, mit irgendeinem Defekt an den Geräten zusammenhängen. Anders konnten wir uns das nicht erklären.

Es waren ungefähr 15, vielleicht auch 20 Minuten vergangen, seit der Nordturm über uns zusammengekracht war, und unsere bislang einzigen Erfolge waren das Auffinden von ein paar Taschenlampen und Werkzeugen, die Arbeit an der Tür im zweiten Stock und die Erkenntnis, daß wir hier auf nicht absehbare Zeit festsaßen. Ich begann, mich auf einen längeren Zeitraum einzustellen. Ich dachte wieder an die Wasserquelle knapp hinter der Tür. Ich überlegte mir, daß wir einen bestimmten Bereich absondern sollten, wo wir zumindest unsere Notdurft ungestört und mit ein wenig Würde verrichten könnten und zugleich nicht im Gestank unserer eigenen Ausscheidungen leben müßten, falls wir Tage oder sogar Wochen hier verbringen sollten. Coniglio und Efthimiaddes waren direkt unterhalb von uns, in einem anderen Hohlraum, und direkt unterhalb von ihnen lag Chief Prunty in einem weiteren Hohlraum, also hätten ihnen ein Wasservorrat und eine improvisierte Toilette nichts genutzt, aber hier oben in diesem mehr oder weniger offenen Bereich waren wir immerhin zwölf Menschen, und ich mußte mir überlegen, was ich für sie tun konnte. Für uns tun konnte. Bislang hatte noch niemand zur Toilette gemußt, wer konnte sagen, wie lange wir festsitzen würden, wir lange wir überleben konnten, wie lange es dauern würde, bis Rettung kam? Wer konnte sagen, ob eine Rettung überhaupt möglich war?

Außerdem wurde mir klar, daß wir unsere Ressourcen einteilen mußten. Die Taschenlampen sollten ausbleiben, solange sie nicht gebraucht wurden, und die Walkie-talkies ebenso. Im Grunde konnte eine Taschenlampe die Arbeit von sechs oder sieben tun. Und im Grunde brauchten wir nur ein Funkgerät, um unsere Notrufe abzusetzen. Die Akkus unserer Walkie-talkies waren nicht auf Dauerbetrieb ausgelegt, und sie wurden schwächer und schwächer. Irgendwann ist dann ohne Vorwarnung einfach Schluß. Auch wenn die Funkgeräte inmitten dieser Trümmerlandschaft offenbar gar nicht funktionierten, wir konnten die Hoffnung nicht aufgeben, irgendwann doch noch ein Signal zu empfangen, und das wäre dann unsere Verbindung zur Außenwelt, falls es überhaupt noch eine Außenwelt gab.

Wir beschlossen also, daß ich weiterhin auf allen sechs Department-Kanälen »Mayday« funken würde, bis ich eine Antwort erhielt. Von diesen sechs Kanälen sind immer nur jeweils zwei für einen bestimmten Einsatz reserviert. Es gibt einen primären Taktikkanal, und sobald Alarmstufe Drei ausgerufen wird, gibt es auch einen Kommandokanal. Bei kleineren Bränden benutzen wir nur einen Kanal. Und diese Kanäle wechseln, je nachdem, wo man sich in der Stadt befindet. In manchen Gegenden eignen sich bestimmte Frequenzen besser, deshalb haben wir immer eine Karte dabei, die uns angibt, welcher Kanal in welcher Gegend benutzt werden sollte. Normalerweise heben wir Chiefs diese Karte im Handschuhfach unseres Löschzugs auf und sehen auf der Fahrt zum Einsatzort nach. Ich wußte daher, daß wir auf Kanal Eins und Drei sendeten. An einem Tag wie diesem beschränkte ich mich jedoch nicht auf die angegebenen zwei Kanäle, den taktischen und den Kommandokanal. Ich ging alle sechs durch, einen nach dem anderen, verzweifelt bemüht, am anderen Ende eine Stimme aufzuwecken. Alle anderen wurden ganz still, hingen vermutlich ihren Gedanken nach oder beteten, während ich versuchte, eine Verbindung zur Außenwelt herzustellen. Alle anderen mit Ausnahme von Jay Jonas, der selbst weiterhin versuchte, über sein Walkie-talkie jemanden zu erreichen. »Mayday! Mayday!« rief ich immer und immer wieder. Aber ich bekam keine Antwort.

Jay dagegen fand eine Stimme, die auf seine Notrufe reagierte, nur ich wußte nichts davon, daß er Kontakt hergestellt hatte, bis wir uns einige Tage später darüber unterhielten. Anscheinend war es ihm gelungen, einen Deputy in der Kommandozentrale zu erreichen, die kurz nach dem Einsturz der Tower an der Kreuzung West Street und Vesey Street eingerichtet worden war. Er hatte meinen Freund Nick Visconti erreicht, einen großartigen Deputy Chief, und sie beide überlegten via Funkgerät, wie man uns am besten rausholen könnte. Ich bekam das damals nicht mit, da ich selbst voll und ganz damit beschäftigt war, auf ein Lebenszeichen von außen zu lauschen.

So kam es, daß ich in der nächsten halben Stunde praktisch nur meine Stimme in dieser dunklen Höhle vernahm. Manchmal hörte ich Jim McGlynn, der mit seinen Jungs in dem angrenzenden Hohlraum sprach, indem er durch die Bodenbretter rief, und ab und zu schickte Rich Prunty über Funk einen Hilferuf und beteuerte, er wolle durchhalten. Aber abgesehen davon war es meist still. Jay funkte weiter, aber er sprach leise, wahrscheinlich weil er keine falschen Hoffnungen wecken wollte, bevor nicht wirklich Bergungstrupps unterwegs zu uns waren, und er war ohnehin fast zwei Stockwerke über mir. Aber die anderen konnten mich hören, soviel ist klar. Meine Stimme war zu diesem Zeitpunkt weder gedämpft noch erstickt noch gebrochen. Ich brüllte, so gut ich konnte. Vielleicht hoffte ich ja, daß mich irgendwer durch den Schutt hindurch hören könnte, wenn schon nicht über Funk.

»Mayday! Mayday!«

Inzwischen hatte irgend jemand mein Megaphon ausgegraben, so daß ich auch das nun bei mir hatte, und hin und wieder schaltete ich die darin eingebaute Sirene ein. Wir hatten unsere Werkzeuge, wir hatten unsere Taschenlampen, wir hatten mein Megaphon, wir hatten unseren Verstand, aber wir konnten nirgendwohin und nichts tun, um unsere Lage zu verbessern. Ich funkte und schaltete die Sirene ein, immer und immer wieder, bis mir schließlich immer klarer wurde, daß es keinen Ausweg gab, daß es niemanden gab, der uns hörte. Nichts.

# ACHT

# **Kontakt**

Wir alle hatten wieder unsere Ruheposition eingenommen, und das Licht war aus. Wir hatten jede Menge Zeit und keine gute Methode, sie uns zu vertreiben. Die meisten trugen Armbanduhren, aber keiner wollte wissen, wie spät es war. Die meisten von uns hatten mehr Ausrüstung dabei, als wir brauchten, und es wurde allmählich heiß und stickig um uns herum, deshalb könnte ich mir vorstellen, daß ein paar Männer ihre Schutzanzüge auszogen, sie zu kleinen Kopfkissen zusammenrollten und sich lang ausstreckten. Wir würden auf unabsehbare Zeit hierbleiben, daher war es nur vernünftig, sich ein bißchen Bequemlichkeit zu verschaffen. Wenn ich schätzen müßte, würde ich sagen, daß seit dem Einsturz etwa anderthalb Stunden vergangen waren, aber beschwören könnte ich das nicht. Demnach müßte es da etwa zwölf Uhr mittags gewesen sein. Die meisten von uns schwiegen. Die Funkkontakte zwischen Lieutenant Jim McGlynn und seinen eingeschlossenen Männern waren verstummt. Die Rufe und Schreie von Chief Richard Prunty hatten aufgehört. Zuletzt hatte er nur noch sanft gefleht, seiner Frau und seinen Kindern zu sagen, daß er sie liebte. Und in unserer kleinen Luftblase gab es keine Gespräche, weil es nichts zu sagen gab.

Viele Leute sind überrascht, wenn ich ihnen erzähle, daß zwischen den zwölf in unserem Hohlraum eingeschlossenen Menschen und den zwei oder drei anderen in dem angrenzenden Hohlraum kaum gesprochen wurde. Ich hörte niemanden beten oder dergleichen. Niemand redete, nur um sich reden zu hören. Und in einer solchen Situation liegt einem nichts ferner als das übliche Geplauder. Über was zum Teufel hätten wir denn reden sollen? Unsere Lage war aussichtslos. Oben jedoch saßen Jay und seine Männer mit Josephine Harris, und ich stellte mir vor, daß es dort immer wieder ein paar tröstende Worte gab. Jay und Ladder 6, sie hatten eine Aufgabe, nämlich diese arme Frau irgendwie zu beruhigen. Sie waren für mich außer Hörweite, und sehen konnte ich sie erst recht nicht, aber die Jungs erzählten mir später, daß sie die meiste Zeit damit verbrachten, der verängstigten, panischen Großmutter aus Brooklyn Hoffnung zu machen, ihre Ängste zu beschwichtigen, ihr zu versichern, daß Rettungsmannschaften unterwegs waren. Ich, der ich einige Stockwerke unterhalb von ihnen war, hörte nichts davon, nur immer mich selbst am Funkgerät, wie ich »Mayday! Mayday!« rief. Das und das nervenzerfetzende, schrille Heulen meiner Megaphonsirene. Zu Anfang funkte ich unentwegt und ließ zwischendurch die Sirene aufheulen, doch dann nur noch im Rhythmus von etwa fünf Minuten, dann zehn Minuten und schließlich fünfzehn Minuten. Es brachte nichts, die Batterien ständig zu belasten, dachte ich, wenn mich ohnehin keiner hörte. Und es brachte auch nichts, wenn uns von der Sirene das Trommelfell platzte.

Im Rückblick kommt es mir unerklärlich vor, daß ich den Funkkontakt zwischen Jay und Nick Visconti nicht mitbekam, aber ich vermute, seine Funksprüche waren genauso unregelmäßig wie meine, so daß wir nicht gleichzeitig auf derselben Frequenz waren.

Irgendwann während dieser vergeblichen Versuche, Funkkontakt mit der Außenwelt herzustellen, hörte ich ein seltsames Rufen, als spräche jemand laut in sein Funkgerät. Es war eigentlich kein Rufen, sondern eher ein Flehen, und es ertönte im Innern unseres Treppenhauses. Laut und deutlich. Jemand suchte seinen Hund. *Falls mich irgendwer hört, bitte sucht nach meinem Hund.* Zunächst wußte ich nicht recht, wo die Stimme herkam, aber ich dachte, es müßte einer von Jays Männern von Ladder 6 sein. Sie kam von weiter oben, richtig laut, als ob der Mann sich nicht länger beherrschen könnte. *Mein Hund ist im Keller. Bitte, kümmert euch um ihn.* Ich kann das nicht mehr genau wörtlich wiedergeben, aber das war sein wichtigstes Anliegen. Er war ganz weinerlich, völlig aufgewühlt, und sprach von seinem Hund, wie wichtig der für ihn war, wie er aussah. Und so weiter. Während er sprach, wurde ich mir immer sicherer, daß es tatsächlich einer von Ladder 6 sein mußte. Obwohl wir uns am Anfang alle mit Namen gemeldet hatten, konnte ich die Stimme niemandem zuordnen, aber sie drang durch das Treppenhaus mit einer Inbrunst, als wäre dem Mann noch nie im Leben etwas so wichtig gewesen. Wer zum Teufel war das? Ich hatte Sichtkontakt zu allen auf dem Treppenabsatz des zweiten Stockwerks – Cross, McGlynn, Bacon und Komorowski –, und ich war nach der Arbeit an der Etagentür nicht wieder zurück zu meiner Ausgangsposition geklettert, also mußte es wohl einer von Jays Männern sein. Ich dachte mir: Der Hund ist im Keller, das muß der Keller beim ihm zu Hause sein, wahrscheinlich hat er Angst, daß der Hund da unten verhungert, wenn er nicht mehr nach Hause kommt. Oder irgendwas in der Art. *Der Hund ist mein ein und alles. Bitte.* Wir befanden uns in einer absoluten Ausnahmesituation, und da war es kein Wunder, wenn einer von uns sich mal ein wenig ungewöhnlich verhielt. Also dachte ich mir, soll er sich ruhig heiser rufen, Hauptsache, er macht es kurz. Das Problem war nur, er fand kein Ende. Er hörte und hörte einfach nicht auf, sondern sprach immer weiter von seinem armen Hund. Und irgendwann dachte ich, Verdammt, ich weiß inzwischen mehr über diesen Hund als über meine eigenen Nichten und Neffen. Ich dachte mir, jetzt reicht's aber langsam. Herrgott noch mal. Und noch immer glaubte ich, daß er einer von uns war, ein Feuerwehrmann, der *unsere* Batterien aufbrauchte, *unsere* Energien vergeudete, *unsere* Chancen verschlechterte, hier je wieder rauszukommen.

Schließlich platzte mir der Kragen. »Jetzt reicht's aber mit dem verdammten Hund«, rief ich nach oben. Ich war stinksauer. »Hier sind Männer, die Frauen und Kinder haben.«

Ich bin weiß Gott kein Hundefeind. Ehrlich gesagt, ich mag Hunde sogar sehr. Aber das, in einer solchen Situation, war denn doch zuviel für mich. Ich muß zugeben, wenn ich heute an diesen Moment denke, tut es mir leid. Ich finde es nach wie vor richtig, jemanden gegebenenfalls zurechtzuweisen, doch wenn ich mich an diese Szene erinnere und an den Gesamtzusammenhang denke, tut mir meine Reaktion leid. Schließlich dachten wir alle daran, daß wir vielleicht hier sterben würden. Beide Tower des World Trade Centers waren eingestürzt, und keiner von uns hatte eine klare Vorstellung, was das hieß oder wie sich die Lage von außen darstellte.

Außerdem war es dunkel – nicht mehr pechschwarze Nacht wie am Anfang, aber man konnte kaum mehr erkennen als Umrisse und Schatten. Nachdem sich unsere Augen an die Dunkelheit gewöhnt und Staub und Asche sich ein wenig gelegt hatten, reichte der schwache Schein der Notbeleuchtung aus, um uns vor totaler Finsternis zu bewahren. Aber es war trotzdem dunkel. Keiner von uns sagte etwas. Wer weiß, was für konfuses Zeug einem in so einer Situation alles durch den Kopf schwirrt? Es war mir zuwider, den armen Kerl um seinen Hund jammern zu hören, es war mir zuwider, wie er offensichtlich meinen Befehl mißachtete, das Funkgerät ausgeschaltet zu lassen, es war mir zuwider, wie ich mich anhörte, als ich ihn niederbrüllte. Die ganze verdammte Situation war mir zuwider.

Später stellte sich heraus, daß es gar keiner von Jays Männern war, sondern der Polizist von der Port Authority, David Lim. Er war nämlich Hundeführer. Damals konnte ich nicht ahnen, daß der Hund, um den er sich so sorgte, nicht sein eigener Hund war, der vielleicht allein zu Hause war, sondern sein Polizeihund, der vermutlich im Kellergeschoß des Turmes verschüttet war. Wahrscheinlicher noch zu Tode gequetscht, aber diesen Gedanken hatte Lim bislang noch nicht an sich rangelassen.

Nachdem ich also nach oben gebrüllt hatte, brauchte ich einen Moment, um mich wieder zu beruhigen, dann wandte ich mich wieder dem Funkgerät zu und versuchte weiter verzweifelt, irgendwen zu erreichen. Irgendwie. Ich dachte mir, daß die sechs Kanäle nicht ewig tot bleiben konnten. Und endlich – Gott sei Dank! – bekam ich eine Antwort auf meine Notrufe. Ich kann nicht genau sagen, auf welchem Kanal ich gerade war, weil ich ja die ganze Zeit hektisch von einem zum anderen gewechselt hatte, aber ich glaube, es war Kanal Drei. Jedenfalls antwortete mir plötzlich eine Stimme. Ich konnte sie nicht richtig deutlich hören, aber irgendwer hatte meine »Mayday«-Rufe empfangen und antwortete, und ich beschwor ihn, auf dem Kanal zu bleiben. »Bleib drauf!« schrie ich. »Laß uns nicht hier hängen.«

Das Schreien war völlig unnötig, ich hatte das Walkietalkie direkt an den Lippen, aber ich konnte nicht anders. Ich hatte immerhin rund anderthalb Stunden lang Notrufe abgesetzt, und jetzt schrie ich einfach. Aber ich verlor ihn. Wer immer es war. Ganz gleich, wie laut ich auch schrie. Heute denke ich mir, es könnte Visconti gewesen sein, der ja schon auf einem dieser Kanäle Kontakt zu Jay Jonas gehabt hatte. Entscheidend war jedenfalls, daß die Stimme kurz zu hören und im nächsten Moment wieder verschwunden war, und ich stampfte vor lauter Wut und Frustration mit dem Fuß auf den Boden. Verdammt, wir waren so nah dran! Ich dachte, wenn ich anderthalb Stunden gebraucht hatte, bloß um diesen einen mißglückten Kontakt herzustellen, dann würden wir ja auf immer und ewig hier festsitzen.

Ich machte erbittert weiter. »Mayday! Mayday!« rief ich wieder. »Wir sind hier verschüttet! Wir brauchen Hilfe! Mayday!«

Nichts.

»Mayday! Mayday!«

Einige von den Jungs hatten bemerkt, daß ich meinen Rhythmus geändert hatte und lauter geworden war, und sie schlossen daraus, daß ich jemanden erreicht haben mußte. Einen kurzen Moment lang machte sich ein wenig Hoffnung in unserer kleinen Ecke des Treppenhauses breit, doch dann war die Stimme weg, und wir waren wieder zurückgeworfen auf unsere Gefühle und Gedanken. Doch genau in diesem Augenblick geschah das Unglaubliche Eine andere Stimme meldete sich, und die war sehr viel deutlicher als die erste. Es stellte sich heraus, daß sie jemandem gehörte, den ich ziemlich gut kannte. Mark Ferran, ein Chief vom Battalion 12 in Harlem. Wie Hunderte andere Männer im gesamten Department hatte er eigentlich dienstfrei und war aus eigenem Antrieb hergeeilt, in seiner Freizeit, weil es ihn nicht länger zu Hause hielt. Mark Ferran mußte nicht hier sein, aber er konnte nicht anders. Die meisten meiner Kollegen waren so. Tatsächlich hatten über sechzig von den Feuerwehrleuten, die an diesem Tag starben, dienstfrei. Ebenso wie Mark Ferran hätten sie nicht dasein müssen, aber sie konnten nicht anders. Und mein Freund Mark hatte schon einiges geleistet. Zu dem Zeitpunkt, als er meine Funksprüche auffing, war er schon im gesamten Katastrophenbereich unterwegs gewesen, hatte nach dem Einsturz des Südturms einige Rettungen und Bergungen vorgenommen und noch ein paar mehr nach dem Einsturz des zweiten Turms. Er war etliche Blocks nach Nordwesten vorgedrungen, bis zum Sportplatz der Stuyvesant High School, und befand sich jetzt auf der gegenüberliegenden Seite der West Street, am hinteren Ende der Überreste der nördlichen Fußgängerbrücke, die zum Gebäude Drei des World Trade Centers führte. Dort hatte das Department in aller Hast eine Kommandozentrale eingerichtet, an der nordwestlichen Ecke der Kreuzung West Street und Vesey Street, und genau dort stand Mark, als er mich zufällig auf Kanal Drei empfing. Nicht weit von ihm entfernt stand Nick Visconti und versuchte gerade, aufgrund der Notrufe von Jay Jonas einen eigenen Bergungstrupp zusammenzustellen.

»Richie«, sagte Chief Ferran, nachdem ich meinen Namen genannt hatte. »Ich bin's, Mark. Mark Ferran. Battalion 12.«

Seine Stimme war ein Geschenk des Himmels. »Mark!« rief ich, und die anderen um mich herum faßten Hoffnung. Okay, dachten sie wohl alle, jetzt geht's aufwärts. Der erste Kontakt hat nicht lang gehalten, aber von nun an geht's aufwärts. Sie rührten sich nicht und blieben stumm, aber ich konnte förmlich sehen, wie sie die Ohren spitzten, wie sich die Stimmung besserte, wenn auch nur um wenige Grad. So ist das nun mal, wenn man mit einem Haufen Feuerwehrmännern eingeschlossen ist; es gibt keine großen Gefühlsausbrüche. Was auch immer wir empfinden, wir geben uns Mühe, es nicht zu zeigen. Zumindest war das so bis zum 11. September 2001.

Kein Mensch weiß, wie diese Männer heute bei einer ähnlichen Katastrophe reagieren würden. Damals jedoch gab es keine Panik, keine greifbaren Angstgefühle. Ebensowenig wie Erleichterung oder Hoffnung offen zur Schau getragen wurden. Keine Höhen und Tiefen, wie es sie vielleicht geben würde, wenn eine Gruppe von Zivilisten eingeschlossen wäre, kein Schulterklopfen oder andere Anzeichen von Begeisterung bei irgendeiner guten Nachricht. Wir hatten keine Jubelschreie von oben gehört, als Jay Nick Visconti über Funk erreichte, und es gab keine Jubelschreie von uns, als ich Mark Ferran erreichte. Alles war ruhig, gelassen, maßvoll. Ich denke, das war sowohl gut als auch schlecht. Gut, weil wir weder bei noch so düsteren Aussichten oder dem kleinsten Hoffnungsschimmer die Fassung verloren, und schlecht, weil wir keine gemeinsame Begeisterung oder gemeinsame Sorge oder überhaupt ein Gefühl aufbringen konnten, das uns irgendwie Auftrieb gegeben hätte. Jemand leuchtete mir kurz ins Gesicht, vermutlich, um meine Stimmung abzuschätzen oder meine Miene, aber das war auch schon mehr oder weniger alles. Ich faßte neuen Mut, aber es gab keinen vernünftigen Grund zu feiern – und niemanden, mit dem ich hätte feiern können. Wir waren noch nicht hier raus – noch lange nicht. Das einzige, was wir erreicht hatten, war, Funkkontakt herzustellen.

»Mark!« sagte ich erneut. »Ich bin's, Richie. Wir sind hier zu mehreren. Nordturm. Treppenhaus B.«

Ich war der Meinung, mehr müßte er nicht wissen, um zu uns zu gelangen. Jetzt hatte ich ihm ja unsere Position durchgegeben, und wir mußten nur noch abwarten, bis sie uns erreichten. Ich brauchte ihm ja wohl keinen Plan aufzuzeichnen. Nordturm. Treppenhaus B. Konnte ja wohl nicht allzu schwer sein. Für Mark jedoch sahen die Dinge anders aus. Ich hätte ihm genausogut sagen können, daß wir uns in einer Höhle im Bergland Afghanistans versteckt hielten. »Wo zum Teufel ist das?« fragte er.

»Der Nordturm«, wiederholte ich. »World Trade Center Eins. Schau dich um. Ist doch nicht zu verfehlen.«

»Richie«, sagte er und versuchte, die Bilder in Worte zu fassen, die ich noch nicht gesehen hatte. »Alles ist weg.«

Ich dachte darüber nach, sehr lange. *Alles ist weg.* Der Satz hallte nach, ergab keinen echten Sinn, aber ich begann zu ahnen, daß die Zerstörung draußen vielleicht schlimmer war, als ich es mir vorgestellt hatte. Nicht *vielleicht*. Mit Sicherheit! Es war viel schlimmer, als ich es mir vorgestellt hatte, überstieg mein Vorstellungsvermögen über alle Maßen. Und diese Erkenntnis ging Hand in Hand mit einer zweiten: Je schlimmer es draußen war, desto schwieriger würde es für Mark Ferran oder irgendwen sonst werden, uns zu erreichen.

Ich griff sofort zu meinem Megaphon. »Denk nicht weiter drüber nach, wo das ist«, sagte ich über Funk zu Mark. »Nimm dein Walkie-talkie runter und lausch, ob du meine Sirene hören kannst.« Ich schaltete die Sirene an und ließ das Ding eine Weile heulen. »Mark, hast du was gehört?« fragte ich anschließend. »Wenn nicht, bist du bestimmt nicht in der Nähe.« Und wieder ließ ich die Sirene heulen.

Aber er hörte gar nichts. Später erzählte er mir, daß auf dem gesamten Trümmerfeld, dieser gigantischen Schuttwüste, nicht viel zu hören war. Rund 90 Minuten nach dem Einsturz des Nordturms war so gut wie kein menschliches Leben mehr zu sehen, und es gab nur hier und da irgendwelche Bergungs- und Rettungsaktivitäten. In den Gebäuden Sechs und Fünf des World Trade Centers tobten Brände, und World Trade Center Sieben war durch die umherfliegenden Trümmer der beiden Tower zerstört worden, ansonsten war es erstaunlich ruhig. Wenn Mark auch nur halbwegs in der Nähe unseres kleinen Hohlraums gewesen wäre und wir auch nur annähernd im oberen Bereich des Trümmerberges, dann hätte er die Sirene mit Sicherheit gehört.

Mark mußte also mehr wissen. »Richie, hilf mir«, sagte er. »Ich brauche genauere Angaben.«

Ich dachte: Wie zum Teufel soll ich ihm genauere Angaben machen? Nordturm. Treppenhaus B. Mehr Angaben hatte ich nun mal nicht.

»Erkundige dich, wo Treppenhaus B ungefähr sein

müßte«, wies ich ihn an. »Such dir einen Cop von der Port Authority, irgendwen, der das Gebäude kennt.« Natürlich hätte ich Mark nicht erzählen müssen, was er zu tun hatte oder wie er vorgehen sollte. Aber ich mußte einfach reden, weil ich mich in unserer Treppenhausgruft so hilflos fühlte. Ich wiederholte mich ohne Unterlaß, lieferte Ortsangaben, von denen ich heute weiß, daß sie lächerlich waren. Wie hätte ich wissen sollen, daß da, wo die Twin Towers gestanden hatten, jetzt nur noch riesige Schuttberge waren. An manchen Stellen waren die Trümmerhaufen etliche Hundert Meter hoch, durchsetzt mit 30 oder 40 Meter tiefen Abgründen, und unter diesen Bergen weitere sechs oder sieben Stockwerke tiefe unterirdische Verwüstung. Wenn man sich eine riesige Dünenlandschaft vorstellt und den Sand mit zerfetzten und zersplitterten Baumaterialien und Betonblöcken aller Größen und Formen ersetzt, dann bekommt man eine ungefähre Ahnung davon, was Mark vor sich hatte. Ich dagegen wußte nichts davon. Ich arbeitete immer noch mit meinem alten Ordnungssystem, das nicht mehr anwendbar war. Schon kurz nach zwölf Uhr an diesem 11. September hatten Milliarden von Menschen an den Bildschirmen Luftaufnahmen des Katastrophenschauplatzes gesehen; Nachrichtensprecher bezeichneten das Gebiet bereits als »Ground Zero«, aber wir befanden uns am Ground Zero von Ground Zero und tappten noch immer im Dunkeln, im doppelten Sinne des Wortes.

Meine unmittelbaren Nachbarn im Treppenhaus spürten meine Frustration, als ich versuchte, unsere Position durchzugeben. Insgeheim warteten sie alle angespannt auf irgend etwas Positives, das sich aus diesem unverhofften Kontakt zur Außenwelt ergeben sollte, aber nichts geschah. Ich denke mir, daß es weiter oben, wo Jay Jonas versuchte, Nick Visconti unsere Position zu erklären, ganz ähnlich zuging. Irgendwann wurde mir klar, daß ich erschöpft war und vielleicht noch sehr lange hierbleiben würde. Eigentlich ist erschöpft nicht ganz das richtige Wort; ich war ausgepumpt, völlig am Ende. Das Gefühl überkam mich schlagartig, so als ob ich meinen Akku wieder aufladen müßte. Alle paar Minuten meldete sich Mark wieder über Funk, erzählte mir, was er auf seiner Suche nach einem Ortskundigen erreicht hatte. Dann und wann bat er mich, die Sirene heulen zu lassen, aber nie konnte er sie hören.

Mark seinerseits ging auf der Suche nach uns so manches Risiko ein. Er kroch in brennende Gebäudeteile und wieder heraus. Er wich einstürzenden Trümmerbergen aus. Ein paar Tage später schilderte er mir seine Bemühungen ausführlicher, und ich muß sagen, wir haben ihm wirklich Ungeheuerliches zugemutet. Er war bereit dazu – genauer gesagt, er hatte zu diesem Zeitpunkt schon so viele Feuerwehrkollegen verloren, daß er sich, wie er sagte, durch die Chance geehrt fühlte, einige wenige zu retten. Es war eine kleine Chance, aber immerhin noch eine Chance.

Sobald er eine ungefähre Vorstellung von unserer Position hatte, besorgte er sich einen Trupp, ganz ähnlich wie ich das einige Stunden zuvor in der Lobby des Nordturms getan hatte. Ladder 43. Zufällig kam Ladder 43 aus der Feuerwache, die Marks Feuerwache in Harlem am nächsten lag, daher kannte er die Männer. Lieutenant Glen Rowan und sein vollständiger Trupp, dazu noch ein paar Jungs von Engine 53 aus derselben Feuerwache wie Rowans Männer, alles in allem acht Mann, und sie haben es weiß Gott verdient, hier namentlich genannt zu werden: Matt Long, John Colon, Jerry Sunden, Todd Fredrickson, Mike Regan, Frank Macchia, Jim Lanza und Tom Corrigan.

Die meisten von ihnen hatten untätig an der Kreuzung West Street und Vesey Street darauf gewartet, daß sich Rauch und Staub ein wenig legten, hatten auf eine Order gewartet.

»Seid ihr einsatzbereit?« wollte Mark von Glen wissen.

»Klar«, sagte Glen prompt.

Mark erklärte ihnen, er habe gerade Funkkontakt zu einer Gruppe Feuerwehrmänner gehabt, die im Treppenhaus B des Nordturms eingeschlossen seien, und er fragte, ob Glen vielleicht wisse, wie man dort hinkam.

»Ich hab zwar einen Trupp hier, Chief«, erwiderte Glen, »aber ich hab keine Ahnung, wie man zu dem Treppenhaus kommt.«

Als nächstes funkte Mark Pat McNally an, den Deputy, der die Leitung der Kommandozentrale hatte, und teilte ihm mit, daß er einen einsatzbereiten Trupp und Informationen über ein paar eingeschlossene Kollegen habe und jetzt versuchen wolle, zu uns vorzudringen. McNally arbeitete zusammen mit Nick Visconti, aber er konnte unmöglich wissen, daß Ferrans Kontakt zu uns irgendwie mit Viscontis Kontakt zu Jay Jonas zusammenhing, daher vermute ich, daß Pat McNally einfach von einer eigenständigen Rettungsaktion ausging.

Wie dem auch sei, von da, wo Mark Ferran und sein Trupp standen, schien es unmöglich, in das Trümmerfeld vorzudringen, weil es auf zwei Seiten von den noch immer lodernden Bränden in den Bürogebäuden und auf zwei weiteren Seiten von offenbar unüberwindlichen Schuttbergen blockiert wurde. Das Department hatte die brennenden Gebäude aufgegeben und versuchte jetzt nur noch zu verhindern, daß sich das Feuer weiter ausbreitete.

Nach einigen Überlegungen schlug einer der Männer von Ladder 43 vor, sie könnten versuchen, durch eines der oberen Stockwerke des großen Bürogebäudes direkt an der West Street Ecke Vesey Street, World Trade Center Sechs, hindurchzugelangen. Das Problem war nur, daß World Trade Center Sechs leider zu den Gebäuden zählte, in denen so heftige Brände wüteten, daß es keinen Sinn mehr hatte, sie zu bekämpfen. Aber es gab keinen anderen Weg.

An der Außenwand lehnte eine Leiter, die von anderen Kollegen dort stehengelassen worden war. Sie reichte zwei oder drei Stockwerke weit hinauf, bis zu einer kleinen Terrasse, und Mark befahl seinen Leuten, nach oben zu steigen. Einer nach dem anderen kletterten sie hinauf, ohne recht zu wissen, ob es überhaupt möglich war, von dort irgendwie quer durch eines der oberen Stockwerke zu laufen, um sich dann auf das dahinter liegende Trümmerfeld hinunterzulassen. Als sie die Terrasse erreichten, waren einige Feuerwehrmänner damit beschäftigt, die Leiche eines Kollegen zu bergen, und bei dem Anblick dachte Mark: Oh Gott, was wird aus uns werden? Überall lagen Leichen herum, und Trümmerteile und zerbrochenes Glas, es war das reinste Chaos. Aber sie drangen weiter vor. Da es von der Terrasse ins Gebäudeinnere keine richtige Tür gab, krochen sie durch ein Fenster und bahnten sich ihren Weg durch das Stockwerk, wobei sie sich immer wieder orientieren mußten. Es hatte offenbar eine Art Fußgängerverbindung von World Trade Center Sechs zum Nordturm gegeben, aber als Mark und seine Männer dort ankamen, stellten sie fest, daß diese unpassierbar geworden war. So konnten sie uns unmöglich erreichen, also machten sie kehrt, verließen World Trade Center Sechs, überquerten die Vesey Street, gingen durch das Verizon-Gebäude Ecke Vesey Street und West Street und dann hinten um World Trade Center Sieben herum, das auf West Broadway mündet.

Die gesamte südwestliche Ecke des Gebäudes von World Trade Center Sieben war durch den Einsturz des Nordturms weggebrochen, und unsere Retter von Ladder 43 kamen hier ebensowenig durch wie von World Trade Center Sechs aus, aber sie gaben nicht auf. Mark erzählte mir später, daß er noch immer keinen klaren Blick auf das Trümmerfeld hatte, daß aber der schwarze Rauch sich ein wenig gelichtet hatte. Noch immer waren überall Rauch und Feuer und schwarze Asche, aber der Wind hatte alles ein wenig gelockert, so daß man einigermaßen sehen konnte. Die Luft war so voller Ruß, daß Mark sagte, es war, als atmete man Mehl ein, und er und seine Männer hielten sich ihre Hemden vor Nase und Mund, um überhaupt atmen zu können – aber irgendwie hielten sie durch.

Berichte dieser Art bekam ich in regelmäßigen Abständen per Funk übermittelt. Ich hatte keine Ahnung, was zwischen Jay Jonas und Nick Visconti ablief (die beiden hatten zwischendurch für eine ganze Weile den Kontakt verloren), doch alle paar Minuten dachte Mark, er wäre jetzt in der Nähe, und bat mich, die Sirene aufheulen zu lassen, aber natürlich konnte er sie nicht hören. Von da, wo ich war, hätte er sie niemals hören können, aber das wußten ja weder er noch ich. Wir versuchten einfach alles und hofften, daß sich irgend etwas

Positives ergab. Und wenn es nicht beim ersten Mal klappte, versuchten wir es wieder. Und wieder.

Bei diesem ständigen Hin und Her über Funk war es erstaunlich, daß sich sonst niemand auf dem Kommandokanal meldete. Wir hatten zwei Brände der Alarmstufe Fünf und Hunderte von Männern, die eigentlich dienstfrei hatten und aus freien Stücken herbeigeeilt waren, und die ganze Zeit über waren immer nur Mark Ferran und ich zu hören. Es war, als käme die Kavallerie zu unserer Rettung, und die übrige Welt hielt die Luft an. Die Wirklichkeit jedoch sah anders aus: So ziemlich alle in unserer unmittelbaren Umgebung waren entweder tot oder desorientiert oder damit beschäftigt, nach Toten und Desorientierten zu suchen. Unsere Reihen hatten sich durch den Einsturz der beiden Türme derart gelichtet, daß niemand mehr übrig war, um die Funkgeräte zu besetzen.

Mark und Ladder 43 konnten sich nur auf Vermutungen und ungenaue Angaben stützen, und wenn sie auf ein Hindernis stießen, gingen sie drum herum oder darüber und manchmal auch hindurch. Hinein in Gebäude und wieder hinaus. Durch Fenster. Dunkle Treppen hinauf und hinunter, immer auf der Suche nach einem einfacheren Weg. Sie zogen um lodernde Brände und eingestürzte Häuser herum. Am West Broadway stießen sie auf eine große Gruppe von Feuerwehrmännern und einen riesigen Trümmerberg. Der größte bislang. Sie konnten unmöglich darüberklettern; als sie sich daran vorbeischoben, traf Jack einen Kollegen von Ladder 18, der möglicherweise einen Weg zu uns wußte. Mark hatte immer wieder Leute angehalten und gefragt, ob sie seine Männer dort hinführen könnten, wo Treppenhaus B gewesen sein mußte, und dieser Mann schien ungefähr zu wissen, wo das war. Er sagte Mark, sie sollten zur Church Street gehen, hinter World Trade Center Fünf, das inzwischen auch in hellen Flammen stand. Aber Mark wollte mehr als nur eine Wegbeschreibung. Er hatte genug von solchen Beschreibungen. Er schnappte sich den Mann von Ladder 18 und sagte, er müsse mitkommen. Er hielt ihn richtig an der Jacke fest.

»Aber ich bin mit meinem Trupp hier«, sagte der Feuerwehrmann.

»Ich suche nach Eingeschlossenen«, beharrte Mark. »Und du zeigst uns jetzt, wie wir da hinkommen.«

Mark kann wirklich sehr überzeugend sein, wenn's drauf ankommt, und er schaffte es, den Mann von seinem Trupp loszueisen, damit er ihn und die Jungs von Ladder 43 ins Zentrum des Trümmerfeldes führte. Dieser Feuerwehrmann kannte die Gebäude, und Mark ließ ihn nicht mehr aus den Augen. Zusammen bewegten sie sich durch einen Buchladen an der südwestlichen Ecke von Vesey Street und Church Street. *Borders Books.* Ich war einige Male in dem Laden gewesen, und als Mark mir schilderte, wo sie langgegangen waren, konnte ich es mir sehr genau vorstellen. Der Laden war dunkel, bis auf das Tageslicht von draußen, das durch den allgegenwärtigen grauen Aschefilm drang. Die Stromversorgung war zusammengebrochen und als sie weiter in den weitläufigen Laden vordrangen, konnten sie fast nichts mehr sehen. Sie hasteten hindurch, vorbei an umgekippten Bücherregalen und verstreuten Büchern, eine nicht mehr funktionierende Rolltreppe hinunter auf das Concourse Level von World Trade Center Fünf. Angeblich sollte es eine weitere Rolltreppe geben, die direkt auf die zentrale Plaza des gesamten World Trade Centers führte, direkt zum Nordturm. Der

Feuerwehrmann von Ladder 18 ging so zielstrebig, daß Mark zuversichtlich war, in wenigen Minuten auf dem Trümmerfeld zu sein. Doch dann trafen sie dort, wo die Rolltreppen gewesen waren, auf ein unüberwindliches Hindernis. Im Concourse Level dieses Gebäudes war ein gigantisches Loch – und wieder einmal keine ersichtliche Möglichkeit, irgendwie drum herum zu gelangen.

»Richie«, rief Mark über Funk. »Wir haben noch immer keinen Weg gefunden, euch zu erreichen, aber wir kommen. Wir kommen. Haltet durch, wir kommen.«

Ich dachte: *Natürlich halten wir durch. Was zum Teufel sollen wir denn sonst machen?*

# NEUN

# Licht

Keiner von uns wußte, wieviel Zeit vergangen war. Von dem Moment an, zu dem ich Mark Ferran über Funk erreicht hatte, mochte eine Stunde vergangen sein. Vielleicht auch nur eine halbe Stunde. So um den Dreh. Ehrlich gesagt, ich dachte nicht viel an die Uhrzeit. Ich trug zwar eine Uhr am Handgelenk, aber ich sah nicht mal drauf. Es wurde allmählich zu spät, das war entscheidend. Zu spät, um noch auf eine rasche Rettung oder Flucht zu hoffen. Zu spät, um in den Alltag zurückzukehren. Zu spät.

Wir hatten schon kostbare Energie damit verschwendet, uns falsche Hoffnungen zu machen. Mit dem Versuch, die Tür zum zweiten Stockwerk zu öffnen. Mit der Suche nach Werkzeugen. Mit dem Verbrauch von Batterien der Taschenlampen und Funkgeräte. Mit der emotionalen Belastung zuzuhören, wie einer unserer Kollegen in einem angrenzenden Hohlraum immer schwächer wurde und jetzt vermutlich tot war. Mit der unerträglichen Anspannung. Mit dem endlosen Warten auf ein Wunder. Daß wir überhaupt hier waren, war schon ein Wunder; um rauszukommen, würden wir ein zweites brauchen.

Plötzlich fühlte ich mich müde. Unsäglich müde. Am ganzen Körper. Als könnte ich nur noch mit Mühe das

Gewicht meiner Augenlider tragen. Ich war am Funkgerät, Mark hatte gerade von dem riesigen Loch unter dem Buchladen *Borders Books* berichtet, da, wo einmal die Rolltreppen waren, und in unserem engen Kerker herrschte Totenstille. Alle in Hörweite hatten den Funksprüchen gelauscht, als wären sie eine Art Radioübertragung, aber keiner sagte ein Wort. Ich konnte nichts sehen, aber durch die Atemgeräusche wußte ich ziemlich genau, wo alle waren. Zumindest alle in meiner nächsten Umgebung. Noch immer hatte ich weder Jay Jonas noch seine Leute über uns gesehen. Und auch nicht Josephine Harris.

Es gab eine längere Pause in den Funksprüchen von Mark Ferran, und ich spürte, wie mir die Augen schwer wurden. Aufgrund der Ruhe und Stille um mich herum nahm ich an, daß noch einige andere vor diesem Alptraum die Augen verschlossen. Vielleicht waren ja einige sogar eingenickt. Weiß Gott, auch ich war furchtbar schläfrig und lethargisch. Als reichte es mir. Als müßte ich mal einen Moment abschalten, meine Gedanken sammeln und Kraft tanken.

Während ich ausgestreckt auf dem Rücken lag, die Augen geschlossen, spürte ich, daß ich jeden Moment eindösen könnte. In meiner Benommenheit schossen mir Gedanken an Kohlenmonoxidvergiftung oder Sauerstoffmangel durch den Kopf. Irgendein nicht natürliches Element, daß uns zuerst schachmatt setzen und dann umbringen würde. Ich kämpfte gegen den Schlaf an, und zugleich war ich erstaunt darüber, daß das nötig war. Wieder dachte ich an Debbie und die Kinder. Ich dachte an die beiden Feuerwehrmänner in der Luftblase unter uns, Coniglio und Efthimiaddes, die unmittelbar vor dem Einsturz schon in der Lobby angekom-

men und dann wieder die Treppe hinaufgelaufen waren, um ihren Lieutenant Jim McGlynn zu holen, der
jetzt neben mir auf dem Treppenabsatz im zweiten
Stock lag. Es hatte ihnen das Leben gerettet, daß sie
noch einmal umgekehrt waren; wären sie weitergelau-
fen, hätte der Turm sie zermalmt.

Ich dachte an Battalion Chief Richard Prunty, zwei
Hohlräume tiefer. Er war beim Einsturz schwer verletzt
worden, und seine Stimme über Funk klang schwach.
Ich dachte daran, daß er sich schon lange nicht mehr gemeldet hatte. Während der ersten halben Stunde etwa
hatte er um Hilfe gerufen, und ich war auf seine Frequenz geraten, als ich verzweifelt versucht hatte, eine
Stimme von draußen zu empfangen. Ich hatte ihm gesagt, er solle ruhig bleiben, Hilfe sei unterwegs. Auch
Jim McGlynn hatte eine Zeitlang mit ihm geredet. Die
Stimme des Chiefs war von Mal zu Mal schwächer geworden, aber wir hatten ihn angefleht, weiter durchzu-
halten, denn bald käme Hilfe. Wir hatten ihm das so oft
gesagt, daß ich selbst schon dran glaubte, und jetzt, wo
es endlich stimmte – Hilfe war tatsächlich unterwegs! –,
klang es unwahrscheinlich. Ja, Mark Ferran hatte einen
ganzen Trupp zusammengetrommelt, um nach uns zu
suchen, und ja, sie waren wild entschlossen, so schnell
wie nur eben möglich zu uns vorzustoßen, aber sie kamen nicht voran, weil jedes Vorankommen unmöglich
war, und ich dachte mir, daß Prunty gestorben war, zusammen mit seiner Stimme und meinen leeren Verspre-
chungen, und daß auch wir bald sterben würden.

Solche Gedanken überkamen mich während dieser
plötzlichen Müdigkeit, so daß es mir fast schon egal
war, ob ich einfach einschlafen und nicht mehr auf-
wachen würde. Und ich dachte, eigentlich gar kein so

schlechter Tod. Angesichts der Umstände, angesichts dessen, was hätte passieren können, angesichts dessen, was noch passieren konnte, gar kein so schlechter Tod. Irgendwie friedlich. Immer noch besser als verhungern. Oder langsam zu ersticken. Oder verdursten. Oder ein zweiter Einsturz, oder ein Feuer, oder irgendeiner der zahllosen anderen Schrecken, die mich in meinen fieberhaften Gedanken heimgesucht hatten.

Seltsamerweise fiel mir die Anfangszeile des alten Simon-and-Garfunkel-Songs »The Sounds of Silence« ein: »Hello darkness, my old friend.« Ist schon komisch, was einem in manchen Augenblicken so in den Sinn kommt. Immer wieder hörte ich diese Zeile, und darunter erklang die sanfte Stimme aus dem Song, der mich in meiner Jugend begleitet hatte wie eine Hintergrundmusik, und mir war, als hieße ich die Ruhe, die Stille, die Dunkelheit willkommen. »Hello darkness, my old friend.«

Der Song, die Stille, die Ruhe um mich herum ... das alles war seltsam tröstlich. Nein, es wäre kein schlechter Tod, einfach so einzuschlummern. Also ließ ich mich treiben. Schlaf. Dunkelheit. Tod. Frieden. Wellen der Erinnerung stiegen in mir auf. Wieder war es fast wie im Film und so, wie Menschen, die fast gestorben wären, ihre Erfahrungen schildern. Mein ganzes Leben lief vor mir ab, alles auf einmal, jedes kleinste Detail. Alles zu einer grotesken Collage zusammengepackt. Bilder, Gespräche, Augenblicke ... alles da. Schon zuvor, als der Nordturm zu beben begann, hatte ich einige dieser Bilder gesehen, aber jetzt konnte ich sie in Ruhe Revue passieren lassen. Die vielen klaren Bilder und Erinnerungen in meinem Kopf wetteiferten um meine Aufmerksamkeit. Da war mein erster Einsatz als Grünschnabel – als »Johnny«, wie es beim Fire Department heißt –, und ich bekämpfte einen Mietshausbrand in Spanish Harlem, als wäre ich ein alter Hase. Ich sah mich selbst, so klar und deutlich, als wäre es erst gestern gewesen, wie tief beeindruckt ich von der unglaublichen Effektivität und Zielstrebigkeit der wackeren Männer um mich herum war, wie sehr mich die Verantwortung einschüchterte, die der von mir eingeschlagene Weg mit sich brachte. Ich erinnerte mich, daß ich rauswollte, sobald ich reingegangen war. Die Hitze des Feuers war so stark, der Rauch so dicht und schwer, daß ich es kaum aushielt. Aber die Männer meines Trupps gingen weiter, und ich wurde von ihnen mitgezogen, schleppte denselben Schlauch wie sie. Wir gingen so weit rein, daß die Hitze schier unerträglich wurde, und dann noch ein Stück weiter. Es war unglaublich. Nach einer Weile gewöhnt man sich daran, aber dieser Weg durchs Feuer war hart. Und es war nicht nur die glühende Hitze, auf die ich nicht gefaßt gewesen war. Es war auch alles andere, was damit einherging. Ein Übungsfeuer zu löschen, war eben etwas ganz anderes, als einen Brand zu bekämpfen, bei dem Menschenleben auf dem Spiel standen. Es war eine ungeheure Belastung und zugleich ein starkes Glücksgefühl, und das Bild von mir als Greenhorn, mit dem matt orangefarbenen Abzeichen für den Neuling am Helm, stand mir eine ganze Weile vor Augen. Und während ich mich sah, erlaubte ich mir den Gedanken, daß ich meine Sache gut gemacht hatte. Viel erreicht hatte. Viele Menschen gerettet.

Schließlich wurde dieses Bild von einem anderen verdrängt: Ich, noch immer der Anfänger, der mit aller Kraft um die Anerkennung seiner Kollegen kämpft. Ich, wie ich in der Küche Kartoffeln schäle. Ich, wie ich die

Klos putze und den Boden wische. Ich, der einfach dazugehören wollte. Engine 91 auf der 111th Street. Ich war schon einige Monate dabei und hatte noch immer nicht die »Spritze« gehalten – die Düse an der Spitze des Wasserschlauchs. Für jeden frischgebackenen Feuerwehrmann ist das die Nagelprobe: das erste Mal, wenn er die »Spritze« halten darf. Oh, ich hatte sie schon gehalten – um nach einem Einsatz sauberzumachen, um sie wieder im Wagen zu verstauen –, aber noch nie *richtig*, zur Brandbekämpfung. Die Düse zu halten, war eine sehr angesehene Aufgabe, und ich erlebte Einsatz um Einsatz und fragte mich, wann mir endlich diese Ehre zuteil würde. Ich wußte, daß es ein paar arme Teufel gab, die nie in diesen Genuß kamen. Und dann: wieder ein Feuer in einem Mietshaus in Spanish Harlem. Jim McCloskey war der Dienstälteste, und die Position an der Spritze gebührte ihm, und er trat sie nie ab. Noch viele Jahre später war Jim McCloskey für mich der beste Feuerwehrmann, dem ich je begegnet war. Zäh. Beinhart. Unerschrocken. Ein Mann, der allen durch die Art seines Auftretens und durch seinen Einsatz ein Vorbild war. Al Quinn, ein anderer erfahrener Kollege, schnappte sich den Schlauch und hielt Jimmy McCloskey die Spritze hin, und genau in dem Augenblick überkam es mich. Ich schob mich zwischen Al und Jimmy und sagte: »Das übernehme ich.« Ausgerechnet ich, ein rotznasiger *Johnny*, maßte sich das an. Aber aus irgendeinem unerfindlichen Grund lachte Jimmy mich nicht aus oder schubste mich weg. Wir sahen uns in die Augen. Er musterte mich aufmerksam, und vielleicht sah er in mir seine eigene Vergangenheit. Jedenfalls überließ Jimmy mir an diesem Tag die Spritze. Und dann feuerte er mich an und drängte und schob mich durch die Tür hinauf zu dem Brand. Es war meine Initiation, meine Feuerprobe. Ich war wie ein kleines Kind, das zum ersten Mal ohne Stützräder mit seinem Fahrrad unterwegs ist.

Die frühen siebziger Jahre waren unsere Kriegsjahre. Mit zwei, drei, vier Einsätzen pro Schicht. Und alle waren Großbrände. Da fackelten Vermieter ihre Häuser ab, um die Versicherung zu kassieren. Mieter zündeten ihre Wohnungen an, um von der Stadt günstiger und besser untergebracht zu werden. Grundstücksspekulanten wollten noch bessere Geschäfte machen. Ein Feuer immer noch größer als das letzte, und das nächste wartete schon. *Wir sehen uns beim ganz Großen*. Das war unsere Parole, unser Abschiedsgruß. Wir lebten in der ständigen Erwartung von etwas noch Größerem, etwas noch Schwierigerem. Wir hatten unsere Atemmasken, aber es war üblich, sie in den Halterungen im Wagen zu lassen. Wir verwahrten sie für die richtig harten Einsätze, die aber nie kamen. Wir waren zu hart, um sie als solche zu sehen. Und nun stand ich da, noch grün hinter den Ohren, und hielt die Spritze. Ich war vollgepumpt mit Adrenalin und umklammerte sie mit aller Kraft. Mannomann, das Wasser hatte ein irre Kraft! Einen ungeheuren Druck! Ich schaffte es gerade, das Ding festzuhalten, aber ich hielt es fest, und schließlich löschten wir das Feuer, und ich konnte noch immer mein jungenhaftes Ich sehen, wie ich aus dem ausgebrannten Haus kam, dreckig, erschöpft, verschwitzt. Ich hatte es geschafft, und alle wußten es.

Ich hatte die Spritze.

Von dort wanderten meine Gedanken zu meiner Familie. Meine Eltern, die noch immer auf Staten Island wohnten, in demselben Haus, in das wir gezogen waren, als ich noch auf die Junior-High-School ging. Wahrscheinlich saßen sie jetzt vor dem Fernseher und verfolgten die Tragödie, machten sich Sorgen, wo ich war, warum ich mich nicht gemeldet hatte. Auch meine Tochter Lisa würde es hautnah miterleben. Sie ging auf die Pace University, nur ein paar Querstraßen weiter, und sie würde davon ausgehen, daß ich irgendwo in diesen Gebäuden war. Stephen wäre jetzt in seiner High-School in New Jersey, weit genug vom Geschehen entfernt, um es aus seinen Gedanken zu verdrängen. Und Debbie ... sie war immer leicht nervös, wenn es um meine Arbeit ging, aber das spielte sich bei ihr mehr im Hinterkopf ab. Meistens fand sie Mittel und Wege, um sich abzulenken, und das würde ihr auch heute gelungen sein. Sie war jetzt im Krankenhaus und arbeitete. Wahrscheinlich ging sie davon aus, daß ich noch in der Feuerwache war, noch immer meilenweit von der Katastrophe entfernt. Noch wartete sie nicht auf Nachricht von mir, weil es dafür keinen Grund gab – sie ging ihrem Tagwerk nach, so, wie sie dachte, daß ich meinem nachging.

Einige Zeit später erzählte sie mir, was sie tatsächlich während dieser angespannten, bangen Stunden gemacht hatte. Sie war an diesem Tag der Säuglingsstation zugeteilt, und sie sah immer wieder Bilder der Verwüstung in den Nachrichten, hielt ein Neugeborenes in den Armen, als wäre es ihr eigenes, und dachte an Lisa, die nur zwei Blocks vom World Trade Center entfernt war. Sie dachte auch an mich, weigerte sich aber zu glauben, daß ich tatsächlich am Ort des Geschehens war, obwohl ihr eine innere Stimme einflüsterte, daß ich nirgendwo sonst sein könnte.

Debbie ... ich dachte daran, wie wir uns kennengelernt hatten. Wir waren zwar zur selben Zeit auf das

Staten Island Community College gegangen, waren uns aber nie begegnet. Erst in New Jersey kreuzten sich unsere Wege, und von da an kamen wir nicht mehr voneinander los. Ich hatte gerade meinen Abschluß am Baruch College gemacht und war schnurstracks zur Polizeiakademie gewechselt. Damals wollte ich Polizist werden, und ich wurde es auch, für eine Zeitlang.

Ich fuhr auf der Lower East Side Streife, doch als ich während der Finanzkrise, von der die Stadt zweieinhalb Jahre später geschüttelt wurde, entlassen wurde, langweilte mich der Job bereits. Mir war klargeworden, daß ich in Wirklichkeit nur eins werden wollte: Feuerwehrmann.

Als Junge hatte ich Zeitungen ausgetragen, unter anderem auch in die örtliche Feuerwache, und ich erinnerte mich daran, daß ich schon damals magisch davon angezogen wurde. Ich bewunderte die Männer dort, und ich wollte irgendwann einer von ihnen sein. Ich war in einer Gegend aufgewachsen, in der überwiegend Arbeiter und kleine Beamte wohnten; ich war für diese Art von Arbeit geschaffen. Ich wollte zwar nicht mein ganzes Leben lang Feuerwehrmann werden – sonst wäre ich ja wohl kaum zunächst bei der Polizei gelandet –, aber als sich die Gelegenheit bot, als die Stadt wieder Personal einstellte und das Fire Department die alte Liste von Bewerbern durchsah, die den Test bestanden hatten, nutzte ich meine Chance. Und sofort wurde mir klar, daß ich nirgendwo sonst hingehörte. Und irgendwie schaffte ich es, auch Debbie endgültig für mich zu gewinnen. Das war etwa fünf Jahre nach unserer ersten Begegnung in dem Sommer nach meinem College-Abschluß. Ich redete mir ein, daß ich so lange brauchte, um sie davon zu überzeugen, daß ich wirklich der Richtige für sie war, aber in Wahrheit mußte ich mich selbst davon überzeugen. Ich glaube, ich mußte erst mal beruflich Fuß fassen, ehe ich mein Leben mit einem anderen Menschen teilen konnte. Aber das Fire Department war rasch mein Zuhause geworden, und bald wurde mir klar, daß auch Debbie mein Zuhause geworden war – und von da an sah ich mein weiteres Leben förmlich vor mir ausgebreitet.

Plötzlich wurde ich durch laute Schreie in unserem Treppenhaus aus meinen Erinnerungen gerissen. Es war dieselbe Stimme wie zuvor. David Lim, der Polizist von der Port Authority, der sich zuvor so um seinen Hund gesorgt hatte, war plötzlich überzeugt, daß Kerosin auf ihn tropfte. Seine Schreie rissen mich aus meinem Dämmerzustand und schüttelten mich wach. Ich konnte gut nachvollziehen, daß er Panik bekommen hatte. Unsere Lage wurde allmählich seltsam klaustrophobisch und unwirklich und beängstigend, und ich wunderte mich, daß nicht schon viel früher jemand die Nerven verloren hatte. Falls er überhaupt die Nerven verloren hatte. Vielleicht roch er ja wirklich Kerosin. Selbst bei den wenigen Informationen, die ich hatte, mußte ich davon ausgehen, daß durch den Flugzeugeinschlag zigtausend Liter Kerosin ausgelaufen waren. Vielleicht tropfte das Zeug jetzt tatsächlich herunter. Riechen konnte ich jedoch nichts und ich habe einen ziemlich feinen Geruchssinn. Meine Nase kann zwischen einem Holzfeuer, einem Kabelbrand oder brennendem Plastik oder Müll unterscheiden. Rauch kann ganz unterschiedlich riechen, ebenso wie Benzin, und in diesem Moment roch ich gar nichts. Bloß Asche und Betonstaub und den Schweiß und die Anstrengung von einer Gruppe kräftiger, zu dick angezogener

Feuerwehrmänner, die auf engem Raum zusammengepfercht waren.

Aber Lim konnte sich gar nicht beruhigen, und
schließlich wurden auch die anderen Männer unruhig,
bis die dunkle Stille unserer Gruft von immer mehr Rufen durchbrochen wurde. »Ich riech nichts, ihr denn?«
Oder: »Da, ich hör's tropfen ... ich kann es hören!« Es
waren die ersten Sätze, die wir seit über einer Stunde
sprachen, und die ganze Aufregung wegen des einge-
bildeten Kerosins war so ziemlich das letzte, was wir
gebrauchen konnten.

Ich versuchte, mich nicht von der Aufregung an-
stecken zu lassen, aber gleichzeitig arbeitete mein Verstand fieberhaft: Falls hier Kerosin war – und *irgendwo*
mußte einfach Kerosin sein –, dann konnten die Dämpfe
sich blitzartig entzünden. Und die Tatsache, daß ich
nichts roch, bedeutete ja nicht, daß ich nicht bald etwas
riechen würde oder daß David Lim einen Treppenlauf
oberhalb von mir nicht doch etwas roch. Andererseits
nützte es nichts, wenn wir jetzt in Panik verfielen. Wir
hatten auch so schon genug Sorgen.

Bald wurde Lim wieder ruhiger, und auch die anderen Männer hatten sich vergewissert, daß keine unmittelbare Gefahr bestand, und jeder von uns kehrte
wieder zu seinen eigenen, ziellosen Gedanken zurück.
Mark Ferran war irgendwo da draußen und suchte
nach einem Weg auf das Trümmerfeld, aber ich hatte
schon eine ganze Weile nichts mehr von ihm gehört und
wollte ihn nicht ablenken, indem ich ihn anfunkte. Ich
dachte mir, daß er sich schon melden würde, falls er
irgendwas zu berichten hatte. Also legte ich mich wieder hin, schloß die Augen und ließ die schwarze Stille
wirken. Schon nach wenigen Minuten befand ich mich

in demselben lethargischen Zustand, aus dem ich kurz zuvor herausgerissen worden war. Ich träumte wieder vor mich hin, unfähig, dagegen anzukämpfen. Besser gesagt, unwillig, dagegen anzukämpfen. Ich hatte die Augen geschlossen, dann offen, dann wieder geschlossen. Es machte keinen Unterschied. Oder doch: Der Unterschied war mein körperliches Wohlbefinden, denn erst jetzt merkte ich, daß meine Augen höllisch brannten. Ich hatte soviel Staub und Rauch in die Augen bekommen, daß ich stechende, brennende Schmerzen hatte. Zum Verrücktwerden! Ich überlegte, mir die Augen an dem Wasseranschluß hinter der Etagentür auszuspülen, verwarf die Idee aber als zu aufwendig. Ich wollte auch nicht die nächste Panikwelle heraufbeschwören, indem ich den Eindruck erweckte, daß ich dringend Wasser brauchte, also öffnete und schloß ich die Augen bloß und versuchte herauszufinden, was besser auszuhalten war.

Mit wachem Geist und geschlossenen Augen kehrte ich zu den Gedanken an meine Familie zurück, dachte über meine Lage nach, über das Wunder unserer Rettung, das wir unter all den Trümmern vielleicht nicht mehr erleben würden. Ein riesiges Ruinenfeld. Berge aus Beton und Eisen und Staub.

Plötzlich mußte ich an den Einsturz eines zweistöckigen Gebäudes nur wenige Monate zuvor draußen in Queens denken. In den Zeitungen war die Rede vom Vatertagsfeuer, weil es am Vatertag passierte und weil drei Feuerwehrmänner, alle drei junge Väter, dabei verschüttet wurden. Drei Mann unter nur zwei eingebrochenen Stockwerken, und doch konnten die Bergungshelfer nicht schnell genug an sie rankommen, um sie zu retten. Zwei Stockwerke! Und wir saßen hier unter über einhundert Stockwerken! Der Gedanke an das Schicksal dieser jungen Väter in Queens, an das Schicksal, das wohl auch uns ereilen würde, war alles andere als aufbauend. Ich rechnete nach. Zwei Stockwerke, einhundert Stockwerke. Unsere Lage war fünfzigmal schlimmer. *Bitte Gott, laß es schnell gehen.* Mein Gebet war wohl auf taube Ohren gestoßen.

Ich zwang mich, an alles andere zu denken, bloß nicht an das Feuer in Queens, an alles, bloß nicht daran, wo wir uns befanden. An alles oder an nichts. Völlig abwesend sein, leer ... das war das richtige. Weg von diesem trostlosen Ort. Entrückt auf eine andere Ebene, eine andere Art zu denken. Aber ich hatte nicht die Mittel, mich von meiner Angst zu befreien. Ich saß fest – hier in diesem Treppenhaus und hier in meinen Gedankengängen. Es gelang mir nur, mich erneut damit zu trösten, daß Debbie und die Kinder nach meinem Tod finanziell abgesichert wären. Das machte mich ruhiger. Natürlich würden meine Kinder ohne Vater auskommen müssen, ohne fürsorglichen Vater, und das war wirklich schlimm. Und meine Frau würde Witwe sein, allein alt werden, wahrscheinlich ohne je zu erfahren, was mir zugestoßen war, wie diese letzten Augenblicke gewesen waren. Aber dennoch klammerte ich mich an die tröstliche Vorstellung, daß sie sich keine Sorgen um das Haus würden machen müssen, um unbezahlte Rechnungen, um Ausbildung und so weiter.

Ich hatte das Gefühl, ungemein lange in diesem halbwachen Zustand zu schweben, von einem Gedanken zum nächsten zu treiben, von einer bruchstückhaften Erinnerung zur anderen, bis ich schließlich fast halluzinierte, denn irgendwann hob ich den Blick und meinte, einen schwachen Lichtschein zu sehen, etwa drei oder vier Stockwerke oberhalb von mir. Zunächst war es nicht mal ein Lichtschein, sondern nur eine leichte Aufhellung. Wie das allerletzte Glimmen von Kohlen im Kamin. Wie ein Nadelstich in dem schwarzen Himmel, der uns von der übrigen Welt abschloß. Dieses Licht, sein vermeintliches Erscheinen im Nichts ergab für mich keinen Sinn. Es war da, und dann wieder verschwunden, und dann wieder da, und es war wirklich völlig unerklärlich. Wir waren schon so lange hier eingeschlossen, da hätte es doch längst irgendeiner von uns bemerkt haben müssen. Aber es war da. Entweder war es eine Wahnvorstellung, oder es war real, also rief ich zu Jay Jonas hinauf, ob er es auch sehen konnte.

»He, Jay, siehst du das Licht da? Direkt über uns. Spinne ich, oder siehst du das auch?«

Beim Sprechen behielt ich diesen Nadelstich im Auge, und der winzige Lichtpunkt schien größer zu werden und größer und größer. Aus dem Nadelstich wurde eine Faust, dann ein Basketball und schließlich ein richtiges Loch im Himmel. Das alles in dem kurzen Zeitraum, in dem ich Jay darauf hinwies.

»Jay?« fragte ich noch mal.

Langes Schweigen. Schließlich sagte Jay: »Ja, ich seh es. Zum Donnerwetter, was ist denn das?«

Wir hatten keine Ahnung. Was immer es war, es wurde heller. Breiter. Klarer. In, wie es schien, nur wenigen Minuten tat sich diese wundersame Öffnung über unserer kleinen Höhle auf. Ein Loch in unserem von Menschenhand geschaffenen Himmel. Es war, als wäre unser Wille zur anderen Seite durchgestoßen. Es war unerklärlich, selbst wenn wir später eine Erklärung fanden. Geschehen war Folgendes: Nach dem Einsturz war nicht genug Platz für den schweren, schwarzen Rauch gewesen. Das Loch über unserem Hohlraum war schon die ganze Zeit dagewesen; wir konnten es nur nicht sehen. Es war wie ein kleiner Schornstein, doch der Rauch hatte Stunden gebraucht, um abzuziehen. Unten, wo wir uns befanden, herrschten keine extremen Temperaturen, nichts, um Rauch und Asche und Staub durch diesen Abzugskanal nach oben zu treiben, so daß der Dreck einfach in der Luft hing. Hinzu kam, daß die Gebäude in unserer unmittelbaren Nähe, World Trade Center Fünf und World Trade Center Sechs, lichterloh brannten, und der übrige Rauch von draußen sich wie eine gewaltige Wolke über den kleinen Trichter gelegt hatte, in den wir gestürzt waren. Wir alle kennen inzwischen die Bilder von Ground Zero in den Stunden kurz nach der Katastrophe, die Menschen, die von Kopf bis Fuß mit Staub bedeckt sind. Wir kennen die Berichte von Menschen in etlichen Hundert Metern Entfernung, die die Hand nicht mehr vor Augen sehen konnten, so dicht war der Rauch. Und er blieb es noch Stunden nach dem Einsturz. Hier, im Zentrum von Ground Zero, war die Wirkung des Rauches in Verbindung mit Staub und Asche noch schlimmer, so schlimm, daß uns die Sicht auf die Öffnung versperrt war. Bis die Wolke im Innern unseres Treppenhauses allmählich nach oben stieg und der Wind draußen umschlug und wir Hoffnung sehen konnten, wo zuvor überhaupt keine Hoffnung mehr gewesen war.

Mittlerweile starrten wir alle darauf. Falls ich halluzinierte, dann war ich zumindest nicht der einzige. Es wurde heller, und auf einmal sah ich ein Stück Himmel. Konnte das sein? fragte ich mich. War das möglich? Und dann sah ich es wieder, und diesmal konnte es einfach kein Irrtum mehr sein. Ich dachte: Wahnsinn! Ich sah einen Streifen Blau. Es war ja strahlend schönes Wetter an diesem Tag, und jetzt sah ich einen leuchtenden Streifen Blau.

Sofort funkte ich Mark Ferran an. »Mark«, sagte ich, »Mark, ich kann den Himmel sehen! Ich kann den Himmel sehen!«

»Was?« fragte er postwendend. Nach der Enttäuschung unter dem Buchladen hatte er ein paar Jungs von Ladder 43 mitgenommen – John Colon, Todd Fredrickson und Frank Macchia – und sich von Glen Rowan und dem Rest des Trupps getrennt, weil er hoffte, mit zwei Einheiten mehr Gelände absuchen zu können. Er glaubte, nicht richtig gehört zu haben. Wie war das zu erklären, daß ich nach so langer Dunkelheit plötzlich den Himmel sehen konnte?

»Ich seh den Himmel, Mark!« wiederholte ich. »Blauen Himmel.«

»He«, erwiderte er. »Prima. Endlich haben wir was.«

Ja, und ob. Schlagartig besserte sich bei allen die Stimmung. Es brach kein Jubel aus, und wir machten auch keine Freudentänze, aber die allgemeine Mattigkeit und Hoffnungslosigkeit war verschwunden. Unsere Lage hellte sich auf und mit ihr unsere Stimmung. Keiner sagte etwas, aber wir alle spürten die Veränderung. Das war das Wunder, auf das wir gewartet hatten.

Mein erster Gedanke war, mit einer Taschenlampe durch die Öffnung zu leuchten. Sie befand sich rund dreizehn Meter über mir, und ich dachte, Mark könnte das Licht vielleicht sehen, wenn es aus dem Schutt drang, aber das war natürlich unsinnig. In unserer Höhle war es dunkel gewesen, aber draußen herrschte grelles Tageslicht. Völlig ausgeschlossen, daß Mark es hätte sehen können, am hellichten Tag, aber es war trotzdem nett von ihm, danach Ausschau zu halten, obwohl er mir nur eine negative Antwort durchgeben konnte. Doch noch während die anderen mit ihrer Enttäuschung kämpften, dachte ich, daß es in sechs oder sieben Stunden dunkel werden würde. Und dann mußte er das Licht einfach sehen. Wir waren so gut wie gefunden.

Als nächstes, bloß um die Dinge ein bißchen zu beschleunigen, ließ ich die Sirene an meinem Megaphon aufheulen, aber auch das konnte Mark nicht hören. Ich dachte: Auch gut. Früher oder später findet er uns trotzdem. Die paar Stunden bis zum Abend konnten wir alle noch aushalten. Wir hatten Wasser. Wir waren in relativ guter Verfassung. Angeschlagen, aber in guter Verfassung. Selbst Josephine Harris hielt sich tapfer, nach dem, was mir von weiter oben berichtet wurde. Wir hatten Richard Prunty verloren, fürchtete ich, aber wir übrigen würden mit heiler Haut rauskommen. Wir würden einen Weg finden, um zu Jeff Coniglio und Jim Efthimiaddes vorzudringen, und wir würden alle rauskommen. Wir würden den Einsturz dieser riesigen Gebäude überleben und mit heiler Haut rauskommen. Alle vierzehn mit heiler Haut.

Unfaßbar, staunte ich – und während ich noch staunte, beschloß ich, daß ich nicht mehr bis zum Einbruch der Dunkelheit warten konnte. Ich war zu unruhig, zu aufgedreht, zu versessen darauf, hier wegzukommen. Außerdem saß mir die Angst im Nacken, daß dieses Loch sich ebenso magisch wieder schließen könnte, wie es sich aufgetan hatte. Ich dachte, daß jetzt der Zeitpunkt zum Handeln gekommen war.

»Jay, kommst du an das Loch ran?« rief ich nach oben. »Kommst du irgendwie bis da hoch?« Jay war näher an dem Licht als ich, deshalb wollte ich seine Meinung hören.

»Ich glaube nicht«, sagte er nach einem Moment. Die Trümmerwände schienen ihm wohl zu instabil, vermutete ich. Sie boten keinen Halt. Noch immer bestand die sehr reale und sehr wahrscheinliche Möglichkeit, daß die Trümmer weiter zusammensackten. Uns war diese zusätzliche Zeit im Treppenhaus geschenkt worden, und sie konnte uns jeden Augenblick wieder genommen werden.

Aber ich starrte immer weiter zu dem Licht hoch, überlegte, wie ich da hinkommen könnte, was wohl auf der anderen Seite war, wohin es uns führen mochte. Und während ich noch nach oben starrte, beschloß ich, daß ich dort hinwollte. »Ich glaube, ich schaff das«, sagte ich ohne ersichtlichen Grund. Ehrlich gesagt, ich hatte keinen blassen Schimmer, ob ich es schaffen würde, aber es klang gut. Es war den Versuch wert.

# ZEHN

# Entkommen

Es muß so gegen zwei Uhr nachmittags gewesen sein, als ich mich aufmachte, zu dem Licht hochzuklettern. Damals war mir die zeitliche Einordnung völlig egal, aber jetzt, wenn ich davon berichte, kommt sie mir wichtig vor. Uns interessierte an der Zeit nur, daß sie ausreichen sollte, um unser Überleben möglich zu machen. Wie schon gesagt, keiner von uns warf überhaupt auch nur einen Blick auf die Uhr, nicht mal Mark Ferran draußen, aber zwischen dem Einsturz und dem Moment, als sich das helle Loch an unserem schwarzen Himmel öffnete, müssen mindestens drei Stunden vergangen sein, wahrscheinlich mehr. Ich meine, es dauerte etwa anderthalb Stunden, bis ich Kontakt zu Mark Ferran bekam, und weitere anderthalb Stunden, in denen er vergeblich versuchte, auf das Trümmerfeld vorzustoßen, und irgendwo dazwischen mußte noch sehr viel Zeit gelegen haben, die nach unserem Empfinden so quälend langsam verstrichen war. Himmel, meinem subjektiven Gefühl nach hätten es auch vier oder fünf Stunden gewesen sein können. Ich habe viele Leute darauf angesprochen, und es gibt im ganzen Department niemanden, der eine genaue Zeitvorstellung von diesen Stunden hat.

Aber ganz gleich, wie lang es nun wirklich gedauert hat, bis wir das Sonnenlicht sehen konnten, es war verflucht lange, wenn man in so einem dunklen Loch hockt. Man darf nicht vergessen, daß wir ja keine Ahnung hatten, was außerhalb unserer Treppenhausgruft vor sich ging. Wie ich später erfuhr, wußten manche von uns nicht einmal, daß der Südturm um 9.59 Uhr an diesem Morgen eingestürzt war, daher war ihre Einschätzung nicht unbedingt so pessimistisch wie meine. Ich ging davon aus, daß wir unter 110 Stockwerken aus Stahl und Beton lagen, daß uns ein gräßlich langsamer Tod erwartete; sie glaubten, daß es nur einen kleineren Einsturz von einigen wenigen Stockwerken im Innern des Turmes gegeben hatte, daß der Turm selbst noch stand und wir bald gerettet werden würden.

Geschehen war in Wirklichkeit jedoch Folgendes: Irgendwie hatte der Kern des Gebäudes in den unteren Stockwerken gehalten, während die äußeren Teile sozusagen keinen Platz mehr fanden, wo sie hinfallen konnten. Das ist sehr grob vereinfacht. Anders läßt es sich nicht erklären, und doch, einige Leute, mit denen ich hinterher gesprochen habe, meinen, daß es sehr wohl einen Sinn ergibt, daß es im Grunde einem simplen physikalischen Gesetz entspricht. Wer weiß, vielleicht stimmt es. Ja, 110 Stockwerke waren zusammengekracht, doch die Trümmer sind anscheinend *um uns herum* gestürzt oder wurden in den Boden und die unterirdischen Ebenen in der nächsten Umgebung gerammt, anstatt auf uns draufzufallen. Das Äußere des Turmes wurde sozusagen weggeschmolzen, und die Trümmer wurden in der Mitte so massiv zusammengepreßt, daß sie sich irgendwie selbst Widerstand boten und in ihrem Kern einen Hohlraum bildeten. Oder so ähnlich. Natürlich war die Verwüstung unter uns, um uns und über uns, einfach überall verstreut, doch als sich der Staub legte, befanden wir uns erstaunlicherweise ziemlich an der Spitze des riesigen Berges aus verbogenem Stahl und Beton, der vom Nordturm übrigblieb. Das World Trade Center hatte etwa eine Fläche von sechseinhalb Hektar eingenommen, doch das Trümmerfeld nach der Katastrophe war rund fünfzig Hektar groß. Noch fünf oder sechs Häuserblocks entfernt waren Straßen von Schutt verstopft; angrenzende Gebäude wurden von herabstürzenden Betonblöcken und gewaltigen Stahlträgern zum Einsturz gebracht; und wir überlebten unten im Gerippe des Nordturms, nur rund 13 Meter von blauem Himmel entfernt.

So war unsere Lage, wir wußten es bloß noch nicht. Mark Ferran erzählte mir später, daß man von außen nur eine einsame Wand aus der Trümmerwüste herausragen sah. Sie muß etwa zehn Stockwerke hoch gewesen sein, von der Spitze des Schuttberges an – und sie war der einzige Teil des Gebäudes, der noch wie ein Gebäude aussah. Alles andere sah bloß noch aus wie ein Haufen Mikadostäbe. So beschrieb Mark es, und es ist ein ziemlich gutes Bild. Als wäre alles fest und solide gewesen, und dann hätte jemand losgelassen, und die einzelnen Teile wären kreuz und quer durcheinandergepurzelt, bis auf diese eine Wand, und in dieser Wand befand sich das Gehäuse unseres Treppenhauses.

Jay Jonas und seine Männer hatten ihren Teil des Treppenhauses schon einige Zeit zuvor erkundet, und sie waren zu dem Schluß gekommen, daß die Stufen selbst ziemlich wackelig wirkten. Sie waren an nichts Richtigem befestigt; als ob sie nur noch aus Gewohnheit dort hingen, und ich konnte mir gut vorstellen, daß man davor zurückschreckte, sie hochzusteigen, solange es kein konkretes Ziel gab, aber jetzt, da das Licht zu sehen war, hatten wir ein konkretes Ziel, und da wollte ich hin.

Ich sauste die paar Treppenläufe zu Jay hinauf, trat zwar auf die ungesicherten Stufen, nutzte aber auch alle Vorsprünge und Trittflächen, die ich an den Seitenwänden finden konnte. Es gab alle möglichen vorstehenden Teile, die in die Luft ragten, und sie boten guten Halt, so daß ich mich an den Stellen, wo keine Treppe mehr da war, bis zu den nächsten Stufen weiterhangeln konnte. Für mich waren sie keine Hindernisse, sondern Kletterhilfen. Eingeknickte Träger und Metallbalken und was weiß ich noch alles, die einfach so in die Luft ragten und anscheinend fest genug waren, um mich zu tragen, so daß ich mich ein Stück weiterhieven konnte. Erstaunlicherweise fühlte sich nichts heiß an. Wir wissen heute, daß die Temperaturen in dem Feuerball zwischen 800 und 1100 Grad Celsius erreichten, wodurch die Stahlkonstruktion der Tower aufgeweicht wurde, aber diese mörderische Hitze war nicht in unseren Hohlraum vorgedrungen, und so konnte ich mich überall festhalten und weiterklettern. Damals dachte ich nicht groß über die Hitze nach, ich dachte über gar nicht viel nach, ich war einfach nur in Bewegung. Wenn ich wirklich darüber nachgedacht hätte, was ich da gerade tat, hätte ich bestimmt weiche Knie bekommen wegen dieser riskanten Kletterpartie.

Ich brauchte Gott sei Dank nicht lange, bis ich oben ankam. Ich war schon oben bei Jay, bevor ich mir großartig Gedanken machen konnte, und ich setzte mich neben ihn, und wir unterhielten uns kurz, wunderten uns, daß wir noch lebten, und überlegten, wie wir weiter vorgehen sollten. Es war das erste Mal, daß Jay und ich uns wirklich gegenüberstanden, nachdem wir immerhin schon drei oder vier Stunden eingeschlossen waren, und es war einfach überwältigend, ihn zu sehen. Mit jemanden zusammenzusein, den man kennt, und das auch noch in dem Augenblick, wo man zum ersten Mal wieder Hoffnung gefaßt hat ... Mann, das tut gut. Eines habe ich an diesem schicksalhaften Tag gelernt: Es ist besser, mit einem Freund zu sterben als mit einem Fremden. Und noch etwas anderes: Es ist besser, mit einem Freund zu kämpfen und zu überleben, als mit ihm zu sterben.

Jay brachte mich auf den neusten Stand, wie es Josephine Harris ging. Er erzählte mir, daß er und seine Männer sich darin abgewechselt hatten, ihr die Hand zu halten, sie zu beruhigen, ihre Ängste zu besänftigen. Sie hatte sich ziemlich gut gehalten, alles in allem – und hier paßte dieser Ausdruck nun wirklich. *Alles in allem.* Diese zähe, tapfere Frau hatte alles durchgestanden, sie war ruhig und gefaßt und legte eine Entschlossenheit und Kraft an den Tag, wie sie sie bei sich selbst vermutlich nie für möglich gehalten hätte. Natürlich war sie zutiefst erschüttert, aber sie hielt durch, so gut sie eben konnte und besser als irgend jemand es je von ihr erwartet hätte.

Durch das Gespräch mit Jay sah ich unsere Höhle nun auch zum ersten Mal aus seiner Perspektive, und die unterschied sich gewaltig von meiner, wie ich rasch feststellte. Hier oben hatte man sehr viel mehr Bewegungsfreiheit – nämlich die volle Breite des Treppenhauses –, während wir unten Seite an Seite gedrängt gesessen hatten, weil unsere Stufen nach innen weggebrochen und nur noch konkave Reststücke übriggeblieben waren. Im Vergleich zu unseren Platzverhältnissen da unten war das hier das reinste Ritz – aber andererseits, verglichen mit dem Ritz, war auch Jays Fleckchen ein ziemliches Höllenloch, so wie unseres.

Die unterschiedliche Perspektive führte auch zu einer unterschiedlichen Einschätzung unserer Möglichkeiten. Für mich gab es eigentlich nur eine: raufklettern und nichts wie raus. Jay dagegen hatte andere Vorstellungen. In seinem Blickfeld lag ein Fahrstuhlschacht, und er schlug vor, daß wir versuchen sollten, hinüberzuklettern und nach unten zu gelangen. Er hatte ihn sich schon im Schein der Taschenlampe angesehen, und als durch das Licht über uns eindeutig klar wurde, um was für einen Schacht es sich handelte, hatte er diesen Plan gefaßt. Ich fand ihn unsinnig, aber Jay war überzeugt davon; vermutlich stellte er sich das Gebäude noch immer so vor, wie es war, als wir es am Morgen betreten hatten, und er meinte, wir müßten noch immer vom vierten oder fünften Stock nach *unten* kommen.

Ich schätzte unsere Lage anders ein. »Jay«, sagte ich, »wir gehen nicht runter, wir gehen rauf.« Ich zeigte auf die Öffnung in der Treppenhausdecke. »Das ist unser Weg nach draußen.«

»Und wie willst du da hochkommen?« fragte er.

»Keine Bange«, sagte ich. »Ich komm schon hin.« Ich war so nah an frischer Luft, und ich würde es versuchen, koste es, was es wolle.

Bevor ich mich auf den Weg machte, sprach ich noch kurz mit Josephine Harris, um mir selbst ein Bild von ihrer Verfassung zu machen, und wie Jay gesagt hatte, sie hielt sich erstaunlich gut. Es war keine Zeit für Small talk, aber es war auch nicht der Moment, einfache menschliche Anteilnahme vermissen zu lassen oder zu vergessen, warum wir überhaupt hier waren. Schließlich waren wir zunächst und vor allem Feuerwehrmänner, und soweit wir das sagen konnten, war diese Frau die letzte Zivilistin, die gerettet werden konnte. Sie verkörperte unsere Arbeit, den Grund, warum wir hier waren, unsere Entschlossenheit rauszukommen. Es gab nicht viel zu sagen, aber ich war dankbar für die Gelegenheit, ihr in die Augen zu blicken und ihr zu sagen, daß wir alles taten, was in unseren Kräften stand, um sie hier rauszubringen. Um uns alle hier rauszubringen. Sie lächelte schwach, und ich strich ihr zum Abschied sanft über die Schulter.

Trotz der Hitze und Enge des Treppenhauses trug ich noch meine Einsatzkleidung. Noch immer hatte ich meine Taschenlampe in der einen und mein Megaphon in der anderen Hand. Mein Helm war weg. Ich hatte ihn nach dem ersten Sturz nicht mehr wiedergefunden. Ich trug ein paar Arbeitshandschuhe im Gürtel, die ich jedoch noch nicht überstreifte. Eigentlich war der Aufstieg recht problemlos, die Treppe hielt, und schon bald war ich fast an der Öffnung angekommen. Auf dem größten Teil der Strecke von meinem Ausgangsort bis zu dem Loch in der Decke waren noch immer Stufen vorhanden. Hier und dort mußte ich mir einen weniger angenehmen Weg suchen, zum Beispiel weil die Treppenabsätze weggebrochen waren. Dann tastete ich nach einem festen Halt, zog mich ein Stück höher, bis die Stufen weitergingen. Ich brauchte meine Taschenlampe nicht mehr, um sehen zu können, aber ich wollte sie auch nicht verlieren, deshalb hatte ich die Finger durch die Trageschlaufe geschoben, wodurch meine Hände so ziemlich frei waren. In dieser Höhe reichte das Licht, das durch die Öffnung fiel, völlig aus, und beim Klettern sah ich Staubpartikel in den Sonnenstrahlen tanzen. Hätte ich eine Kamera gehabt, es wäre ein eindringliches Foto geworden: Asche und Ruß, die im hellen Sonnenschein tanzende Muster bildeten – als kletterte ich zu den Dachbalken einer verfallenen Scheune hoch und sähe die Sonne, die durch die Überreste des Daches drang. Beinahe unwirklich. Als befänden wir uns alle auf einem anderen Planeten, weit weg von der Welt, wie wir sie kannten, und als ich der Lichtquelle immer näher kam, hatte ich fast das Gefühl, gezogen zu werden.

Als könnte ich nirgendwo sonst hin.

Wenn ich nach unten schaute, sah ich die hoffnungsvollen Gesichter von Jay Jonas, seinen Männern und Josephine Harris. Ab und zu warfen sie einen Blick zum Himmel, schätzten ab, wie gut ich vorankam, und bemühten sich, sich nicht zu früh zu freuen. Ich sah nicht oft nach unten, aber das Bild steht mir noch vor Augen.

Matt Komorowski, Mickey Cross und die Jungs von Engine 36 konnte ich nicht sehen, weil sie zu weit unten waren, aber ich bin sicher, daß Ladder 6 sie auf dem laufenden hielt – und noch weiter unten saßen die beiden letzten Feuerwehrmänner von Engine 36, Coniglio und Efthimiaddes, in ihrem separaten Hohlraum und lauschten sicherlich gebannt, was ihre Kollegen an sie weitergaben.

Ich brauchte gar nicht mal lange, um vom obersten Rest unseres Treppenhauses bis zu der Öffnung zu gelangen. Höchstens vier oder fünf Minuten, und der einzige Grund, warum es überhaupt *so* lange dauerte, war die Tatsache, daß ich zwischendurch anhalten und mir einen guten Kletterweg suchen mußte. Wie gesagt, es war kein Zuckerschlecken, aber ich schaffte es ziemlich zügig.

Als die Treppen zu Ende waren und der Himmel sich öffnete, bot sich mir ein unfaßlicher Anblick: strahlendes Licht. Völlige Verwüstung. Kein Anzeichen von Leben, keine Bewegung. Kein Geräusch außer dem Pfeifen des Windes. Für mich war es ja das erste Mal, daß ich diese unermeßliche, grauenhafte Zerstörung auf der Plaza sah. Ein solcher Anblick, der mich im Grunde doch unvorbereitet traf, läßt einen an der Welt zweifeln. Man muß bedenken, daß die meisten Menschen am Fernseher miterlebt hatten, wie die Türme einstürzten, und erst dann dieses gewaltige Trümmerfeld sahen. Das war die richtige Reihenfolge. Wer den Zusammenbruch gesehen hatte, war wohl doch irgendwie auf den Anblick vorbereitet. Aber ich nicht. Absolut nicht. Und als ich das Trümmerfeld jetzt sah, raubte es mir fast den Atem, daß ausgerechnet wir paar Menschen eine derart verheerende Katastrophe überlebt hatten. Allerdings wurde mir in diesem Moment auch klar, daß es von der Stelle aus, wo ich stand, offenbar keinen gangbaren Weg nach unten und in Sicherheit gab. Überall um uns herum tobten Brände, in sämtlichen Gebäuden des Komplexes, der einmal das World Trade Center gewesen war. Bis hierher hatten wir es geschafft, aber was mochte uns noch auf dem Rest des Weges erwarten?

Was von unten wie ein Loch in der Decke ausgesehen hatte, war in Wahrheit ein Loch in der Wand des Treppenhauses, das auf eine Art Balkon ging. Und von dort bot sich mir der Blick über das Trümmerfeld. Ich mußte an die Bilder vom Bombenanschlag in Oklahoma City denken. Damals war die Fassade des Bürogebäudes abgesprengt worden, und man konnte direkt in alle Räume sehen. Genauso war es hier auch. Als hätte man das Treppenhaus einfach seitlich aufgeschlitzt und die Außenmauern des Turmes aus ihrem Rahmen gerissen, so daß dieser eine Treppenabsatz plötzlich im Freien stand.

Das intensive Sonnenlicht war für mich eine Offenbarung. Es kam mir schier unglaublich vor. Noch immer hing schwarzer Rauch in der Luft, und Tonnen von schwerem Zementstaub hatten sich noch längst nicht gelegt, aber durch den böigen Wind entstanden hier und da Luftblasen mit frischer Atemluft, und dann und wann bekam ich den knallblauen Himmel und die strahlende Sonne zu Gesicht. Das Licht war so unverschämt hell, daß ich die Augen schließen mußte, und zum ersten Mal merkte ich deutlich, wie schlimm es nach all der Asche und dem Rauch im Treppenhaus um meine Augen bestellt war. Es war fast unerträglich, sie aufzuhalten – ein stechender, brennender, heftiger Schmerz –, aber zugleich war es auch unerträglich, sie *nicht* aufzuhalten, mich *nicht* umzusehen. Schließlich sah ich blauen Himmel! Sonnenlicht! Nach all den Stunden in der Dunkelheit, all den dunklen Gedanken, konnte ich den Blick nicht abwenden, und ich schaute nach Osten, Richtung Church Street und World Trade Center Fünf. Ich war etwa zwölf Meter von dem entfernt, was man wohl als Boden bezeichnen könnte, nur daß es kein *Boden* im üblichen Sinne des Wortes war.

Als ich diesen offenen Balkon erreicht hatte, rief ich als erstes Mark Ferran über Funk. »Ich bin draußen!« rief ich in mein Walkie-talkie. »Ich bin draußen! Ich bin hier!«

Natürlich hatte der arme Mark keine Ahnung, was *hier* in diesem Moment bedeutete, also ließ ich die Sirene wieder aufheulen. Und diesmal konnte er sie hören! Er wußte noch immer nicht, wo ich nun steckte, oder wie er mich erreichen sollte, aber zumindest konnte er jetzt die Sirene hören und seine Männer in diese Richtung führen. Ich schaltete sie immer wieder ein, nur um ganz sicherzugehen. Außerdem waren unsere Funkverbindungen jetzt superklar. Die ganze Zeit vorher hatten sie verrauscht und weit weg geklungen, jetzt jedoch hörte ich Mark laut und deutlich, und das war ein ermutigendes Zeichen für mich. Zu diesem Zeitpunkt waren eigentlich Glen Rowan und seine Männer, Jerry Sunden, Jim Lanza und Tom Corrigan, meinem Standort am nächsten, also gab Mark ihnen unsere Position durch und versuchte, sie näher an uns heranzudirigieren.

Nachdem ich oben angekommen war, folgten mir Mike Meldrum, Sal D'Agastino, Tom Falco und Matt Komorowski auf den Fersen. Jay Jonas und Bill Butler blieben noch bei Josephine Harris, weil sie es unmöglich bis hinauf zu diesem kleinen Balkon schaffen konnte und sie sie nicht allein lassen wollten; kurz darauf kletterten David Lim und Mickey Cross zu den dreien hinauf, und sobald sie da waren, machten sich Jay Jonas und Bill Butler auf den Weg nach oben. Lieutenant Jim McGlynn und sein Neuling Rob Bacon blieben auf dem Treppenabsatz im zweiten Stock und suchten nach einem Ausweg für Coniglio und Efthimiaddes. Auch für Josephine Harris mußten wir uns etwas überlegen, um sie nach oben zu bekommen, aber die anderen Männer von Ladder 6 hatten keinerlei Schwierigkeiten mit dem Aufstieg. Ich half ihnen beim letzten Schritt auf den Balkon, und als sie einer nach dem anderen oben ankamen, sahen sie sich um, genau wie ich es getan hatte. Mit großen Augen, ungläubig, völlig fassungslos. Sprachlos.

In diesem Moment, als die Männer von Ladder 6 gerade dabei waren, die ganze Szenerie in sich aufzunehmen, beugte sich Jay Jonas zu mir herüber und sagte: »Übrigens, Billy hat ein Handy dabei.«

Er deutete auf Bill Butler, als wollte er mich auffordern, mir eine Zigarette oder ein Pfefferminzbonbon zu schnorren, als wäre es das natürlichste von der Welt, in diesem Moment jemanden anzurufen. Normalerweise schnappe ich mir immer ein Handy, wenn wir ausrücken. Wie die meisten Chiefs habe ich meistens eins im Ladegerät des Einsatzwagens, doch aus irgendwelchen Gründen hatte ich an diesem Morgen vergessen, eins mitzunehmen, und danach hatte ich nicht mehr daran gedacht. Während wir in diesem dunklen Treppenhaus eingeschlossen waren, kam mir gar nicht der Gedanke, daß einer von uns ein Handy dabeihaben könnte. Ich weiß zwar nicht, ob es unter all den Trümmern überhaupt funktioniert hätte, zumal die meisten Mobilfunknetze ohnehin zusammengebrochen waren, aber es wäre immerhin beruhigend gewesen zu wissen, daß wir eins hatten. Schließlich hatte ich ja auch durchgefragt, was für Ausrüstung verfügbar war, um uns einen Überblick über unsere Möglichkeiten zu verschaffen.

Wie dem auch sei, wir warteten jetzt auf Mark Ferran und seine Leute, die einen Weg zu uns suchten, und ich sprach mit ihnen über Funk. Währenddessen fingen Jays Männer an, ihre Frauen anzurufen, um ihnen zu sagen, daß sie soweit wohlauf waren. In ganz New York

City war das Handynetz zusammengebrochen. Aber aus irgendeinem Grund konnte man immer noch das Ortsnetz von Orange County erreichen, die Gegend, in der ich wohnte. Viele von uns wohnten da draußen, unter anderem auch Billy. Die Männer riefen also ihre Frauen an, sagten ihnen, daß sie überlebt hatten und was passiert war. Billy bat sogar seine Frau, die Einsatzleitung anzurufen und ihr durchzugeben, wie viele wir waren und wo. Es war wirklich sehr anrührend, aber insgeheim war ich immer noch stinksauer, weil mir die ganze Zeit über keiner gesagt hatte, daß wir ein Handy hatten. Ich kam über meinen Ärger nicht hinweg, und deshalb nahm ich die menschliche Seite dieser Gespräche gar nicht richtig wahr. Ich dachte immer bloß, wieso fällt denen das jetzt erst ein?

Als alle durch waren, hielt Bill Butler mir das Handy hin, damit ich Debbie anrufen konnte, aber ich brachte es nicht über mich. Was hätte ich ihr denn sagen sollen? *Hallo, Schatz. Heute abend wird's ein bißchen später. Warte nicht mit dem Essen auf mich.*

Meiner Meinung nach waren wir nach wie vor Eingeschlossene. Ich war optimistisch, unsere Lage hatte sich im Vergleich zu vorher entscheidend verbessert, aber wir hatten es noch lange nicht geschafft. World Trade Center Fünf brannte, World Trade Center Sechs stand lichterloh in Flammen, und hinter den beiden drohte World Trade Center Sieben gleich einzustürzen; es schien fast unmöglich, sich über die Berge aus verbogenem Stahl und geborstenem Beton hinweg einen Weg zu suchen, zumal die brennenden Hochhäuser eine ständige Bedrohung darstellten. Außerdem wußte Debbie wahrscheinlich noch gar nicht, daß ich vermißt wurde, warum also hätte ich sie jetzt in Sorge versetzen sollen, wo noch nicht alles vorbei war? Wir hatten nie darüber gesprochen, wie wir uns in einem solchen Moment verhalten würden, ob sie angerufen werden wollte oder nicht, falls die Möglichkeit bestand, aber ich dachte, es wäre leichter für sie, wenn ich mich nicht meldete. Später, wenn ich in Sicherheit war, würde ich ihr alles erzählen.

Die meisten Frauen von Feuerwehrmännern wußten, was in solchen Situationen das übliche Verfahren war. Sie wußten es nur allzu gut. Wenn irgend etwas Schreckliches passiert war, schickte das Department einen Chief los, der sie dann zusammen mit einem Pfarrer oder Rabbi oder Pastor zu Hause oder an ihrem Arbeitsplatz aufsuchte. Das ist der immer wiederkehrende Alptraum jeder Frau eines Feuerwehrmannes: daß es an der Tür schellt und ein Chief steht davor mit einem Geistlichen an seiner Seite. Nach dem 11. September ist dieser Alptraum jedoch von einem anderen verdrängt worden. Das Department hatte so hohe Verluste erlitten, daß es nicht mehr genug Chiefs und auch nicht genug Geistliche gab, um die Angehörigen zu verständigen. Der neue Alptraum war der, nie zu erfahren, was dem Ehemann zugestoßen war, nie diesen schweren, aber irgendwann sogar erlösenden Besuch zu bekommen. Noch heute, drei Monate nach dem Anschlag auf das World Trade Center, quält mich der Gedanke, daß noch immer viele Ehefrauen auf eine offizielle Benachrichtigung vom Department warten. Auf einen Besuch. Einen Anruf. Einen Brief. Irgendwas. Viele Frauen rufen immer wieder in den Feuerwachen ihrer Ehemänner an, und dort erhalten sie auch viel Trost, aber kein Mensch weiß, wie die Männer in den Gebäuden verteilt waren. Die Frauen warten und warten und warten, und niemand kommt. Das Kommandobrett, das in der Lobby des Nordturms aufgestellt worden war, liegt irgendwo in dem Trümmermeer. Unsere Führung hat also keinerlei Anhaltspunkte und kaum die Möglichkeit nachzuvollziehen, wo sich einzelne Feuerwehrmänner gerade aufhielten. Deshalb müssen diese armen Frauen weiterhin vergeblich darauf warten, Aufschluß über die letzten Augenblicke ihrer Männer zu erhalten. Und das Türklingeln, auf das sie hoffen, kommt nie.

Ich wollte Debbie auf keinen Fall mit irgendwelchen Ängsten belasten, und da ich davon ausging, daß sie sich jetzt noch keine Sorgen um mich machte, verschob ich den Anruf auf später. Wie sich schließlich herausstellte, hatte sie zu diesem Zeitpunkt wirklich keine Ahnung gehabt, daß ich vermißt wurde. Stephen, Lisa, meine Eltern auf Staten Island ... keiner wußte es. Sie alle hatten gewisse Befürchtungen, alle stellten sich die bange Frage: *Was, wenn?* Aber Genaueres wußte niemand von ihnen, und da war es am einfachsten, fest davon auszugehen, daß mir nichts passiert war. Debbie arbeitete im Krankenhaus, lauschte mit einem Ohr auf das, was am World Trade Center passierte, gab sich aber zugleich alle Mühe, ihre schlimmsten Ängste gar nicht erst aufkommen zu lassen. Schließlich wurde sie durch einen Anruf von Jay Jonas Frau Judy mit der Wirklichkeit konfrontiert. Judy telefonierte hinter Debbie her, bis sie sie auf der Säuglingsstation erreichte, und teilte ihr mit, daß Jay und ich mehrere Stunden in einem Treppenhaus eingeschlossen gewesen waren, daß es uns aber allem Anschein nach gut ging.

Soviel zu meinem Versuch, Debbie nicht zu beunruhigen, bevor wir nicht in Sicherheit waren.

Stephen war an dem Morgen in der Schule, und als der Unterricht wegen der unsicheren Lage in der Stadt früher beendet wurde, fuhr er einfach nach Hause. Er hatte die Bilder im Fernsehen gesehen, hatte die Berichte im Radio gehört, doch genau wie seine Mutter sagte er sich: Keine Nachrichten sind gute Nachrichten. Wenn er im Verlauf des Morgens und Nachmittags überhaupt an mich dachte, dann ging er davon aus, daß ich in meiner Feuerwache war, etliche Meilen vom Ort des Geschehens entfernt. Er kannte sich mit dem Department und den Richtlinien, nach denen Trupps zu großen Einsätzen ausrücken, gut genug aus, um zu wissen, daß ich unter normalen Umständen nicht mal in der Nähe des World Trade Centers sein konnte. Aber die Umstände waren nun mal nicht normal.

Von uns vieren hatte nach mir meine Tochter Lisa den schlimmsten Vormittag. Wie schon erwähnt, stand sie kurz nach neun Uhr morgens vor dem Studentenwohnheim der Pace University, William Street Ecke Fulton Street, und sah mit eigenen Augen, wie das zweite Flugzeug in den Südturm einschlug. Sie ging daraufhin zur Park Row, direkt gegenüber der City Hall, und blieb dort stehen, bis der zweite Tower einstürzte. Sie sah alles, denn, wie sie sagte, auch wenn das Hinsehen kaum zu ertragen war, das Wegsehen war ihr unmöglich. Sie sah sogar die Feuerwehrmänner, die über die Brooklyn Bridge nach Manhattan jagten, wie sie aus den Wagenfenstern spähten, um einen Blick auf das Grauen zu werfen, das sie erwartete, und sie fragte sich, ob in diesem Moment vielleicht jemand ihren Dad beobachtete, der quer durch die Stadt auf die größte Katastrophe zuraste, die sie je in ihrem Leben gesehen hatte. Sie dachte an all die mutigen Männer, die heute ihr Leben verlieren würden, und betete, daß ich nicht einer von ihnen war.

Von der Park Row aus war alles nur undeutlich zu sehen, so erzählte sie mir später, und doch war da die Gewißheit, daß ich mich irgendwo vor Ort befand. Sie hoffte zwar, daß ich nicht in Gefahr war, aber sie wußte es nicht und konnte sich auch nicht überwinden, in der Feuerwache anzurufen und nach mir zu fragen.

Irgendwann wurde ganz Süd-Manhattan evakuiert, doch bevor sie sich zurückzog, lief Lisa noch rasch zurück in ihr Wohnheim, griff sich ein paar T-Shirts, machte sie naß, riß sie in Fetzen und fing an, die Lappen an ihre Mitstudenten zu verteilen. Sie sollten sich die Tücher vor Nase und Mund halten, damit sie besser Luft bekamen. Die Staubwolke hatte das gesamte Gebiet eingehüllt, und als Tochter eines Feuerwehrmanns wußte sie natürlich, was zu tun war.

Eigentlich waren die Wohnheime schon geschlossen worden, und die Polizei tat alles, um die Menschen so rasch wie möglich zu evakuieren, aber Lisa kannte einige Schleichwege, rannte auf ihr Zimmer, schnappte sich diese T-Shirts und machte einer ganzen Menge dankbarer junger Leute den Weg aus dem Katastrophengebiet sehr viel leichter. Dann fand sie sogar noch Zeit, in das Zimmer einer Freundin zu eilen, wo sie einen funktionierenden Computer entdeckt hatte, und eine E-Mail an alle ihre Freunde zu schicken. Darin bat sie, wer auch immer die Nachricht empfing, sollte ihre Mutter anrufen und ihr sagen, daß sie wohlauf war. Sie hatte es selbst schon versucht, war aber nicht durchgekommen, und sie dachte sich, daß Debbie schon genug damit zu tun hatte, sich *keine* Sorgen um mich zu machen, ohne sich auch noch *keine* Sorgen um Lisa machen zu müssen.

Als Stephen aus der Schule nach Hause kam, waren rund zwanzig Nachrichten auf unserem Anrufbeantworter – und fast alle stammten von Debbies Freunden. Ihr Freund. Eine Freundin aus High-School-Zeiten. Noch eine Freundin. Und so weiter. Stephen rief seine Mutter im Krankenhaus an und sagte ihr, daß Lisa in Sicherheit war, und Debbie fiel ein Stein vom Herzen. Sie hatte sich um uns beide gesorgt – vor allem um Lisa und um mich eher irgendwo im Hinterkopf, wo sie die Dinge dachte, die sie eigentlich nicht denken wollte. Sobald sie wußte, daß mit Lisa alles in Ordnung war, blieben nur diese uneingestandenen Sorgen um mich, und die konnte Debbie recht gut verdrängen; schließlich hatte sie, wie die meisten Frauen von Feuerwehrmännern, viel Übung darin, sich einzureden, daß ich nicht wirklich in Gefahr war oder daß ich zu schlau oder zu vorsichtig oder zu gut in meinem Job war, als daß mir wirklich etwas passieren konnte.

Schließlich gelang es Lisa dann doch noch, Debbie ans Telefon zu bekommen. Natürlich war Debbie unendlich erleichtert, Lisa zu hören, die einfach zu nah an Ground Zero war, als daß eine Mutter sich nicht geängstigt hätte. Lisa dagegen wollte sich nur nach mir erkundigen. Wieder war die unterschiedliche Perspektive entscheidend: Lisa hatte die ganze Zeit gewußt, daß ihr keine wirkliche Gefahr drohte, und dachte an mich.

»Mach dir keine Sorgen um Daddy«, beschwor Debbie sie. »Daddy geht's gut.«

»Arbeitet er heute?« wollte Lisa wissen.

»Ja, er ist zur Arbeit«, sagte Debbie. »Aber doch nicht in Süd-Manhattan.«

»Bist du wirklich so naiv?« fragte Lisa entnervt. »Natürlich ist er da. Wo sollte er denn sonst sein?«

So ging das eine Weile hin und her. Debbie tat ihr Möglichstes, um Lisa zu beruhigen, Lisa tat ihr Möglichstes, um Debbie in Angst und Schrecken zu versetzen, und am Ende des Gesprächs hatten sich beide in eine ziemliche Panik hineingesteigert.

Wir dachten unterdessen über unsere nächsten Schritte nach. Etwa zur selben Zeit arbeiteten sich Glen Rowan und der Rest seines Trupps allmählich an uns heran. Wie gesagt, Mark und Glen hatten ihr Team aufgeteilt, weil sie meinten, kleinere Gruppen kämen schneller voran, und Glen war mit seinen Männern unserem Standort inzwischen am nächsten. Außerdem hatte sich eine dritte Gruppe von dem ursprünglich aus neun Männern bestehenden Team gelöst, um anderen auf den Straßen um die Plaza zu helfen, aber die beiden anderen Gruppen arbeiteten sich weiter zu uns vor.

Mark bat einen Feuerwehrmann von Rettungstrupp 2 um Hilfe, und der hatte noch andere Rettungskräfte dabei, die einen Weg durch das Trümmerfeld suchten. Glen und seine Männer konnten die Rückwand von Treppenhaus B sehen, die Seite, die nicht freigelegt worden war, und sie mußten sich drum herum tasten. Ich ließ immer wieder die Sirene aufheulen und bekam über Funk die Meldung, daß sie sie hören konnten, aber wir hatten noch immer keinen Sichtkontakt.

Was wir nicht wissen konnten, war, daß die Männer unterwegs ihre Werkzeuge abgelegt hatten. Das Vorwärtskommen war derart anstrengend, daß sie durch das zusätzliche Gewicht immer langsamer wurden, also ließen sie ihre Bergungsgeräte liegen, ihre Atemmasken und Flaschen, alles, von dem sie meinten, daß sie es nicht brauchen würden. Die Luft war rauchgeschwängert, aber es war kein schwerer, ätzender Rauch, der das

Atmen schwierig machte, daher meinten sie, daß sie wohl ohne ihre Atemmasken auskommen könnten. Sie waren daran gewöhnt, so einen Mist einzuatmen. Außerdem brauchten sie die Hände zum Klettern.

Mittlerweile berichteten sie alle paar Minuten über Funk, wie weit sie waren, und es war klar, daß sie in wenigen Augenblicken bei uns sein würden.

# ELF

# Nach Hause

Nachdem wir durch die Öffnung aus dem Treppenhaus
ins Freie gelangt waren, hatten wir gut eine Stunde lang
den Vorsatz, uns nicht von der Stelle zu rühren und
auf Mark Ferran, Glen Rowan und die Männer von Ladder 43 zu warten, doch währenddessen kam mir der Gedanke, daß diese Feuerwehrmänner auch nicht besser
ausgerüstet sein könnten als wir, um uns nach unten zu
bringen und über dieses gefährliche Terrain zu führen.
Ich glaube, das wurde uns allen auf diesem künstlichen
Balkon klar, und allmählich dachten wir über eigene
Maßnahmen nach. Wir waren schon so weit gekommen,
ohne fremde Hilfe, vielleicht würden wir auch den Rest
des Weges alleine bewältigen müssen.

Mir selbst kam diese Erkenntnis ganz allmählich. Ich
stand an der Nordwestecke dessen, was noch wenige
Stunden zuvor das World Trade Center gewesen war,
und starrte über ein trostloses Meer aus Trümmern und
Ruinen, das auf allen Seiten von Bränden umgeben war.
Aus dem Bunker des Secret Service, der im World Trade
Center Fünf untergebracht gewesen war, hörte man
leichte Munition detonieren. Und je länger ich dort
stand, desto mehr beunruhigte es mich, daß wir noch
immer warteten. Worauf eigentlich? Wir bekamen re-
gelmäßig über Funk Meldungen von Mark Ferran oder

Glen Rowan, doch ich hatte den Eindruck, daß sie nicht wirklich vorankamen. Jeder Pfad, den sie einschlugen, schien blockiert, jeder Weg endete als Sackgasse, und bei diesen endlosen Fehlschlägen und neuerlichen Versuchen klebten wir fest wie Fliegen am Fliegenfänger; Tageslicht hin oder her, wir waren noch immer Eingeschlossene.

Am auffälligsten war für mich, daß keine Menschen zu sehen waren. Keine Toten, keine Verletzten. Keine Feuerwehrmänner oder andere Rettungskräfte. Niemand. Es war ein schockierendes Stilleben. Außer den Stimmen von Mark Ferran und Glen Rowan kam kein Laut über Funk. Und es gab auch sonst nicht viel Krach, abgesehen von dem Zischen und Prasseln der Brände und den unablässigen Explosionen. Kein Blaulicht, kein Sirenengeheul, überhaupt keine Anzeichen von Rettungsmaßnahmen. Wir standen da und standen und standen, und irgendwann dachte ich: Verdammt, wo bleiben die denn? Wir hatten die Hölle durchgemacht, wir hatten uns aus eigener Kraft bis hierher, bis zu diesem vielversprechenden Punkt hochgearbeitet, und allmählich schien es, als wären die Jungs von 43 niemals in der Lage, von da, wo sie waren, dorthin zu kommen, wo wir waren – jedenfalls nicht in absehbarer Zeit.

Also rief ich nach unten und fragte nach dem Rettungsseil, das noch unten auf dem Treppenabsatz bei unserer Ausrüstung lag. Keiner von uns, die wir auf dem Trümmerstück von Balkon standen, hatte daran gedacht, das Seil mit nach oben zu nehmen, aber jetzt wurde es schnell geholt. Ich dachte: Toll, dieses Seil bringt uns hier raus. 45 Meter lang, festes Nylon, mit einer Tragfähigkeit von gut 2700 Kilo. Es gehört zur Grundausstattung eines jeden Rettungsteams, und es war genau das richtige Hilfsmittel, um den unsicheren Abstieg hinunter auf das Trümmerfeld zu bewerkstelligen. Wenn wir es an einem Rettungsgürtel befestigt trugen, verhalf es uns zu enormer Flexibilität und Bewegungsfreiheit, um an schwer erreichbare Stellen zu kommen. Früher, als wir noch richtiges Gurtzeug an unseren Schutzanzügen trugen, hatten wir sogar noch mehr Bewegungsfreiheit. Doch das Gurtzeug hatte nur eine Nutzungsdauer von zirka zehn Jahren, und danach befand unser Commissioner, daß es zu teuer wäre, neues anzuschaffen. Der Grund für diese Entscheidung war der, daß das Gurtzeug nur sehr selten zum Einsatz kam. Zugegeben, die Male, bei denen ich im Verlauf der zehn Jahre mein Gurtzeug brauchte oder anderen Feuerwehrmännern dabei half, ihres zu benutzen, lassen sich vermutlich an einer Hand abzählen. Es sah so ähnlich aus wie das Gurtzeug mit Karabinersitz, das Bergsteiger verwenden, und es war ein Bestandteil unserer Ausrüstung. Schon allein deshalb, weil wir das Gurtzeug trugen, konnten wir manche Manöver in Angriff nehmen, die wir ohne nicht mal in Erwägung gezogen hätten.

Die Rettungsgürtel, die wir nun statt dessen hatten, waren dicke Ledergürtel, wie die von Gewichthebern, die eng um die Taille getragen wurden und mit einem riesigen Haken versehen waren. Als Teil einer Kletterausrüstung waren sie völlig veraltet und längst nicht so nützlich wie das modernere und praktischere Gurtzeug. Diese Gürtel trugen wir nicht automatisch beim Einsatz, so wie früher das Gurtzeug, sondern wir bewahrten sie bei der übrigen Ausrüstung auf, meistens zwei oder drei pro Trupp. Es war ein echter Rückschritt, diese Dinger benützen zu müssen, nachdem wir so lange ohne ausgekommen waren. Außerdem war es lästig, sie mitzuschleppen, anstatt einfach wie früher das Gurtzeug anzulegen und sich keine weiteren Gedanken mehr darum machen zu müssen. Aber wir hatten nun mal nichts Besseres, und deshalb verwendeten wir sie.

Auch auf diesem Balkon über dem Trümmerfeld hatten wir einen dabei. Außerdem hatten wir das Rettungsseil fest in einem Futteral zusammengerollt, damit es rasch eingesetzt werden konnte. Wir verpackten die Seile immer so, daß sie schnell und sicher, ohne sich zu verheddern, herausgezogen werden konnten. An jedem Ende war ein besonderer Knoten – eigentlich zwei Knoten übereinander, so daß ein dritter entstand –, den jeder Feuerwehrmann in New York beherrscht. Das Seil wird so angelegt, daß man Schlaufen formt und mit den Beinen hineinsteigt. Zur größeren Sicherheit wird es zusätzlich um die Brust geschlungen.

Daß wir nur ein Seil hatten, bedeutete, daß wir nur schön einer nach dem anderen nach unten kommen würden – und immer nur 45 Meter weit, zumindest zu Anfang. Die wichtigste Frage war jetzt, wer von uns die Führung übernehmen sollte. Es würde eine ziemlich strapaziöse Kletterpartie werden, und für denjenigen, der als erster ging, würde es am anstrengendsten sein, deshalb wollte ich demjenigen die Führung übertragen, der für uns alle die größte Chance bedeutete, heil hier rauszukommen. Am liebsten hätte ich selbst die Führung übernommen, das liegt nun mal in meiner Persönlichkeit, aber auch nur dann, wenn es wirklich sinnvoll war. Ich musterte Jay Jonas und seine Männer von Ladder 6. Sie boten sich nicht gerade für die Aufgabe an. Sie alle waren große, bullige Typen, stark und stämmig. Jay zum Beispiel war bestimmt 1,87 groß und brachte gut 110 Kilo auf die Waage – dabei war er noch einer von den Kleinsten. Keinem dieser Feuerwehrmänner war ich an Größe oder Kraft überlegen, aber ich war geschmeidig und dank meines Stairmaster- und Fahrradtrainings in bester konditioneller Verfassung.

Ich muß noch erwähnen, daß eine Rettung aus der Luft nie zur Diskussion stand, nie in Erwägung gezogen wurde. In einer normalen Welt ist eine Rettung aus der Luft die beste Lösung, um Menschen aus einem umschlossenen Bereich herauszuholen – aber wenn wir in einer normalen Welt lebten, wären wir gar nicht erst in diesem Treppenhaus eingeschlossen gewesen, wären die Tower nicht über uns zusammengefallen. Um uns herum tobten Brände. Wenn ein Hubschrauber über das Trümmerfeld geflogen wäre, hätte er alles mögliche aufgewirbelt. Den feinen, allgegenwärtigen Staub, den Rauch. Der Wind von den Rotorblättern hätte das Feuer angefacht und uns alle in Gefahr gebracht. Es war wirklich keine Option. Sämtliche angrenzenden Gebäude waren stark in Mitleidenschaft gezogen und das gesamte Umfeld gefährdet. Es wäre eine höllisch riskante Aktion gewesen, einen Hubschrauber anzufordern, der lange genug und tief genug über den Trümmern schwebte, um uns rauszuholen.

Der einzige Weg nach draußen war der Fußweg, daher traf ich eine Entscheidung. Ich würde beim Abstieg die Führung übernehmen. In dieser Situation war Stehvermögen gefragt, nicht bloß reine Kraft, und meine objektive Einschätzung sagte mir, daß ich von uns allen in der besten Verfassung war, am besten für einen beschwerlichen Marsch über ein tückisches Trümmerfeld geeignet.

Jay Jonas war nicht begeistert von der Idee. Es störte ihn nicht, daß ich beim Abstieg die Führung übernehmen wollte, ihn störte der Abstieg selbst. »Du bist verrückt, Richie«, sagte er, als ich meine Schutzjacke auszog und mir den Rettungsgürtel umschnallte. »Ein Ausrutscher, und du bist tot.«

Ich sah mich um und fragte mich, ob Jay vielleicht recht hatte. Schließlich drohte uns im Augenblick keine unmittelbare Gefahr; möglicherweise war es doch ratsamer, geduldig zu warten. Sicher, wir wollten alle nichts wie weg hier – und ja, die Häuser um uns herum brannten lichterloh – aber in Wahrheit waren wir vermutlich genau dort am sichersten, wo wir uns gerade befanden. Hier waren wir vor den Bränden und dem Rauch und der explodierenden Munition ebenso geschützt wie vor der Gefahr eines Einsturzes der Gebäude in der Nähe. Also ließ ich mich überreden, noch ein paar Minuten zu warten. Und diese paar Minuten wurden zu 10, 15, 20 ...

Über Funk teilte ich Mark Ferran mit, daß ich noch nicht aufbrechen würde, und er meinte, wir müßten Glen Rowan und seine Jungs gleich sehen können. »Sie kommen, Richie«, sagte er immer wieder. »Sie kommen.«

Aber sie kamen nicht. Niemand kam. Unendlich lange kam niemand. Sie versuchten es, arbeiteten sich aus jedem nur denkbaren Winkel zu uns vor, aber sie kamen einfach nicht näher. Inzwischen waren fast zwei Stunden vergangen, und man sah nicht das geringste Lebenszeichen. Ich hielt auf dem Balkon Ausschau, überblickte den nordöstlichen Quadranten dieses Schuttfeldes, lauerte ungeduldig auf irgendeine Bewegung, ein Zucken, eine Veränderung des Bildes. Doch das ein-

zige, was sich bewegte, war der dichte, schwarze Rauch
darüber, der im Wind tanzte und verwehte, und schließlich war unsere Geduld so ziemlich am Ende.

Doch dann, gerade als ich den Rettungsgürtel enger
zog und das Seil durch den Karabinerhaken schob, sah
ich aus den Augenwinkeln just die Bewegung, die ich
die ganze Zeit herbeigesehnt hatte. Da, über einem
Trümmerhügel, konnte ich einen Helm erkennen, der
auf und nieder wippte. Der näher kam. Ja, eindeutig,
das war's. Ein Helm, der sich auf uns zu bewegte –
manchmal hinter Rauchwolken verschwand und dann
wieder sichtbar wurde. Nichts deutete darauf hin, daß
der Mann, der den Helm trug, uns schon erspäht hatte,
deshalb hob ich das Megaphon an den Mund und rief:
»Hierher! Hier sind wir!« Dann ließ ich zur Sicherheit
noch die Sirene aufheulen, und da sah der Mann auf
und bemerkte uns. Er winkte mit beiden Armen, um
uns zu signalisieren, daß er uns gesehen hatte – und
dann erfuhren wir durch Mark Ferran über Funk, daß
sie nur noch wenige Minuten von uns entfernt waren.
Wenige Minuten, ein-, zweihundert Meter. Als sie immer näher kamen, tat mein Herz einen Sprung, doch
fast im selben Moment wurde es mir wieder schwer,
denn als die Männer von Ladder 43 besser zu sehen
waren, erkannte ich, daß sie mit leeren Händen kamen. Keine Werkzeuge. Kein Bergungsgerät. Nichts.
Ich dachte, wie zum Teufel wollen die uns denn hier
rausholen? Womit?

Wie schon gesagt, hatten die Männer, die sich zwei
Stunden lang durch diese Trümmer- und Geröllwüste
gequält hatten, ihre Ausrüstung Stückchen für Stückchen liegengelassen, um besser voranzukommen. Beim
Klettern brauchten sie ihre Hände, um sich hier an

einem Balken, dort an einem Rohr festzuhalten oder sich gegen eine Seitenwand abzustützen. Jedenfalls waren die Jungs mittlerweile so geschafft, daß sie kaum noch ein Bein vors andere setzen konnten, geschweige denn 20, 30 oder 40 Kilo Gewicht mit sich herumschleppen. Sie hatten nur noch das eine Ziel, uns zu erreichen, und wollten erst dann darüber nachdenken, wie sie uns rausholen könnten. Sicherlich hatten sie gedacht, sie könnten andere Trupps herdirigieren, die bei unserer Bergung mithalfen. Es war nicht gerade die Strategie, auf die wir gehofft hatten, aber es war immerhin eine Strategie.

Schließlich waren die Männer so nah, daß sie meine Stimme über Megaphon hören konnten. Sie standen in einem Miniaturkrater, waren soeben rund 15 Meter nach unten geklettert und machten sich daran, wieder rund 15 Meter nach oben zu steigen, weiter auf uns zu. Eine Taube hätte den Abstand zwischen uns mit ein paar Flügelschlägen überwunden, aber zu Fuß konnte das noch eine halbe Stunde dauern. Dennoch, die Männer fühlten sich sichtlich unwohl in ihrer Umgebung, und das war ihnen nicht zu verdenken. Von uns aus, einige Stockwerke oberhalb dieses Teils des Trümmerfeldes, konnten wir sehen, daß sie wirklich in Bedrängnis waren. Die Gebäude direkt hinter ihnen und links von ihnen sahen aus, als könnten sie jeden Moment einstürzen, und auf beiden Seiten brachen immer wieder große Betonbrocken ab. Überall züngelten Flammen auf. Die Munitionsexplosionen wurden häufiger, und es klang, als würden Scharfschützen oder unsichtbare Terroristen auf die armen Kerle schießen. Zu diesem Zeitpunkt wußten wir ja nicht einmal, was diese Detonationen bedeuteten. Erst später erfuhren wir, woher sie kamen, aber damals muß es den Männern so vorgekommen sein, als würden sie ein Minenfeld überqueren. Also ergriffen wir die Initiative. Die Männer von Ladder 43 würden uns irgendwann erreichen, aber sie konnten uns höchstens ablösen. Das bedeutete, daß sie sich um Josephine Harris kümmern würden, daß es von da an ihre Verantwortung wäre, sie rauszubringen, einen Weg zu Coniglio und Efthimiaddes in dem unteren Hohlraum zu finden. Sich zu Chief Prunty durchzuwühlen, festzustellen, ob er noch lebte, und auch ihn zu bergen. Diese armen Burschen waren am Ende, und sie konnten eine Pause gebrauchen, um Atem zu schöpfen und wieder zur Besinnung zu kommen. Wir auf dem Balkon waren dagegen bereit loszumarschieren – ich, Mike Meldrum, Sal D'Agastino, Tom Falco und Matt Komorowski –, und in dem Augenblick, als unsere Retter in diesem kleinen Krater standen und sich überlegten, wie sie diese letzten paar Meter zu uns überwinden sollten, beschloß ich, daß es für uns leichter war, nach unten zu gelangen, als es für sie war, zu uns zu kommen. Ich war schon angeschnallt. Die Sicht hatte sich zwar mittlerweile erheblich verbessert, war aber noch immer durchwachsen. Immer wieder legten sich undurchdringliche Wolken aus grauschwarzem Rauch dicht am Boden über das Trümmerfeld, wurden dann jedoch vom Wind fortgetrieben oder aufgerissen. Es war ein bißchen so, als wäre man an einem ansonsten klaren Tag hoch oben in den Wolken, nur daß die Wolken hier aus dichtem, mörderischem Rauch bestanden.

Ich begann sofort, mir eine Abstiegsroute vom Balkon zu suchen. Ungefähr so, wie man sich beim Skifahren eine Route über die Buckelpiste zurechtlegt. Man fängt an, immer drei, vier Schwünge im voraus zu denken.

Ich könnte ein Stück an diesem Rohr entlangrutschen, über diesen Balken dort balancieren, mich an jener ausgebrochenen Kante hochziehen, um dann einen Fuß auf diese Strebe setzen zu können – sozusagen immer schön ein Buckel nach dem anderen, aber in Gedanken schon beim nächsten und übernächsten.

Die ganze Zeit über, während wir tatenlos warteten, hatte ich mir im Hinterkopf schon einen Weg zurechtgelegt, und jetzt wollte ich ihn in die Tat umsetzen. Ich kam langsam voran, aber ich kam voran. Es war wie eine Kletterpartie von den oberen Ästen eines Baumes herab, und ich suchte unentwegt nach einer guten Stelle, um zu verschnaufen oder die Richtung zu wechseln. Gleich zu Anfang riß ich mir die Hose an einem scharfen Metallstück auf, doch ansonsten machte ich ganz ordentliche Fortschritte und Gott sei Dank nur wenige Fehler. Es war wirklich eine Situation, in der ein einziger falscher Schritt mich ernsthaft in Gefahr hätte bringen können, also sah ich mich gut vor.

Als ich gut drei Meter unterhalb des Balkons war, auf dem Jay mit seinen Männern zusah, band ich das erste Stück Seil um einen Pfosten, der einmal zu einem der Treppenhäuser gehört hatte. Eigentlich vermutete ich das bloß; er hätte auch zu irgend etwas anderem gehört haben können. Das war das merkwürdige, fast unheimliche an dem Abstieg hinunter auf das Trümmerfeld: Ich sah alle möglichen Dinge und Trümmer und überlegte, welchen Zweck sie wohl gehabt oder wo sie mal hingehört hatten.

Als nächstes nahm ich die verbleibenden 42 Meter Seil, legte sie doppelt und sah mich nach einem weiteren stabilen Gegenstand um, an dem ich das Seil festzurren konnte. Auf diese Weise wollte ich einen gesicherten Weg für die anderen vorbereiten, die nach mir kamen.

*Vom Regen in die Traufe.* Wenn ich für jedes Mal, das ich diese Worte seit dem 11. September gesagt habe, einen Dollar bekäme, würde ich mir einen von diesen riesigen Fernsehern mit Flachbildschirm kaufen, die man sogar an der Zimmerdecke befestigen kann, wenn man will. Die Dinger sind ziemlich teuer, und ich will damit sagen, daß meine Situation auf dem Trümmerfeld sehr viel schlechter war als an dem relativ sicheren Standort, den ich hinter mir gelassen hatte. Wir hatten zwar gewußt, daß es schwierig werden würde, aber nicht mal ansatzweise geahnt, wie schwierig. Die Brände, der unsichere Untergrund, die ungeheure Erschöpfung. Und hinzu kamen die seltsamen beängstigenden Munitionsdetonationen. Und der Rauch! Ich kam nicht dahinter, was das für Rauch war, den wir da die ganze Zeit einatmeten, und das obwohl ich, wie schon gesagt, eine ziemlich gute Nase für alle Arten von Rauch habe. Hier jedoch lag etwas besonders Unangenehmes und Beißendes in der Luft, die wir atmen mußten, und ich wußte einfach nicht was. Auch Tage später war ich noch nicht klüger, bis jemand die Vermutung äußerte, daß in diesem Bunker des Secret Service vielleicht auch Tränengasbomben hochgegangen waren. Das jedenfalls hätte erklärt, warum ich solche Schwierigkeiten hatte, richtig durchzuatmen, und warum mir die Augen so weh taten. Es war ein brennender, stechender Schmerz. Es gab Momente, da hatte ich das Gefühl, durch den vielen Qualm, durch die Reizungen und Verätzungen an den Augen erblindet zu sein, aber es gelang mir, den Schmerz so weit zu beherrschen, daß ich noch sehen konnte, wenn auch mit Mühe.

Unser Balkon hing rund zwölf Meter über der Oberfläche des Trümmerfeldes, was bedeutete, daß mein Vorstoß zunächst vor allem nach unten ging, fast so, als würde ich mich an einer senkrechten, schroffen Felswand abseilen, nur mit dem Unterschied, daß ich mich kein einziges Mal richtig abstoßen oder frei schwingen konnte oder irgend etwas in der Art. Aber der erste Teil des Abstiegs war wirklich steil, und es kam darauf an, sich einfach ins Seil zu lehnen, ihm die Arbeit zu überlassen und den leichtesten Weg von einem Punkt zum nächsten zu suchen. Ich weiß nicht, ob mir das immer gelungen ist, aber irgendwie schaffte ich es. Ich erreichte einen fest verklemmten Balken, wo ich wieder ein Stück Seil festband, und dann kam ich zu einer Strebe, die sich irgendwie in einen großen Berg Schutt gebohrt hatte, und auch dort band ich ein Stück Seil fest. Auf diese Weise legte ich einen gesicherten Weg für meine Kollegen von Ladder 6 an. Die Männer würden bei ihrem Abstieg ja keinen Rettungsgürtel tragen, so daß das von mir gespannte Seil ihr einziger Halt sein würde. Manchmal mußte ich wie ein Seiltänzer über einen waagerecht liegenden Doppel-T-Träger balancieren, und die Dinger waren mit einer 15 oder 20 Zentimeter dicken Staubschicht bedeckt. Ich versuchte also bei jedem Schritt, den Träger von diesem feinen Puder zu reinigen, deshalb nahm ich eine seltsam schlurfende Gangart an.

Schließlich ging mir das Seil aus, und die anderen begannen, mir zu folgen. Einer nach dem anderen: zuerst Mike Meldrum, gefolgt von Sal D'Agastino, dann Tom Falco und Matt Komorowski. Billy Butler und Jay Jonas bildeten die Nachhut. Sie alle hatten mich beobachtet – die ganze Zeit über –, aber keiner sagte ein Wort. Keiner behielt das Feld von oben im Auge und machte mir Vorschläge, in welche Richtung ich mich weiterbewegen sollte, obwohl sie von oben den besseren Überblick hatten. Sie sahen einfach nur zu und feuerten mich wohl auch insgeheim an, denn die nackte Wahrheit war, wenn ich es nicht nach unten schaffte, dann würde es auch keinem von ihnen gelingen. Zumindest nicht mit diesem Seil, und es war das einzige, das wir hatten.

Als Meldrum, D'Agastino, Falco und Komorowski am Ende des Seils ankamen, wies ich sie an, sich von einem der Männer von Ladder 43 in Sicherheit bringen zu lassen. Ich wollte auf Butler und Jonas warten und dann mit ihnen gemeinsam gehen, und es gab keinen Grund, warum die anderen vier nicht schon einmal vorgehen sollten. Aber als sie gerade aufbrachen und auf das brennende World Trade Center Fünf östlich von uns zugingen, meldete sich Mark Ferran über Funk und riet uns dringend, Abstand zu dem Gebäude zu halten. »Ihr müßt sofort da raus!« rief er. »Wir verlieren das Gebäude! Wir verlieren den Weg nach draußen!« Von dort waren sie durch den Buchladen hindurch auf das Trümmerfeld gelangt, und daher sollte das auch unser Rückweg sein. Nördlich und nordwestlich von uns befand sich das brennende Inferno von World Trade Center Sechs kurz vor dem Einsturz; die Crew von Ladder 43 hatte schon versucht, dort vorbeizukommen, und war zurückgeschickt worden. In südlicher Richtung lagen das riesige, gefährliche Schuttfeld und die bedrohlichen Trümmerberge des Südturms und von World Trade Center Vier, die beide noch weiter einstürzen könnten. Nach Westen und Südwesten erstreckten sich die Trümmer so weit das Auge reichte – und dahinter war noch mehr Schutt, doch diese Berge schienen überwindbar.

Wir fanden, es war die beste Möglichkeit, unsere einzige Möglichkeit.

Doch nachdem Mark Ferran von seinem Aussichtspunkt aus unsere Lage abgeschätzt hatte, rief er: »Ihr könnt nicht nach Westen, Rich. Das ist zu gefährlich.«

»Mach mich nicht fertig«, sprach ich in das Walkietalkie auf meiner Brust. »Ich kann nicht nach Westen? Was anderes bleibt mir doch nicht übrig.«

Und so setzten wir uns einfach in Bewegung. Anfänglich ohne eine bestimmte Richtung einzuschlagen, aber wir konnten nicht still stehenbleiben. Wir mußten weiter. Ich rief Meldrum, D'Agastino, Falco und Komorowski zurück, und wir gingen gemeinsam los, als Einheit, ich wieder an der Spitze. Im Grunde war es der klassische Fall des Blinden, der die Blinden führt, weil meine Sicht durch den Rauch fast gleich null war. Aber selbst wenn ich hätte sehen können, wäre ich nicht in der Lage gewesen zu sagen, wohin ich ging. Ich ging einfach.

Die haarigste Stelle kam gleich nach rund sechs Metern. Ich stand vor einem umgestürzten Doppel-T-Träger, der wie eine Brücke in etwa drei Metern Höhe einen kleinen Krater überspannte, und in dem Krater befand sich ein wirrer Haufen aus verkrümmtem und verbogenem Metall. Hinter dem Träger bot sich der Rest eines Abwasserrohres als nächste sichere Trittfläche an, aber zwischen Träger und Rohr war eine Lücke von etwa einem halben Meter Abstand. Man mußte von dem Träger nach vorn und unten springen, was auf festem Untergrund nur ein kleiner Hüpfer gewesen wäre, den man ohne nachzudenken gemacht hätte. Hier jedoch sah es ziemlich gefährlich aus. In etwa so, als würde man Himmel-und-Hölle auf einer Treppe spielen, drei

Stufen auf einmal nach unten springen und dabei einen schmalen Streifen treffen müssen. Sowohl Balken als auch Rohr waren wackelig, und ohne die Möglichkeit, mich an einem Seil oder einem anderen Balken festzuhalten, war ich selbst auch wackelig, und meiner Erfahrung nach brachte die Kombination von zweimal wackelig nur selten ein gutes Ergebnis. Aber es war die einzige Möglichkeit hinüberzukommen, also versuchte ich es. Die Höhe war nicht lebensgefährlich, aber bei einem Sturz hätte ich mir bestimmt ein paar Knochen gebrochen. Vielleicht auch den Schädel eingeschlagen. Und wer weiß, worauf ich gelandet wäre. Irgendein spitzes Metallteil hätte mich glatt durchbohren können, also war ein Sturz tunlichst zu vermeiden.

Irgendwie schaffte ich es auf die andere Seite, auch wenn ich die ganze Zeit über schwankte wie ein Rohr im Wind. Ich glaube, ich kniff sogar die Augen zu, als ich diesen kleinen Sprung tat, oder ich zwang mich, nicht darüber nachzudenken, denn eigentlich war dieser Hüpfer kaum der Rede wert, und als ich sicher auf dem Abwasserrohr stand, wunderte ich mich selbst, warum ich mich so schwer damit getan hatte.

Aber es war wirklich beängstigend, und das wurde es auch für den nächsten Mann, der nach mir kam. Mike Meldrum war mit seinen 1,95 und knapp 120 Kilo nicht gerade leichtfüßig zu nennen. Wie gesagt, alle in Jays Team brachten ordentlich was auf die Waage, und wenn Mike vor dieser prekären Passage zurückschreckte, dann würden auch die anderen ihre Probleme damit haben. Mike kam bis an das Ende des Trägers und erstarrte. »Das schaff ich nicht, Chief«, sagte er. Es lag keine Panik in der Stimme, bloß die Gewißheit, daß er in eine Sackgasse geraten war.

»Klar schaffst du das«, redete ich ihm gut zu. »So was machst du doch dauernd. Stell dir einfach vor, es wäre eine Treppe, bei der ein paar Stufen fehlen.«

Er dachte kurz darüber nach, blickte sich vergeblich nach einer Ausweichmöglichkeit um und war noch immer nicht überzeugt. »Nein, Chief, das schaff ich nicht«, sagte er. »Ich glaube, ich mach lieber kehrt und such mir einen anderen Weg.«

»Mike, es gibt keinen anderen Weg«, sagte ich, »und es ist kinderleicht. Denk einfach nicht drüber nach.« Ich konnte nicht zulassen, daß Mike sich einbildete, dieser Sprung wäre nicht zu schaffen, denn dann würde Sal vielleicht auch daran scheitern und anschließend alle anderen.

Aber Mike konnte sich nicht bewegen. Er war wie gelähmt – nicht vor Angst, sondern vor Selbstzweifeln. Vielleicht sah er sich im Geiste von diesem Abwasserrohr wegrutschen, wie von einem Baumstamm im Wasser, und auf diesen gefährlichen Trümmerhaufen drei Meter tiefer stürzen. Mike Meldrum war ein erfahrener Feuerwehrmann, aber selbst Vollblutprofis können an sich zweifeln, vor allem nach einem solchen Tag, wie wir ihn erlebt hatten. Also griff ich in meine Kiste mit Motivationstricks, um Mike über diese Blockade hinwegzuhelfen. »Ich wette 100 Dollar, daß du es mit geschlossenen Augen schaffst«, sagte ich, um ihn anzustacheln.

Mike sah mich an, sah die Lücke zwischen dem Träger und dem Rohr an, sah wieder mich an.

»Los, spring«, versuchte ich es erneut. »100 Dollar.«

Er starrte mich lange und eindringlich an. »Du bist vollkommen übergeschnappt!« sagte er.

»Meinetwegen«, sagte ich, »dann mach's mit offenen Augen.«

»Und ob ich die Augen dabei offenhalte, darauf kannst du Gift nehmen«, sagte er, und dann sprang er, als wäre es ein Kinderspiel.

Als Mike neben mir stand, auf dem vermeintlich sicheren Boden des Trümmerfeldes, ließ sein Zittern nach, und er grinste verkniffen. »100 Dollar«, sagte er.

»Von wegen«, konterte ich. »Ich hab 100 Dollar gesetzt, wenn du mit geschlossenen Augen springst. Du hattest sie auf.«

Er widersprach mir nicht. Er hatte dieses beängstigende Hindernis überwunden, und ich denke, er fand, das allein sei das Geld wert.

Anfänglich dachte ich, wir bewegten uns nach Norden und Osten, und hoffte, daß wir uns auf dem Weg befanden, den Glen Rowan mit seinen Männern gekommen waren, zumindest in etwa. Wir hatten vor, irgendwie den Eingang zum Concourse Level von World Trade Center Fünf zu erreichen, aber sobald wir aufgebrochen waren, war es unmöglich festzustellen, in welche Richtung wir marschierten. Es gab keine festen Orientierungspunkte mehr, und wir befanden uns mitten in einer völlig unübersichtlichen Trümmerlandschaft. Wenn wir einen der zahllosen Krater durchquerten, konnten wir nicht mehr über dessen Rand hinwegblicken. Wenn der Rauch sich gelegentlich lichtete, konnten wir anhand der Sonne ungefähr die Richtung bestimmen, aber meine Augen schmerzten so sehr, daß ich nicht zum Himmel sehen konnte. Ich schaffte es mit Mühe, stur geradeaus zu blicken, und selbst dabei war meine Sicht eingeschränkt. Ich sah nichts außer hohen Wällen und tiefen Tälern aus Trümmern, und darüber erhob sich ein brennendes Gebäude neben dem anderen. So weit ich sehen konnte, war das alles, was ich erblickte. Und durch die Brände sahen diese Gebäude völlig anders aus, als ich sie in Erinnerung hatte, daher bewegten wir uns eine Zeitlang einfach nur ziellos weiter. Im Grunde war unser einziger Orientierungspunkt das Gerippe des Treppenhauses, das wir gerade verlassen hatten, weil es zehn Stockwerke hoch aus der Asche des Nordturms aufragte.

Wo auch immer wir waren, wie auch immer wir dorthin gekommen waren, unsere Position war unhaltbar. Der Rauch wurde immer beißender. Wir konnten nicht atmen. Wir konnten nichts sehen. Ich weiß nicht, wie es für die anderen war, aber mir brannten inzwischen dermaßen die Augen, daß ich fast gar nichts mehr sehen konnte. (Ab und an mußte ich stehenbleiben, um den Augen eine kurze Erholung zu gönnen, bevor ich weiterging.) Und wir befanden uns gefährlich nah an einem Hochhausbrand, der an jedem anderen Tag als einer der schlimmsten Großbrände in der Geschichte der Stadt New York betrachtet worden wäre. Eigentlich wären es *zwei* der schlimmsten Großbrände gewesen. World Trade Center Fünf und Sechs brannten lichterloh, wie eine Computeranimation für einen Katastrophenfilm. So etwas hatte ich wirklich noch nicht gesehen, diese Wucht, mit der die beiden Gebäude ein Opfer der Flammen wurden. Diese Feuer waren nicht zu löschen. Einerseits, weil es angesichts der gewaltigen Zerstörungen im gesamten Umkreis nicht genug Männer und Ausrüstung gab, die man hätte einsetzen können, aber wir hätten diese Gebäude selbst dann aufgegeben, wenn wir mit voller Kraft und unter besten Bedingungen hätten arbeiten können. Zumindest ich hätte das getan. Manche Brände bekämpft man, andere versucht man nur einzudämmen; man versucht, die umliegenden Gebäude zu schützen, schafft die Büroangestellten und Schaulustigen aus der Gefahrenzone und läßt dem Feuer seinen Willen.

Mark Ferran warnte uns von seinen ständig wechselnden Positionen in und vor den umliegenden, weniger beschädigten Gebäuden unablässig davor, weiter Richtung Westen vorzudringen. Aus der Richtung war er gekommen, und er hatte keinen gangbaren Weg gefunden. Unzählige Male hatte er umkehren müssen, und die Gebäude hinter ihm waren inzwischen noch stärker einsturzgefährdet. Die letzte halbe Stunde hatte Mark verzweifelt nach einem anderen Weg zu uns gesucht, der dann unser Weg nach draußen werden sollte, aber einfach keinen Durchgang gefunden. Selbst aus unserer Perspektive konnten wir sehen, daß sich kein Ausweg aus dem Trümmerfeld darbot. Die Richtung nach Osten war ausgeschlossen. Das L-förmige World Trade Center Fünf Ecke Church Street und Vesey Street war ein Inferno, das jede Sekunde einzustürzen drohte und uns in den Tod reißen würde. Nach Süden hin sahen wir Berge um Berge aus verformten Trümmern, nur von Kratern durchsetzt. Auch in dieser Richtung würden wir nicht in Sicherheit gelangen, jedenfalls nicht sobald es dunkel wurde.

Meiner Schätzung nach war es ungefähr drei Uhr nachmittags, vielleicht eine halbe Stunde mehr oder weniger. Also rund sechs Stunden, nachdem das erste Flugzeug in den Nordturm geflogen war. Die Sonne stand noch recht hoch am strahlenden Septemberhimmel. Mein Gott, was war das für ein herrlicher Tag gewesen, *vorher.*

Und jetzt waren wir hier, taumelten mit letzter Kraft vorwärts, völlig erledigt, und fragten uns, wie um Gottes willen wir hier je rauskommen wollten. Und wann. Ehrlich gesagt, keiner von uns hatte noch viel Orientierungssinn, und so kam es, daß ich so ziemlich das genaue Gegenteil von dem tat, was Mark Ferran empfahl, zumindest zu Anfang. Ich wollte es gar nicht, aber der Weg, den ich schließlich einschlug, direkt nach dem Abstieg von diesem Balkon, führte zuerst nach Osten, dann nach Norden und dann nach Westen, so daß ich im Grunde einen Bogen um das Gerippe des Treppenhauses schlug und einem Pfad folgte, der uns anscheinend irgendwie nach Süden und Westen bringen sollte. Es war, als würde ich immer weitergezogen, ohne noch großartig Raum für eigene Entscheidungen zu haben. Bei jedem Schritt suchte ich immer nur nach der leichtesten Möglichkeit weiterzukommen. Das logische Nachdenken über die Richtung blieb dabei auf der Strecke, aber auf diese Weise gelang es mir, einen gehörigen Abstand zwischen mich und den Nordturm zu bringen. Mir entging nicht, wie absurd die Situation war: Da sollte ich unsere Flucht anführen·und war doch so gut wie blind und orientierungslos obendrein.

*Vom Regen in die Traufe.*

Besser kann man es nicht sagen.

Während ich mich also immer weiter und weiter von der Treppenhausruine entfernte, in die nun die anderen Jungs von Ladder 43 stiegen, um eine Möglichkeit zu suchen, Josephine Harris in Sicherheit zu bringen sowie Jeff Coniglio und Jim Efthimiaddes ins Freie zu holen, hing ich ein wenig meinen Gedanken nach. Na ja, das ist vielleicht zuviel gesagt, denn es war unmöglich, in einen gleichmäßigen Kletterrhythmus zu fallen. Jeder zögerliche Schritt wollte wohl erwogen sein. Aber es gelang mir, während ich konzentriert überlegte, welcher

Weg der beste sei, mich gleichzeitig mit historischeren Fragen zu beschäftigen, die nach Erklärungen verlangten. Ich dachte darüber nach, wo ich mich befand, auf diesem bizarren, gigantischen, noch nie dagewesenen Feld der Zerstörung. Es machte mich fassungslos, wenn ich mir vergegenwärtigte, wo ich war, was geschehen war, was ich hier tat, daß ich nämlich über einen frischen Friedhof ging. Ich dachte an all die vielen Menschen unter meinen Füßen, Tausende und Abertausende, und daran, daß diese Menschenleben mit Hunderttausenden anderen verbunden waren, die sich jetzt weit weg von diesem Feld befanden, und doch sah ich nicht eine Leiche, nicht einen Fetzen von einem Kleidungsstück oder irgend etwas anderes, das an etwas Menschliches erinnerte. Im Umkreis von etlichen Meilen, so erfuhr ich später, fanden Menschen Papiere oder andere Bürogegenstände aus den oberen Stockwerken der beiden Türme, doch da, wo ich stand, deutete nichts darauf hin, was sich in diesen Gebäuden noch wenige Stunden zuvor abgespielt hatte. Es gab nichts Menschliches, nichts Persönliches. Nichts *Reales*. Ich sah bloß Stahl und Betonschutt. Jedes einzelne Ding, jedes identifizierbare Ding war zerstört worden, pulverisiert. Verschwunden. Und wir mußten das überqueren, was übriggeblieben war, ich und die sechs Männer von Ladder 6.

Allmählich brachte ich uns auf den Weg des geringsten Widerstandes, und die meisten Jungs folgten mir. Jedenfalls weitestgehend. Ich hinterließ ja keine Fußstapfen, in die sie hätten treten können, deshalb gab es immer hier und da ein paar Abweichungen, aber wir bewegten uns alle in dieselbe Richtung, wie eine auseinandergezogene Polonaise. Ich verdrängte alle Gedanken an den Tod – meinen und den anderer – und kämpfte mich weiter vor. Es war die einzige Möglichkeit, das hinter uns zu bringen, was wir hinter uns bringen mußten.

Ein paar von Jays Männern kamen auf die Idee, die Sicherungsseile zu benutzen, die in den Taschen ihrer Schutzanzüge steckten, und sie setzten sie ein, um sich gegenseitig über besonders unsichere Stellen hinwegzuhelfen. Diese Sicherungsseile bestanden aus Nylon, waren gut einen halben Zentimeter dick, etwa sieben Meter lang und so stabil, daß sie auch den schwersten Feuerwehrmann des Departments absichern konnten.

Ich hatte kein eigenes Sicherungsseil bei mir, und ich war weit vor den anderen, also mußte ich diese schwierigen Stellen allein bewältigen, und im Rückblick muß ich gestehen, daß ich nach einer Weile ein wenig fahrlässig dabei wurde. Nicht fahrlässig im Sinne von verantwortungslos oder so, aber ich bewegte mich eindeutig nicht so behutsam wie die anderen Männer. Ich war längst nicht mehr so zögerlich wie bei den ersten Schritten von unserem offenen Balkon herunter. Schließlich achtete ich schon fast nicht mehr darauf, wo ich hintrat, verließ mich auf meinen Instinkt, verließ mich darauf, daß der Schutt und die Trümmer mein Gewicht schon tragen würden. Die übrige Gruppe war vielleicht ein wenig vorsichtiger. Sie paßten aufeinander auf, halfen sich gegenseitig mit den Sicherungsseilen, machten jeden Schritt mit Bedacht, so daß der Abstand zwischen mir und dem Rest der Truppe immer größer wurde. Doch das war nicht weiter schlimm. Für mich befanden wir uns jetzt nicht mehr in einer Lage, in der ich als Chief die Verantwortung dafür trug, die Männer in Sicherheit zu bringen, sondern in einer Lage, in der es nur noch um das Überleben des einzelnen ging. Hinter mir ging ein Trupp von Feuerwehrmännern, und diese Jungs fühlten sich natürlich irgendwie füreinander verantwortlich, aber meine Gedanken drehten sich nicht mehr darum, die Führung und das Kommando zu übernehmen, sondern nur noch darum, so schnell wie möglich hier wegzukommen.

Außerdem waren noch immer Menschen in dem Treppenhaus eingeschlossen, und allmählich dachte ich, daß ich ihnen am ehesten helfen könnte, wenn ich eine von den umliegenden Straßen erreichte, mir ein paar Feuerwehrmänner schnappte, ihnen beschrieb, was passiert war und was noch immer passierte, und sie in die richtige Richtung schickte. Ich mußte diesen Menschen Hilfe schicken, denn ich war selbst zu erschöpft, um ihnen noch helfen zu können. Ich war am Ende.

Ich näherte mich nun der Ruine des alten Vista Hotels und der South Bridge, die die Plaza des World Trade Centers über die West Street hinweg mit Gebäude Eins des World Financial Centers verbunden hatte. Beim ersten Einsturz war die Kommandozentrale zur West Street Ecke Vesey Street verlegt worden, daher hatte Mark Ferran seinen Rettungsversuch auch von dort gestartet. Hier unten jedoch, bei der South Bridge, die jetzt in einem Trümmermeer stand, gab es kaum Rettungsanstrengungen; ich sah einige Dutzend Bergungskräfte, aber deren Bemühungen schienen völlig unorganisiert; alle liefen mehr oder weniger ratlos umher und warteten darauf, daß ihnen jemand sagte, was sie tun sollten. Der Blick auf die Kommandozentrale des Departments war mir durch Ruinen versperrt, die sich einige Blocks weit erstreckten. Allerdings sah ich zwei Männer von Rettungstrupp 2, die gerade einen gewaltigen Krater hinaufkletterten und anscheinend unterwegs zu dem

Treppenhaus waren. Seit ich mit dem Rettungsseil den Abstieg gesichert hatte, waren rund 45 Minuten vergangen. Ich vermutete, daß sie auf der Suche nach einem Weg über das Trümmerfeld an dessen Rand entlanggegangen waren und dann, als sie zur Ruine des Hotels kamen, einen Einstieg entdeckt hatten. Dann sahen mich diese Feuerwehrmänner auch und winkten, und als wir uns auf Rufweite genähert hatten, rief einer mir zu: »He Kumpel, kannst du mitkommen und uns helfen?«

Ich dachte: Was redet der denn da? Ganz offensichtlich wußte er nicht, wer ich war oder was ich durchgemacht hatte. Ich trug inzwischen weder Helm noch Schutzjacke, daher konnte er auf diese Entfernung nicht erkennen, daß ich ein Chief war, aber vor allen Dingen konnte er unmöglich wissen, wo ich herkam. Der Funkverkehr ließ nicht gerade darauf schließen, daß unsere Rettung und Bergung irgendeine Priorität genoß. Angesichts der Eigenarten unserer Befehls- und Kommunikationsstrukturen wußten diese beiden Männer vielleicht nicht mal, daß da eine Bergungsaktion lief, daß Menschen – andere Feuerwehrmänner! – eingeschlossen gewesen waren, aber in diesem Augenblick fand ich das total absurd.

Ich hatte zwischen dem siebten und sechsten Stockwerk dieses gigantischen Wolkenkratzers gestanden, als er um mich herum zusammenbrach, ich hatte einige finstere, schreckliche Stunden in einer vom Einsturz bedrohten Gruft verbracht, ich hatte mich 15 Meter hoch über zerfetztes Metall und geborstenen Beton gehievt, um ins Freie zu gelangen, ich hatte den Rat anderer Feuerwehrmänner in den Wind geschlagen und war diesen Trümmerberg hinuntergeklettert ... und jetzt liefen mir hier diese beiden über den Weg, die gerade erst frisch und munter losmarschiert waren, und baten mich um Unterstützung.

Als ich bei ihnen war, teilte ich den Männern mit, was ich wußte, zeigte ihnen die Richtung zu dem Treppenhaus und den Weg, den ich gerade gekommen war. Einer von ihnen deutete auf den Rettungsgürtel, den ich noch immer trug, und fragte, ob er ihn mitnehmen könne. »Ab hier werden Sie den nicht mehr brauchen, Chief«, sagte er.

Also schnallte ich den Gürtel ab, sagte den Kollegen, auf welcher Frequenz sie Ladder 43 über Funk erreichen konnten, erzählte ihnen von Coniglio und Efthimiaddes und von Chief Prunty, von dem ich hoffte, daß er noch am Leben war. Ich wollte sichergehen, daß sie das richtige Bergungsgerät anforderten, um Josephine Harris rauszuholen. Mickey Cross, Rob Bacon, David Lim und Jim McGlynn waren auch noch da, aber die konnten sich aus eigener Kraft befreien, wenn sie es nicht schon getan hatten. Jetzt brauchten die anderen Hilfe. Und zwar schnell.

Und dann stolperte ich weiter auf die Überreste des Hotels und die halb verschlungene Brücke zu. Die ganze Zeit starrte ich mit halboffenen oder gelegentlich ganz geöffneten Augen auf den Boden vor meinen Füßen, wartete darauf, daß der Schutt endlich aufhörte und ich auf richtigen Asphalt trat. Je weiter ich mich vom Nordturm entfernte, desto mehr Feuerwehrmänner gerieten in mein eingeschränktes Gesichtsfeld, aber die schienen nichts zu tun, außer auf Befehle zu warten. Das machte mich damals wütend, und es macht mich auch jetzt wütend, wenn ich daran zurückdenke. Da waren Menschen eingeschlossen. Sie mußten gerettet werden. Ich schnappte mir einige Männer, die mir über den Weg liefen, und sagte ihnen, wer ich war und was geschehen war, und sie alle sahen mich an, als wäre ich übergeschnappt. Wirklich, sie hatten keine Ahnung, wovon ich redete – und dabei waren wir, soweit ich wußte, die einzigen Menschen, die geborgen werden mußten. Die noch brennenden Gebäude waren unrettbar verloren, und ansonsten gab es kein Menschenleben, das noch gerettet werden konnte. Wie also war es möglich, daß anscheinend keiner etwas von den rund ein Dutzend Menschen wußte, die im Treppenhaus des Nordturms eingeschlossen gewesen waren?

Da hatte ich mir eingebildet, ich würde irgendwann von diesem Schuttberg hinuntertaumeln und mit allen Ehren empfangen werden, sozusagen mit rotem Teppich, Schulterklopfen, Umarmungen und so weiter, aber als ich schließlich das Trümmerfeld hinter mir ließ, nahm niemand von mir Notiz. Wie hieß noch der alte Spruch zur Zeit des Vietnamkrieges: »Stellt euch vor, es gibt Krieg, und keiner geht hin.« So ungefähr war es. Stellt euch vor, es gibt dieses unmögliche Überleben, diese unmögliche Rettung, und keiner kriegt's mit.

Zu diesem Zeitpunkt war der Abstand zwischen mir und Jay Jonas' Männern so groß geworden, daß ich sie nicht mehr sehen konnte, was bedeutete, daß auch keiner von diesen untätigen Feuerwehrmännern an der South Bridge sie sehen konnte. Ich bewegte mich allein an der Peripherie der Plaza. Mein ehemals weißes Arbeitshemd war jetzt verschwitzt und aschgrau, und vermutlich hielten mich diese Jungs bloß für einen von vielen Feuerwehrmännern, die am Ende ihrer Kräfte waren. Ich entdeckte einen Staff Chief und sagte ihm, daß auf diesem Trümmerfeld Menschen eingeschlossen waren, aber der sah mich bloß verständnislos an und teilte mir mit, daß das Department keine Männer mehr reinschickte. Dann fand ich einen Deputy und erfuhr so ziemlich das gleiche. Ich dachte: Ja, sind denn jetzt alle verrückt geworden? Ich glaube, zu einem Deputy sagte ich auch etwas in der Art. Ich schrie ihn an: »Verdammt noch mal, da draußen sind unsere Leute! Tut was!«

Aber nichts geschah.

Es war wirklich zum Verzweifeln. Nach einigen vergeblichen Versuchen, den Männern zu erklären, was los war, beschloß ich, mir das ganze Palaver zu ersparen und mich direkt an Pat McNally in der Kommandozentrale zu wenden. Pat war der diensthabende Deputy; Mark Ferran hatte mit ihm in Kontakt gestanden; falls hier überhaupt jemand Anteil an unserer Rettung nahm, dann Pat und sein Partner in der Kommandozentrale, Nick Visconti, der ja schon Kontakt zu Jay Jonas gehabt hatte, als wir noch in dem dunklen Treppenhaus eingeschlossen gewesen waren.

Das Problem war nur, um die Kommandozentrale zu erreichen, mußte ich einen Umweg von gut einer halben Meile um das Gebäude Eins des World Financial Centers und die Hochhäuser auf der South End Avenue herum machen, weil es sonst keine Möglichkeit gab, zur West Street Ecke Vesey Street zu kommen. Ich konnte nicht sagen, wo das Trümmerfeld endete und die Zivilisation begann. Ich glaube, ich trat überhaupt zum ersten Mal wieder auf Asphalt, als ich Richtung Battery Park City auf die Albany Street stolperte. Die umliegenden Straßen waren derart verstopft durch Stahlträger und Rohre und Betonbrocken, daß ich dachte, die Aufräumarbeiten würden Jahre dauern, doch als ich mich dann weiter vom Kern der Katastrophe entfernte, wurde der

Schutt immer lockerer und machte schließlich dem feinen grauen Staub Platz, der die gesamte Südspitze Manhattans noch wochenlang bedecken sollte.

Während ich mich weiter zu der Kommandozentrale vorarbeitete, begegnete ich immer mehr Menschen, die ich kannte. Eddie Meehan, ein Lieutenant von Ladder 22, einer der mir direkt unterstellten Trupps. Gott, wie ich mich freute! Und er war auch ganz aus dem Häuschen, als er mich sah. »Chief Pitch!« schrie er, sobald er mich erblickte. »Mann, alle dachten schon, wir hätten Sie verloren!«

Mein Assistent Gary Sheridan hatte bei dem Einsturz zwar ganz schön was abbekommen, aber er war vor allem fix und fertig gewesen, daß ich noch im Nordturm gewesen war. Es waren viele Männer aus unserem Battalion vor Ort gewesen – Ladder 22, Ladder 25 und Engine 74 –, und eine Gruppe von ihnen überlebte nur deshalb, weil sie genau in die richtige Richtung rannte, als der Turm einstürzte. Eine andere Gruppe kam ums Leben, weil sie in die falsche Richtung gelaufen war. Und die Überlebenden hatten von allen gehört, daß ich tot war. Die Nachricht verbreitete sich wie ein Lauffeuer im gesamten Battalion. Meine Jungs hatten mich schon aufgegeben – und auf einmal tauchte ich auf, torkelnd wie ein Blinder, aber am Leben.

Etwa um diese Zeit, kurz nach meinem ersten sinnvollen Kontakt mit einem Verantwortlichen, hörte mein Sohn Stephen ein Klopfen an der Tür unseres Hauses in Chester, New York, rund 70 Meilen nördlich von Ground Zero. Es ist schon widersinnig, daß wir Feuerwehrmänner überall um den gesamten Komplex des World Trade Centers herum solche Probleme hatten, miteinander zu kommunizieren, wo wir doch nur wenige hundert Meter voneinander entfernt waren, während es andererseits möglich war, einen Boten zu mir nach Hause zu schicken, um die Nachricht zu überbringen, daß ich überlebt hatte. Ich vermute, der Bote kam von der örtlichen Wache der Freiwilligen Feuerwehr, weil inzwischen alle Feuerwehrmänner der Stadt New York, ob sie nun Dienst hatten oder nicht, auf dem Weg zu Ground Zero waren. Stephen bekam weder den Namen des Mannes mit noch seine Einheit, aber es war jemand vom Department, der im Gegensatz zu den gefürchteten Besuchen durch einen Chief in Begleitung eines Geistlichen jetzt eine gute Nachricht überbringen sollte. Es war jetzt etwa vier Uhr nachmittags, und Stephen hatte noch nichts von seiner Mutter, seiner Schwester oder mir gehört, deshalb ging er einfach davon aus, daß in seiner kleinen Welt noch alles in Ordnung war. Die Stadt war in Trümmern und Chaos versunken – das hatte Stephen im Fernsehen verfolgt –, aber seiner Familie ging es gut, wie er meinte. Und dann klopfte es.

Stephen öffnete die Tür und sah zu seiner Verblüffung einen Feuerwehrmann vor sich stehen.

»Hallo«, sagte Stephen.

»Wohnt hier Richard Picciotto?« fragte der Feuerwehrmann. »Battalion Commander, New York City Fire Department?«

Stephen nickte und hatte plötzlich ein flaues Gefühl in der Magengrube.

»Ist das dein Vater?« erkundigte sich der Mann.

Stephen nickte und wappnete sich innerlich.

»Gut«, sagte der Mann, und dann hellte sich seine Miene ein wenig auf. »Man hat mich beauftragt, euch zu bestellen, daß dein Vater raus ist.«

Stephens erster Gedanke war: Raus? Raus aus was?

»Ich glaube, ich verstehe nicht ganz, was Sie meinen«, sagte er.

»Mehr weiß ich auch nicht«, sagte der Feuerwehrmann, »ich soll euch bestellen, daß er raus ist, daß es ihm gut geht. Wahrscheinlich meldet er sich selbst bald bei euch.«

Es war nicht gerade der informativste Höflichkeitsbesuch in der Geschichte des Departments, aber damit hatte es sich. Kaum war der Mann weg, rief Stephen auch schon seine Mutter an. Debbie war froh über die Nachricht, daß ich *raus* war, aber sie hatte keine Ahnung, wo ich *drin* gewesen war. Und es sollte noch eine Weile dauern, bis sie es erfuhr. Sie hatte den kurzen Telefonanruf von Jay Jonas' Frau erhalten, die ihr gesagt hatte, daß Jay und ich in einem Treppenhaus eingeschlossen gewesen waren, aber das war nun auch nicht gerade aufschlußreich. Ich konnte sie erst erreichen, nachdem ich ins Krankenhaus gebracht worden war, und so tappte sie noch eine ganze Weile im Dunkeln.

Auch ich tappte im Dunkeln, weil ich nämlich mittlerweile meine Augen überhaupt nicht mehr offenhalten konnte, deshalb bewegte ich mich nur tastend voran und riskierte zwischendurch nur ganz kurze Blicke. Bei der ersten sich bietenden Gelegenheit kippte ich mir eine Flasche Wasser über die Augen. Ich kann nicht sagen, daß es viel geholfen hat, aber die erfrischende Kälte war wohltuend.

Rückblickend muß ich sagen, daß ich in einer ziemlich miserablen Verfassung war. Eddie Meehan und ein paar andere Männer aus dem Trupp wollten mich sofort in einen Rettungswagen verfrachten, aber ich war noch immer entschlossen, die Bergung meiner Schicksalsgenossen im Treppenhaus voranzutreiben. Ich würde mich nicht von der Stelle rühren, bis ich wußte, daß man sich um sie kümmerte.

Nach langem Hin und Her mit zwei Staff Chiefs vor Ort schickten wir schließlich drei komplette Trupps mit umfangreichem Bergungsgerät los. Sie wurden angeführt von einem weiteren Freund von mir, Chief John Salka. Es wurde aber auch Zeit. Tatsächlich war es gar nicht so leicht, selbst nachdem ich in Sicherheit war, die Verantwortlichen dazu zu bringen, Männer auf das Trümmerfeld zu schicken, da die brennenden Gebäude an der Peripherie eine große Gefahr darstellten, doch Pat McNally, Nick Visconti und ich setzten uns entschieden für eine schnelle Bergung ein. Drei Menschen, darunter eine Zivilistin, waren eingeschlossen. Wir konnten ihre genaue Position angeben und einen halbwegs passierbaren Weg, um an sie ranzukommen. Wir wußten außerdem, wo eine vierte Person, nämlich Chief Prunty, zu finden war, doch eigentlich glaubte keiner von uns mehr, daß er noch lebte.

In der Zwischenzeit hatten auch meine Leidensgenossen einen Ausweg aus dem Trümmerfeld gefunden – und niemand nahm davon Notiz. Die Männer von Ladder 6 hatten sich in unterschiedliche Richtungen bewegt. Jay Jonas ging immer weiter nach Osten und hielt erst an, als er seine Feuerwache auf der Canal Street in Chinatown erreicht hatte, rund zwanzig Häuserblocks entfernt. Später erzählte er mir, daß er benommen war, daß niemand da war, um ihm zu helfen, und daß ihm deshalb nichts anderes einfiel, als zu seiner Wache zu gehen. Irgendwann stieg er sogar in einen normalen Linienbus, um den Rest des Weges hinter sich zu bringen.

Matt Komorowski fand einen Krankenwagen, der ihn zum St. Vincent's Hospital fuhr, wo die Ärzte ihm die ausgekugelte Schulter wieder einrenkten. Billy Butler wurde aus irgendwelchen Gründen von Sanitätern ein paar Querstraßen weiter zum Hudson River geführt und von dort aus mit einer Fähre in ein Krankenhaus in New Jersey gebracht. Ich blieb noch eine Zeitlang am Funkgerät, um den Vorstoß zum Treppenhaus zu unterstützen, und zwischen den Funksprüchen wurde ich von Sanitätern versorgt, die ihr Bestes taten, um mir die Augen auszuspülen und die Schmerzen zu lindern. Sie legten mir getränkte Tücher über die Augen, aber ich wollte immer noch mehr Wasser. Immer neue Flaschen Wasser, die ich mir einfach über die Tücher und später über den Verband, den sie mir angelegt hatten, schüttete, um mir etwas Erleichterung zu verschaffen.

Schließlich wurde ich auch ins St. Vincent's Hospital gebracht, das Krankenhaus, das dem World Trade Center am nächsten lag. (Ich wurde von einem meiner Nachwuchsleute in den Rettungswagen verfrachtet, Chris Dunic von Ladder 22, der offenbar heilfroh war, mich lebend wiederzusehen, und der später als Angehöriger einer US-Spezialeinheit nach Afghanistan geschickt wurde.) Die Szene, die mich im St. Vincent's erwartete, war schaurig und erschütternd zugleich: In der Notaufnahme stand ein Heer von Mitarbeitern bereit, um sich um die Verletzten zu kümmern – bloß, es gab kaum Verletzte. Einen Augenblick lang hatte ich das Gefühl, daß ich der einzige war. Matt Komorowski war auch da, wie ich später erfuhr, aber zunächst sah ich ihn nicht. Ich sah bloß unwahrscheinlich viele Ärzte und Schwestern, die draußen auf die Rettungswagen warteten, doch es kam so gut wie keiner. Es gab ein paar Leute, die von herumfliegenden Trümmern getroffen worden waren, einige mit Platzwunden und Prellungen und Gehirnerschütterungen, aber keine Schwerverletzten.

Letztlich halfen McGlynn und Bacon den zurückgebliebenen Feuerwehrmännern von Ladder 43, Coniglio und Efthimiaddes zu befreien – und die beiden waren einigermaßen unversehrt. Mit den richtigen Bergungsgeräten, die kurz darauf eintrafen, konnten sie sie im Handumdrehen herausholen, und alle vier Männer von Engine 39 marschierten aus eigener Kraft über das Trümmerfeld, genau wie wir anderen es getan hatten. Cross und Lim hatte man schon früher herausgeholfen, und auch sie waren in Sicherheit. Josephine Harris wurde kurz vor sechs Uhr abends auf einer besonderen Trage aus der Gefahrenzone gebracht. Sie war in einigermaßen guter Verfassung, in Anbetracht der Umstände.

Wir waren alle in einigermaßen guter Verfassung, in Anbetracht der Umstände. Aber ebendiese *Umstände* würden uns in der nächsten Zeit nicht mehr schlafen lassen.

Sobald ich konnte, rief ich aus dem Krankenhaus zu Hause an, aber es meldete sich niemand. Ich versuchte, Debbie in der Arbeit zu erreichen, kam aber nicht durch. Schließlich gelang es mir, meine Eltern auf Staten Island anzurufen, und ich bat sie, Debbie und den Kindern Bescheid zu geben. Ich konnte nicht lange reden, weil ich gerade verarztet wurde. Ein Augenarzt kam und spülte meine Augen sehr lange aus. Es war ungemein schmerzhaft, und ich bekam einige halblaute Gespräche mit, wie es wohl um meine Sehkraft bestellt sein würde ...

Ich lag furchtbar lange in dieser Notaufnahme, die Augen umwickelt wie eine Mumie, eine kalte Flasche steriles Wasser in der Hand, so daß ich den Verband immer wieder benetzen konnte. Als ich eingeliefert wurde, hatte man mir sofort die Kleidung vom Leib geschnitten und einen von diesen graublauen Krankenhauskitteln übergezogen, die den Hintern freilassen, und in diesem Zustand hörte ich, daß der Bürgermeister von New York City, Rudy Giuliani, ins Krankenhaus gekommen war, um die Feuerwehrmänner zu besuchen, die den Einsturz überlebt hatten. Das müßte dann wohl ich sein, überlegte ich – und Komorowski, wie ich später erfuhr. Ich dachte mir: Tja, ich will nicht, daß der Bürgermeister mich so sieht, mit nacktem Hintern und einem Verband um die Augen, also verhielt ich mich still und wartete, bis er weitergegangen war.

Vor dem Kaplan des Fire Department konnte ich mich allerdings nicht verstecken. Er entdeckte mich auf einer seiner Runden, als er nach ein paar anderen eingelieferten Feuerwehrmännern suchte. Ich weiß nicht, ob er eine Liste hatte, die er abarbeitete, oder ob er bloß überall nachsah, ob irgendwo Männer seine Hilfe oder Trost brauchten, aber irgendwie entdeckte er mich – und ich war nicht gerade begeistert darüber. Ich trug einen Verband, konnte nicht sehen, lag da, als hätte ich die Hölle durchlebt, und in dieser kühlen, sterilen Atmosphäre der Notaufnahme hörte ich auf einmal, wie mir der Kaplan die letzte Ölung erteilte. Mir. Ich muß schon sagen, mir fuhr ein heilloser Schreck durch die Glieder.

»Vater«, brachte ich heraus, »ich sterbe nicht.« Ich sagte das nicht etwa fragend, aber seine Anwesenheit und die Tatsache, daß er mir die letzte Ölung gab, warf die Frage schon irgendwie auf.

»Nein«, sagte er mit bemüht beruhigender Stimme, »aber laß mich trotzdem die Salbung sprechen.« Er erklärte, daß der Ritus auch bei Kranken angewendet wurde, und ich dachte mir, es könnte ja nicht schaden.

Irgendwann bekam ich dann endlich Debbie ans Telefon, und dieser Anruf war wirklich sehr emotional. Inzwischen war es acht Uhr abends geworden, und sie war mit den Nerven am Ende. Krank vor Sorge, weil sie nichts Genaues wußte. Sie hatte von meinen Eltern erfahren, daß ich im Krankenhaus war, nichts Lebensbedrohliches, man kümmerte sich gut um mich. Jay Jonas hatte sich bei ihr gemeldet. Er war zu Hause, hatte angerufen, um sich nach mir zu erkundigen, und hatte Debbie erzählt, was passiert war. Sie hatte mit Lisa gesprochen und ihre Schilderung der entsetzlichen Ereignisse gehört. Bis zu dem Augenblick, als ich anrief, hatte sie den ganzen Abend mit Stephen vor dem Fernseher gesessen, und jedesmal, wenn sie die Bilder des einstürzenden Nordturms sah, konnte sie den Gedanken nicht abschütteln, daß ich mittendrin gewesen war. Sie konnte es wirklich nicht fassen, erzählte sie mir später.

»Deb, ich bin's«, sagte ich, als sie sich meldete.

»Pitch!« rief sie. Und dann kamen die Tränen. »Pitch, bist du's wirklich? Wie geht's dir? Bist du okay?«

Ich erzählte ihr von meinen Augen, daß sie einiges abbekommen hatten, und als gute Krankenschwester bombardierte sie mich mit allen möglichen Fragen. Ich interessierte mich zu diesem Zeitpunkt nicht für irgendwelche Details, hatte gar nicht richtig hingehört, als der Arzt mir erklärte, was mit meinen Augen war. Ich wußte bloß, daß ich Schmerzen hatte und daß ich nicht sehen konnte und daß sie mich bald entlassen würden.

Aber darüber wollte ich nicht reden. Mir war gar nicht klar gewesen, daß es etwas gab, worüber ich reden wollte, aber dem war so. »Deb«, sagte ich, »ich bin fertig.«

Später erzählte sie mir, wie sehr es sie irritiert hatte, mit welcher Endgültigkeit ich das Wort aussprach. Sie hatte keine Ahnung, was ich meinte. Und ich selbst war mir gar nicht so sicher. Fertig? Womit? Zuerst dachte Debbie, ich meinte, daß ich im Krankenhaus fertig war und nach Hause geschickt würde, aber tief in ihrem Innern wußte sie, daß ich noch mehr meinte.

»Fertig womit?« fragte sie.

»Fertig«, sagte ich erneut. »Es ist Schluß. Ich geh nicht wieder arbeiten.«

Zuvor hatte ich nicht eine Sekunde lang daran gedacht, meine Arbeit aufzugeben, aber sobald ich Debbies Stimme am anderen Ende hörte, brach es einfach aus mir heraus. Als wäre es der natürliche nächste Schritt, der einzige nächste Schritt. Wir hatten immer mal wieder darüber gesprochen, daß ich mich irgendwann zur Ruhe setzen würde, vor allem als ich mein 20jähriges Dienstjubiläum im Department hatte, womit ich Anrecht auf die volle Rente bekam. Die Kollegen sprachen andauernd über so was, wann sie aufhören wollten, was sie alles machen wollten, wenn sie im Ruhestand waren, aber für mich war die Möglichkeit nie wirklich real gewesen. Nicht auf absehbare Zeit. Dafür gefiel mir meine Arbeit zu gut. Ich haßte den ganzen Papierkram und die Verwaltungsarbeit und Besprechungen, aber ich liebte die Arbeit. Ich liebte die Einsätze. Und ich hing an den Männern. Ich stand ganz kurz davor, zum Deputy befördert zu werden, die mögliche Krönung meiner Laufbahn. Und ich war noch immer mit Leib und Seele Feuerwehrmann. Mit meinen 50 Jahren war ich noch relativ jung. Gut in Form. Bei guter Gesundheit. Außerdem genoß ich das Gefühl, das ich bei jedem Brandeinsatz hatte: den Adrenalinstoß und das Bewußtsein, etwas Sinnvolles zu tun, helfen zu können. Ich genoß die körperliche Anstrengung. Die Gefahr. Die Kameradschaft unter den Kollegen. Einfach alles. Und ich genoß den Stolz, mit dem meine Arbeit mich erfüllte. Deshalb war mir bislang nie der Gedanke gekommen, daß es Zeit war, meinen Abschied zu nehmen. Aber jetzt, als ich mit meiner Frau telefonierte, mit nacktem Hintern in einem blauen Krankenhauskittel, die Augen verbunden, sprach ich auf einmal vom Aufhören.

»Pitch«, sagte Debbie ungläubig. »Wovon redest du eigentlich?«

»Ich weiß nicht«, sagte ich. »Vielleicht quassel ich ja nur dummes Zeug. Aber ich denke, mir reicht's.«

Debbie weinte wieder, oder immer noch, ich wußte es nicht. Und wir sprachen über andere Dinge. Belanglosigkeiten. Wie es den Kindern ging. Wer angerufen hatte. Was im Department los war. Die Ehefrauen der anderen, mit denen sie gesprochen hatte. Sie wollte, daß ich nach Hause kam, bald, und ich wollte das auch, aber ich erklärte ihr, daß ich zuerst noch auf die Feuerwache mußte. Wir hatten so viele Männer verloren, zu viele, um sie zählen zu können. Ich mußte die Witwen anrufen, die Kollegen trösten. Überall wurde getrauert, und ich mußte dabeisein. Ich war der Chief. Es war Teil meiner Arbeit. Und mehr als das, es war ein Teil von mir.

Noch war ich also nicht *ganz* fertig.

# DANK

Ich habe mir sagen lassen, daß sich Autoren am Anfang oder Ende eines Buches üblicherweise bei den vielen Menschen bedanken, die ihnen geholfen haben, das Projekt zu vollenden. Ghostwriter, Rechercheure, Agenten, Herausgeber, Lektoren ... sogar Freunde und Angehörige werden lobend erwähnt (ob sie es nun verdient haben oder nicht). Mir als Leser kommt dergleichen immer ein bißchen zu »intim« vor. Und als Autor erscheint es mir fehl am Platze. Ich meine, wir sind doch schließlich alle Profis, oder etwa nicht? Aber ich bin Feuerwehrmann, kein Schriftsteller, und die Wahrscheinlichkeit, daß ich irgendeinem meiner hilfreichen Geister je wieder begegne, wenn es erst mal abgeschlossen ist, erscheint mir gering; wir hatten alle unsere Aufgaben, wir haben alle versucht, sie so gut wie möglich zu lösen, und ich schreibe diese letzten Seiten in dem Gefühl, daß es uns allen gelungen ist. Ich danke jedem einzelnen von euch für jeden einzelnen Beitrag und Vorschlag.

Aber mir schwebt eine andere Danksagung vor, daher möchte ich die branchenüblichen Gepflogenheiten abändern und die folgenden Seiten dem Dank und der Anerkennung meiner Freunde und Mentoren im Fire Department widmen, denn wer dieses Buch gelesen hat, wird wissen, daß ich ohne das bewundernswerte Beispiel dieser Männer heute nicht hier wäre.

Doch zunächst noch ein paar abschließende Bemerkungen über das Fire Department der Stadt New York und unsere einzigartige Befehlsstruktur. Wie schon gesagt, sind wir nahezu militärisch organisiert, und für uns ist jeder Einsatz, als zögen wir in eine Schlacht. Das sind keine leeren Worte, das ist eine Tatsache unseres Arbeitsalltags. Und genau wie beim Militär sind wir immer nur so gut wie unsere Führungspersönlichkeiten. Im Verlauf meiner beruflichen Karriere bin ich überall im Department energischen, willensstarken, großherzigen Deputies, Chiefs, Lieutenants, Captains und erfahrenen Feuerwehrmännern begegnet, die mich anleiteten, mich unter ihre Fittiche nahmen, mir aus so mancher Klemme halfen, und diesen Menschen bin ich aus tiefstem Herzen dankbar, vor allem den einfachen, berufserfahrenen Feuerwehrmännern. Als ich noch ein blutiger Anfänger war, kam es mir so vor, als wären all die unterschiedlichen Führungsebenen des Departments mit unglaublich kompetenten Männern besetzt, doch je höher ich in der Hierarchie stieg, desto deutlicher wurde mir, daß die Reihen immer dünner wurden. Wahrscheinlich hängt das auch mit meiner veränderten Perspektive zusammen. Als Neuling hält man jeden um sich herum für einen alten Hasen, und wenn man ein alter Hase ist, hält man alle anderen für Grünschnäbel.

Meine Sichtweise hat sich also geändert, aber ich glaube, es ist nicht nur das, und wo ich jetzt schon mal die Möglichkeit dazu habe, möchte ich meine Gedanken einem hoffentlich größeren Publikum mitteilen.

Jede Feuerwache hat 25 Feuerwehrmänner, drei Lieutenants und einen Captain, und zu jeder Tages- und

Nachtzeit sind immer vier oder fünf Feuerwehrmänner und ein diensthabender Officer da. Als ich anfing, taten mindestens fünf bis sieben Feuerwehrmänner pro Schicht Dienst, doch im Laufe der Jahre haben die Erbsenzähler in der Verwaltung diese Anzahl auf das derzeitige Niveau gesenkt – und damit unsere Arbeit ernsthaft gefährdet. Battalion Commander, die früher für vier oder fünf Trupps zuständig waren, haben jetzt sechs bis zehn unter sich. Früher gab es 25 Staff Chiefs, die den laufenden Betrieb des Departments kontrollierten; heute ist diese Zahl auf neun gesunken. Und damit hört die Kostenersparnis noch lange nicht auf. Wir müssen fast wie im Mittelalter um die einfachsten Dinge kämpfen. Wir sind gezwungen, über längere Zeiträume auf der Feuerwache zu wohnen, zu essen und zu schlafen, und doch erwartet man von uns, daß wir die anfallenden Bedarfsartikel für Küche und Toiletten selbst besorgen. Ich weiß, das ist nur eine Kleinigkeit, aber es ist symptomatisch. Den Arbeitnehmer möchte ich sehen, der sein eigenes Toilettenpapier mit ins Büro bringen muß. In über dreiviertel aller Feuerwachen kann man nur aus dem Büro des Chief nach draußen telefonieren. Das ist doch lächerlich! Wir zwingen unsere Vorgesetzten, Sekretärin zu spielen, und machen es einem Captain oder Lieutenant fast unmöglich, einen seiner Männer zurückzurufen, ohne zuerst ein öffentliches Telefon suchen zu müssen.

Tatsache ist, je knauseriger wir in finanziellen Dingen sind, desto schwieriger wird es für die Feuerwehr, ihre Arbeit zu tun, und für unsere wahren Führungspersönlichkeiten – nicht die hohen Tiere hinter ihren Schreibtischen, sondern die Männer, die ganz vorne mit dabeisind –, ihre Trupps wirklich zu führen. Sie sind die inoffiziellen Führungsfiguren des Departments, und ohne sie könnten wir gar nicht arbeiten. Leider Gottes gibt es nur noch wenige von ihnen, je mehr sich unsere Reihen lichten, aber sie sind noch da, auf jeder Feuerwache. Diese zupackenden, einfachen Feuerwehrmänner, die die Neulinge anlernen, ihnen beibringen, »wie man's richtig macht«, sie auf den rechten Weg bringen und auch mal ordentlich zusammenstauchen, wenn sie Mist gebaut haben. Lieutenants, Captains und Chiefs können eine solche unmittelbare Mentorenaufgabe aufgrund ihrer Position gar nicht leisten, es sind die erfahrenen, einfachen Feuerwehrmänner, die dafür zuständig sind, und sie machen ihre Sache verdammt gut.

Und deshalb bedanke ich mich für den prima Einstieg in meinen Beruf, für den die Männer von Engine 91 sorgten: Jim McCloskey, Al Quinn, Jack McCarthy und Bob Schildhorn, gleich zu Anfang. Und später, als ich befördert und zu anderen Feuerwachen versetzt wurde, waren es: Tom McCarney, Jim McCoy, Tom Coates, Richie Polizzio, John Greehy, Vinnie Albanese, Bob Hagan, Joe Brosi, Pete Farreenkopf, Jerry Nevins, John O'Donnell, Al Miskiewicz und Willie Martinez. Ich weiß, daß ich zahllose andere gute Männer und verläßliche Führungspersönlichkeiten außer acht lasse, aber diese paar Kollegen wollte ich unbedingt erwähnen, weil sie einen wichtigen Beitrag dazu leisteten, aus mir den Feuerwehrmann zu machen, der ich später wurde.

Heute habe ich das Glück, mit mehr als nur ein paar guten Männern zusammenarbeiten zu dürfen, und auch sie sollen hier namentlich genannt werden: Walter Brett, Nick Visconti, Tom Galvin, Pat McNally, Peter Incledon, Jack Rynne, Paul Jirack, Dan Loeb, Gary Senger, John Pelligrinelli, Rich Toban, die Brüder Meehan,

Dan Twomey, Joe Guglielmo, Tony Palazzola, John Byrnes, Jerry Reilly, Charlie Bonar ... ich könnte endlos fortfahren. Dave Wooley, Audie Meagh, J. J. Johnson, Tom Roberts, George Joos, Dan Murphy, Larry Fursich, Joe Pigot, John Haggerty, Kevin Guy (der witzigste Bursche im ganzen Department), Joe Fallon, Cris Donavan, Jim Shatz, Ed Kilduff, Jom Hodgens, Tim Lipenski. Im Grunde könnte ich hier fast jeden Mann des Battalion 11 und der Third Division nennen, aber die anderen wissen, was für eine hohe Meinung ich von ihnen habe, auch wenn sie ihren Namen nicht hier gedruckt sehen.

Und deshalb bin ich all denen dankbar, die hier genannt sind, und all denen, deren Namen ich in meinem Herzen trage. Vielleicht wißt ihr es nicht, aber ihr alle hattet Anteil daran, daß ich aus diesem Treppenhaus herauskam, zurück ins Leben. Ohne euch bin ich nichts. »Wir sehen uns beim ganz Großen.«

# MALIK

Victoria Bruce

## *Vulkan des Todes*

Die wahre Geschichte der Katastrophen von Galeras und
Nevado del Ruiz. Aus dem Amerikanischen von Renate
Weitbrecht und Helmut Dierlamm. 315 Seiten mit 8 Seiten
Bildteil. Geb.

Am 14. Januar 1993, acht Jahre nach dem verheerenden
Ausbruch des kolumbianischen Vulkans Nevado del Ruiz
im November 1985, dem 23000 Menschen zum Opfer
fielen, führt der renommierte amerikanische Vulkanologe
Stanley Williams eine Expedition in den Krater des Vulkans Galeras, deren Ziel es ist, einer weiteren Katastrophe
vorzubeugen. Stunden später sind 9 Menschen tot; ein
plötzlicher Ausbruch des Vulkans wird ihnen zum Ver-
hängnis. Ausgerechnet der Leiter der Expedition kann sich
retten – und behauptet, das Unglück sei unabwendbar und
nicht vorhersehbar gewesen. Victoria Bruce, Wissen-
schaftsautorin und Journalistin, hält diese Darstellung für
falsch. Minutiös hat sie das Schicksal der Expedition re-
cherchiert, mit Augenzeugen gesprochen und kann so die
ganze Geschichte erzählen: Eine atemberaubende Geschichte von wissenschaftlicher Selbstüberschätzung und
menschlicher Tragik, wie sie seit Krakauers »In eisige
Höhen« nicht mehr geschrieben wurde.

Reinhold Messner
*Der nackte Berg*

Nanga Parbat – Bruder, Tod und Einsamkeit. 319 Seiten
mit zahlreichen Farb- und s/w-Abbildungen. Geb.

Der Nanga Parbat, der »nackte Berg«, ist seit vielen
Jahrzehnten der Gral der besten Bergsteiger. In den 30er
Jahren versucht sich der berühmte Willy Merkl als einer
der ersten an diesem Schicksalsberg und kommt dabei
um; seinem Halbbruder Karl Herrligkoffer wird es zur
Obsession, den Berg für den Bruder zu bezwingen. 1970
plant er mit den Brüdern Messner die schier unmögliche
Besteigung über die 4500 Meter hohe Rupalflanke, die
höchste Eis- und Felswand der Erde. Und auf beklemmende
Weise wiederholt sich die Geschichte: Beim ungeplanten
Abstieg über die Westseite, zu dem sie das Wetter zwingt,
wird Günther Messner unter einer Lawine begraben. Die
tragische Erinnerung an die Ereignisse läßt Reinhold
Messner bis heute nicht los: »Als wäre ich durch mehrere
Stufen meines Bewußtseins gegangen, bleibt das Über-
leben am Nanga Parbat in mir lebendig wie ein intimes
Wechselspiel von Dabei-Sein und Weit-weg-Sein. Und als
Wechselspiel von reiner Wahrnehmung und erlebter
Geschichte will ich sie weitererzählen: eine Tragödie, die
am Anfang meiner Identität als Grenzgänger steht.«

# MALIK

Rick Ridgeway

## *Der Himmel über dem Himalaja*

Eine junge Frau auf der Suche nach ihrem Vater. Aus dem
Amerikanischen von Karina Of. 397 Seiten mit 8 Seiten
farbigem Bildteil und 7 Schwarzweißbildern im Text. Geb.

»Alles dreht sich. Ich werde hoch- und runter- und wieder
hochgeschleudert. O Gott, ich bin verschüttet. Unter dem
Schnee. Mit offenen Augen. Alles weiß, alles bewegt sich
noch. Das Eis um mich herum pulsiert, als würde es atmen.
Ich kriege keine Luft.«
Rick Ridgeway und seine Freunde haben es fast geschafft:
Die Zelte des Basislagers sind schon in Sicht. Da löst sich
plötzlich eine Lawine aus der Höhe des Minya Konka und
donnert über sie hinweg. Ridgeway und zwei seiner
Freunde können sich retten. Der dritte stirbt in seinen
Armen: Jonathan Wright. Bevor er den letzten Atemzug tut,
bittet er Ridgeway, sich um seine einjährige Tochter Asia zu
kümmern. Dann wird er auf dem Berg begraben, der ihn
getötet hat. Zwanzig Jahre später steht Asia vor Ridgeways
Tür: Sie will zum Grab ihres Vaters.
Das ergreifende Abenteuer einer jungen Frau auf der Suche
nach einer Beziehung, die ihr verwehrt blieb.